SIERRA LEONE

アフリカの紛争解決と平和構築

シエラレオネの経験　落合雄彦[編]

昭和堂

アフリカの紛争解決と平和構築
―― シエラレオネの経験 ――

Conflict Resolution and Peacebuilding in Africa: Lessons from Sierra Leone
(Afurika no funsōkaiketsu to heiwakōchiku: Shierareone no keiken)

Edited by
Takehiko Ochiai

Contents

Preface
    Takehiko Ochiai
List of Acronyms
Maps

Chapters
1. ECOWAS Military Intervention
    Osman Gbla and Takehiko Ochiai
2. UN's Intervention
    Hironobu Sakai
3. The Blair Doctrine and British Military Intervention
    Michael S. Kargbo (translated by *Hideyuki Okano*)
4. UN Arms Embargo and Sandline Affair
    Takehiko Ochiai
5. Disarmament, Demobilization and Reintegration: The Memoirs of A UN Staff Member
    Desmond Molloy (translated and commented by *Yujiro Tokumitsu*)
6. Reintegration and Bike Taxis
    Nagayo Sawa
7. The Truth and Reconciliation Commission and the Special Court for Sierra Leone
    Yasue Mochizuki
8. UN Peacebuilding Commission
    Hiromi Fujishige
9. The Engagements of the International Community in the Police Reform, 1998-2005
    Yoshiaki Furuzawa
10. Remobilisation and the "Politricks" of Ex-combatants in the 2007 General Elections
    Maya M. Christensen and Mats Utas (translated by *Takehiko Ochiai*)

Appendix
    The Conflict in Sierra Leone: A Chronology
    Takehiko Ochiai
Index
List of Contributors

Research Institute for Social Sciences (RISS) Series Vol.92, Ryukoku University,
67 Fukakusatsukamoto-cho, Fushimi-ku, Kyoto, 612-8577, Japan

Published in 2011 by Showado,
Kyodai Nogakubumae, Kitashirakawa, Sakyo-ku, Kyoto, 606-8224, Japan

まえがき

　本書は，龍谷大学社会科学研究所の2009年度共同研究プロジェクト「シエラレオネにおける紛争と平和構築に関する複合科学的な研究」の成果である。

　本書のねらいは，1990年代に大規模な国内紛争を経験したシエラレオネという西アフリカの小国に注目し，その紛争解決と紛争後の平和構築のあり方を体系的かつ多面的に描き出すことにある。

　シエラレオネでは，1991年3月にシエラレオネ革命統一戦線（RUF）という反政府勢力が武装蜂起して以降，2002年1月に非常事態宣言が正式に解除されるまでの約11年間にわたって，激しい紛争が展開された。しかし本書では，そうしたシエラレオネ紛争の経緯や展開については巻末の年表資料にゆずり，必ずしも詳述しない。むしろ本書は，紛争それ自体よりも，アフリカの地域機関，国連，イギリスといった様々なアクターがシエラレオネ紛争の解決のためにいかなる介入や関与を試みたのか，また，紛争後の平和構築がいかなる形で模索あるいは実践され，それがどのような評価や課題を残したのかという，「（紛争中の）紛争解決フェーズ」から「（紛争後の）平和構築フェーズ」にいたるまでの一連の，しかし多種多様な営為を考察しようとする試みにほかならない。

　ところで，古代ローマの政治家であり賢人であるプリニウスは，その著『博物誌』のなかで，「新しきもの，常にアフリカよりきたる（*Ex Africa semper aliquid novi*）」と述べたとされる。古代ローマの人々が「アフリカ」というとき，それは今日でいうところのアフリカ大陸全体やサハラ以南アフリカのことを明確に意味していたのでは無論ない。彼らにとっての「アフリカ」とは，エジプト文明が栄え，あるいはフェニキア人の植民市が数多く建設された地中海対岸とその背後に広がる未知なる大地のことであったにちがいない。しかし，そうした地理的概念の多少の史的相違や変容に目を瞑るとすれば，たしかに「アフリカ」は，今日もなおローマ時代と同様，「新しきもの」に満ち満ちている。

そして，本書で取り上げるシエラレオネの紛争解決と平和構築もまた，その例外ではない。たとえば，国連では従来，「ソマリアの失敗」などの教訓を受けて平和維持活動を国連憲章第7章にもとづく強制措置と明確に区別しようとする傾向がみられたが，シエラレオネ紛争に派遣された国連シエラレオネ派遣団 (UNAMSIL) には，憲章第7章にもとづいて「必要なあらゆる行動」をとることが限定的ながらも許されていた。すなわちUNAMSILとは，特定の任務遂行に限定されていたとはいえ，憲章第7章にもとづく武力行使が認められた，当時としては例外的な平和維持活動だったのであり，それはその後にみられるようになった，いわゆる「強化された」平和維持活動の嚆矢となったのである（本書第2章）。また，UNAMSILをめぐっては，2000年5月にその約500名の兵士が反政府武装勢力側によって襲撃・拘束されるという，国連史上前代未聞の大事件が起きている（第2・3・5・7章）。さらにUNAMSILは，武装解除・動員解除・社会再統合 (DDR) という営みが国連平和維持活動のマンデートとして正式に採用された史上初のケースともなった（第5章）。

　それだけではない。たとえば，第6章に示されているとおり，シエラレオネは，元戦闘員の社会再統合促進のためにバイク・タクシー事業という内発的なイニシアティブが試みられ，それが相当程度の成功を収めた事例としても注目されてきた。また，過去の犯罪を「許すこと」に主眼を置く真実和解委員会とそれを「裁くこと」に主眼を置く特別裁判所は，通常，基本理念が相反するため同時並行的に展開されることはないが，シエラレオネは，両者が移行期正義の枠組みのなかで同時並行的に展開された極めて特異な事例ともなった（第7章）。さらに，2005年に設立された国連平和構築委員会 (PBC) がブルンジとともに最初の支援対象国として選んだのもシエラレオネであったし（第8章），ブレア政権期のイギリスがその倫理的な外交政策の試金石としてフォークランド紛争以来最大規模の軍事介入を行ったり，その後の治安部門改革 (SSR) に深くコミットメントしたりしてきたのもまた，シエラレオネにほかならない（第3・4・9章）。

　このようにシエラレオネの紛争解決と平和構築は，「新しきもの」に満ちており，その新しい具体的な経験に耳を傾けることは，今後の国際社会における紛争解決や平和構築の潮流を見極める上で重要な意味合いをもつにちがいな

い。本書を編んだ意図はまさにそこにあり，本書がその与えられた使命を多少なりとも果たすことを期待したい。

　なお，本書の公刊にあたっては，龍谷大学社会科学研究所より出版助成を提供していただいた。ここに記して謝意を表したい。また，昭和堂編集部の松井久見子氏には，本書の企画段階から参画してもらい，その完成にいたるまで実に適切かつ建設的な助言を数多くいただいた。同氏にも心から感謝したい。

　　　2010年11月
　　　　雷鳴轟く南アフリカ共和国ヨハネスブルグにて

　　　　　　　　　　　　　　　　　　　　　　　　　編者　落合雄彦

目次

まえがき iii
略語一覧 x
シエラレオネの行政区分 xiv

第Ⅰ部 国際社会による紛争解決の試み

第1章 西アフリカ諸国経済共同体による軍事介入 3
オスマン・ブラ，落合雄彦

はじめに 3
1 ECOWASとECOMOG 5
2 ECOMOGの淵源としての「貸与される軍隊」 13
むすびに 19

第2章 国連の介入 23
酒井啓亘

はじめに 23
1 シエラレオネ紛争への国連の関与 24
2 国連平和維持活動への教訓 33
むすびに 37

第3章 ブレア・ドクトリン …… 41
──なぜ,イギリスは軍事介入したのか──
マイケル・カーボ(岡野英之訳)

はじめに …… 41
1 シエラレオネ紛争に対するイギリスの政策(I)
──保守党政権期── …… 43
2 シエラレオネ紛争に対するイギリスの政策(II)
──新労働党政権期── …… 46
むすびに …… 52

第4章 国連武器禁輸とイギリスのサンドライン事件 …… 55
落合雄彦

はじめに …… 55
1 対シエラレオネ武器禁輸の発動 …… 56
2 サンドライン社による武器輸出 …… 62
3 イギリス外務省員による関与 …… 64
むすびに …… 69

第II部 平和構築の模索と課題

第5章 武装解除・動員解除・社会再統合(DDR) …… 75
──ある国連スタッフの回想──
デズモンド・モロイ(徳光祐二郎訳・解説)

1 シエラレオネの地へ …… 75

2 DDRとは *76*
　　3 フェーズ別に展開された武装解除・動員解除 *77*
　　4 社会再統合と批判 *80*
　　5 出口戦略の模索 *82*
　　6 困難から生まれたストップギャップ・プログラム *82*

〔解説〕平和構築からみたシエラレオネのDDR *85*
徳光祐二郎
　　はじめに *85*
　　1 DDR概念の史的展開 *86*
　　2 シエラレオネDDRの進展と高い評価 *88*
　　3 シエラレオネDDRの難点 *90*
　　4 平和構築からみたシエラレオネDDR *92*

第*6*章　社会再統合とバイク・タクシー *101*
澤　良世
　　はじめに *101*
　　1 若者の雇用とバイク・タクシー事業 *103*
　　2 社会再統合 *109*
　　むすびに──武力紛争がもたらした社会的な変化── *113*

第*7*章　真実和解委員会と特別裁判所 *119*
望月康恵
　　はじめに *119*
　　1 移行期正義のメカニズム *120*
　　2 国連による平和構築 *130*
　　3 移行期正義の遺産と平和構築の今後の課題 *134*
　　むすびに *137*

第8章 国連平和構築委員会 141

藤重博美

はじめに 141
1 PBCの設立過程とその役割 142
2 PBCのシエラレオネに対する関与——その概要—— 146
3 シエラレオネに対するPBC関与の評価 148
むすびに 153

第9章 警察改革支援——1998〜2005年—— 157

古澤嘉朗

はじめに 157
1 第1期（1998〜2002年）——イギリス主導の警察改革支援—— 159
2 第2期（2002〜05年）——国連による出口戦略としての警察改革支援—— 162
むすびに 164

第10章 2007年選挙と若者 173
——元戦闘員の再動員とポリトリックス——

マヤ・クリステンセン，マッツ・ウタス（落合雄彦訳）

はじめに 173
1 若者と暴力 174
2 2007年選挙と元戦闘員 177
3 ウォーターメロン政治とポリトリックス 191
4 暴力と重なる民主主義の言説 194
5 選挙後の明暗 197
むすびに——暴力の家畜化としての政治—— 199

【資料】紛争関連年表 205
索　引 261

略語一覧

AAFC	共同体連合軍 (Allied Armed Forces of the Community)
ACPO	イギリス警察幹部職員連合会 (Association of Chief Police Officers)
ACPP	アフリカ紛争予防共同基金 (Africa Conflict Prevention Pool)
AfD	武器と開発との交換 (Arms for Development)
AFRC	国軍革命評議会 (Armed Forces Revolutionary Council)
APC	全人民会議 (All People's Congress)
AU	アフリカ連合 (African Union)
BRDA	バイク・ライダー開発協会 (Bike Riders Development Association)
CACD	コミュニティの武器回収・破壊プログラム (Community Arms Collection and Destruction Programme)
CBP	地域型警察活動 (Community-Based Policing)
CCP	平和定着委員会 (Commission for the Consolidation of Peace)
CCSSP	英連邦地域安全・治安プロジェクト (Commonwealth Community Safety and Security Project)
CDF	市民防衛軍 (Civil Defense Forces)
CIVPOL	文民警察要員 (Civilian Police)
CMAG	ハラレ宣言に関するコモンウェルス閣僚級行動グループ (Commonwealth Ministerial Action Group on Harare Declaration)
CMRRD	戦略資源管理国家再建開発委員会 (Commission for the Management of Strategic Resources, National Reconstruction and Development)
CPDTF	英連邦警察開発タスクフォース (Commonwealth Police Development Task Force)
CPPs	紛争予防共同基金 (Conflict Prevention Pools)
DDR	武装解除・動員解除・社会再統合 (Disarmament, Demobilization and Reintegration)
DFID	イギリス国際開発省 (Department for International Development, UK)
ECOMOG	ECOWAS停戦監視団 (ECOWAS Ceasefire Monitoring Group)
ECOWAS	西アフリカ諸国経済共同体 (Economic Community of West African States)
EO	エグゼクティブ・アウトカムズ社 (Executive Outcomes)
ESF	ECOWAS待機部隊 (ECOWAS Standby Force)
EU	欧州連合 (European Union)
FAO	国連食糧農業機関 (Food and Agriculture Organization)

FBC	フーラベイコレッジ (Fourah Bay College)	
FCO	イギリス外務省 (Foreign and Commonwealth Office, UK)	
FPU	武装警察隊 (Formed Police Unit)	
GCPP	グローバル紛争予防共同基金 (Global Conflict Prevention Pool)	
HRCSL	シエラレオネ人権委員会 (Human Rights Commission of Sierra Leone)	
ICRC	国際赤十字委員会 (International Committee of the Red Cross)	
ICTR	ルワンダ国際刑事裁判所 (International Criminal Tribunal for Rwanda)	
ICTY	旧ユーゴスラビア国際刑事裁判所 (International Criminal Tribunal for the former Yugoslavia)	
IDDRs	統合DDRスタンダード (integrated disarmament, demobilization and reintegration standards)	
IMATT	国際軍事顧問訓練チーム (International Military Advisory and Training Team)	
IMF	国際通貨基金 (International Monetary Fund)	
INEC	暫定国家選挙管理委員会 (Interim National Electoral Commission)	
INPFL	リベリア独立国民愛国戦線 (Independent National Patriotic Front of Liberia)	
IOM	国際移住機関 (International Organization for Migration)	
IRC	シエラレオネ宗教間評議会 (Inter-Religious Council of Sierra Leone)	
ISU	国内治安部 (Internal Security Unit)	
JSDP	司法部門開発プログラム (Justice Sector Development Program)	
LNP	ローカル・ニーズ・ポリシング (Local Needs Policing)	
LPPB	ローカル・ポリシング連携委員会 (Local Policing Partnership Board)	
MONUC	国連コンゴ民主共和国派遣団 (United Nations Mission in the Democratic Republic of Congo)	
MRU	マノ川同盟 (Mano River Union)	
MSC	仲介安全保障理事会 (Mediation and Security Council)	
MSF	国境なき医師団 (Médecins sans frontières)	
NARECOM	国家復興委員会 (National Rehabilitation Committee)	
NATAG	ナイジェリア軍訓練グループ (Nigerian Army Training Group)	
NCDDR	武装解除・動員解除・社会再統合国家委員会 (National Committee for Disarmament, Demobilization and Reintegration)	
NEC	国家選挙管理委員会 (National Electoral Commission)	
NPFL	リベリア国民愛国戦線 (National Patriotic Front of Liberia)	

NPRC	国家暫定統治評議会 (National Provisional Ruling Council)	
OAU	アフリカ統一機構 (Organization of African Unity)	
OIC	イスラーム諸国会議機構 (Organization of Islamic Conference)	
ONS	国家安全保障局 (Office of National Security)	
ONUCA	国連中米監視団 (United Nations Observer Group in Central America)	
PANAFU	パン・アフリカンクラブ (Pan-African Club)	
PBC	国連平和構築委員会 (United Nations Peacebuilding Commission)	
PBF	国連平和構築基金 (United Nations Peacebuilding Fund)	
PBSO	平和構築支援事務局 (Peacebuilding Support Office)	
PKO	平和維持活動 (Peacekeeping Operations)	
PMC	民間軍事企業 (private military company)	
PMDC	民主的変革のための人民運動 (People's Movement for Democratic Change)	
PSC	民間警備会社 (private security company)	
RPG	無反動砲 (Rocket Propelled Grenade)	
RUF	シエラレオネ革命統一戦線 (Revolutionary United Front of Sierra Leone)	
RUFP	革命統一戦線党 (Revolutionary United Front Party)	
SCS	国家最高評議会 (Supreme Council of State)	
SCSL	シエラレオネ特別裁判所 (Special Court for Sierra Leone)	
SfCG	サーチ・フォー・コモン・グランド (Search for Common Ground)	
SIDDR	ストックホルム・イニシアティブ (Stockholm Initiative on Disarmament, Demobilization, Reintegration)	
SIEROMCO	シエラレオネ鉱石金属会社 (Sierra Leone Ore and Metal Company)	
SILSEP	シエラレオネ治安部門改革プログラム (Sierra Leone Security Sector Reform Programme)	
SLA	シエラレオネ国軍 (Sierra Leone Army)	
SLAJ	シエラレオネ・ジャーナリスト協会 (Sierra Leone Association of Journalists)	
SLCMBRU	シエラレオネ商業モーター・バイク・ライダー組合 (Sierra Leone Commercial Motor Bike Riders Union)	
SLDP	シエラレオネ民主党 (Sierra Leone Democratic Party)	
SLIP	シエラレオネ平和イニシアティブ (Sierra Leonian Initiative for Peace)	
SLP	シエラレオネ警察 (Sierra Leone Police)	
SLPP	シエラレオネ人民党 (Sierra Leone People's Party)	
SSD	特別治安課 (Special Security Division)	

※「シアカ・スティーブンスの番犬」(Siaka Stevens's Dogs) とも呼ばれた。

SSR	治安部門改革 (Security Sector Reform あるいは Security System Reform)
TRC	真実和解委員会 (Truth and Reconciliation Commission)
UEMOA	西アフリカ経済通貨同盟 (Union Economique et Monétaire Ouest-Africaine)
ULIMO	リベリア民主統一解放運動 (United Liberation Movement for Democracy in Liberia)
UNDP	国連開発計画 (United Nations Development Programme)
UNAMSIL	国連シエラレオネ派遣団 (United Nations Mission in Sierra Leone)
UNHCR	国連難民高等弁務官事務所 (United Nations High Commissioner for Refugees)
UNICEF	国連児童基金 (United Nations Children's Fund)
UNIFOM	政治運動統一戦線 (United Front of Political Movements)
UNIOSIL	国連シエラレオネ統合事務所 (United Nations Integrated Office in Sierra Leone)
UNIPSIL	国連シエラレオネ統合平和構築事務所 (United Nations Integrated Peacebuilding Office in Sierra Leone)
UNOCHA	国連人道問題調整事務所 (United Nations Office for the Coordination of Humanitarian Affairs)
UNOGCA	→ONUCA
UNOMSIL	国連シエラレオネ監視団 (United Nations Observer Mission in Sierra Leone)
UNPOL	国連警察要員 (United Nations Police)
UNPP	統一国家人民党 (United National People's Party)
UNTAET	国連東ティモール暫定統治機構 (United Nations Transitional Administration in East Timor)
UNV	国連ボランティア計画 (United Nations Volunteers)
VSO	ボランタリー・サーヴィス・オーバーシーズ (Voluntary Service Overseas)
WAMBRA	西部地域モーター・バイク・ライダー協会 (Western Area Motor Bike Riders Association)
WAYL	西アフリカ青年連盟 (West African Youth League)
WFP	世界食糧計画 (World Food Programme)
WSB	ウェスト・サイド・ボーイズ (West Side Boys)

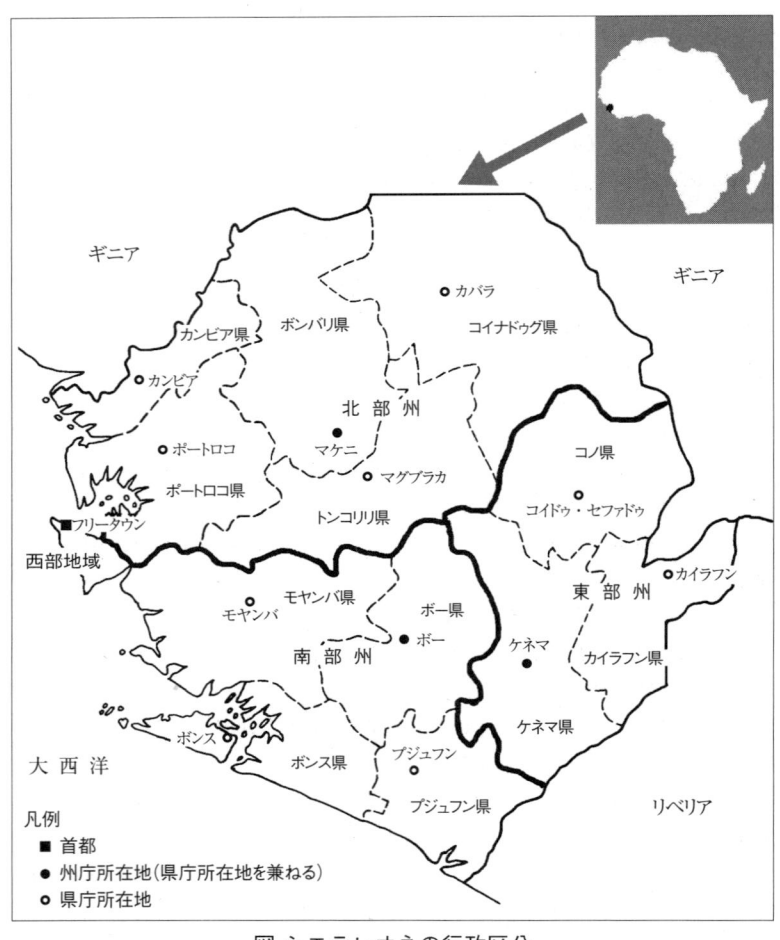

図 シエラレオネの行政区分

第 I 部
国際社会による紛争解決の試み

第1章
西アフリカ諸国経済共同体による軍事介入

オスマン・ブラ,落合雄彦

大統領警護をするシエラレオネ軍兵士（2010年3月,落合雄彦撮影）

はじめに

　シエラレオネで武力紛争が勃発したのは，反政府武装組織であるシエラレオネ革命統一戦線（Revolutionary United Front of Sierra Leone: RUF）が隣国リベリアからシエラレオネ東部の村ブマル（Bumaru）に侵攻してきた1991年3月のことである。その後，シエラレオネ紛争は，多数の死傷者や難民・国内避難民

を生み出しながら，少なくとも公式的には2002年1月までの約11年間にわたって続いた。そして，その紛争解決において重要な役割を果たしたのが西アフリカ諸国経済共同体 (Economic Community of West African States: ECOWAS) にほかならない。

シエラレオネ紛争へのECOWASの介入は，政治・外交的な関与から軍事的な介入にいたるまで実に多岐に及んだが，なかでもECOWAS停戦監視団 (ECOWAS Ceasefire Monitoring Group: ECOMOG) の派遣とその軍事行動がとくに注目される。本章では，ECOWASによる軍事介入，とくにECOMOGを中心的な分析対象としつつ，その概要や意義について検討する。

ところで，筆者のブラは2006年4月にフリータウンで開催された「西アフリカ青年研修セミナー」(West African Youth Training Seminar) に参加した際，その席上，ある参加青年が次のように語るのを聞いたことがある。

「シエラレオネ紛争の解決におけるECOWASの役割は，純粋な意味でのECOWASの問題ではなく，それはむしろ一方でシエラレオネとギニアの間の，他方でシエラレオネとナイジェリアの間の，それぞれの二国間防衛協定から派生したイニシアティブだったのではないでしょうか」。

この若者の発言は，ECOWASによるシエラレオネ紛争介入の本質をまさに言い当てている。ECOWASの御旗のもとで行われた軍事介入とは，実のところナイジェリアがシエラレオネとの間の二国間防衛協定にもとづいて実施した介入をその端緒としており，そのことは，ECOWASによるシエラレオネ紛争への軍事介入が一貫してナイジェリア主導で展開された事実と密接に関わっている。

本章ではまず，シエラレオネ紛争介入以前のECOWASによる地域安全保障機構としての取り組みをごく簡単に検討し，次いでナイジェリア主導で実施されたECOWASによるシエラレオネ紛争への軍事介入を概観する。そしてその上で，そうした軍事介入の正当性に対する疑問点を整理するとともに，アフリカにおける「貸与される軍隊」の伝統という観点からECOMOGの性格やその史的な位置づけについて若干の検討を加えることにしたい。

1 ECOWASとECOMOG

(1) 地域安全保障機構としてのECOWAS

　ECOWASは，1975年にナイジェリアとトーゴのイニシアティブによって創設された，西アフリカ地域を包括する経済共同体である。西アフリカの15カ国[*1]が加盟しており，その事務局はナイジェリアの首都アブジャに置かれている。

　ECOWASは，もともと経済共同体として創設されたが，第二義的あるいは副次的には，西アフリカの地域安全保障機構として機能することが，その創設当初から期待されていた。そして，創設翌年の1976年には，ナイジェリアとトーゴによって多国間防衛協定の締結が提案され，それを受けて1978年4月には「不可侵に関する議定書」(Protocol on Non-Aggression：以下，不可侵議定書と略す)，次いで1981年5月には「防衛における相互援助に関する議定書」(Protocol relating to Mutual Assistance on Defence：以下，防衛議定書と略す)が，それぞれECOWAS加盟国間で調印されるにいたった。

　不可侵議定書は，その前文のなかで，「共同体加盟諸国間に平和と調和ある理解の状況がなくして，西アフリカ諸国経済共同体はその諸目標を達成することができない」という，地域の安全保障を経済発展のための必要条件とみなす認識を示した上で，加盟国が他の加盟国の領土統一と政治的独立を脅かすような武力による威嚇や行使あるいは侵略を控えること（第1条），自国に居住する外国人に他の加盟国の脅威となるような行為を行わせないようにすること（第3条），自国に居住していない外国人に他の加盟国の脅威となるような行為を行うための拠点として自国領土を利用させないようにすること（第4条）などを定めている。その上で不可侵議定書は，加盟国が国家間の紛争を平和的手段によって解決するように努力し，紛争が平和的手段によって解決されない場合には，まずECOWAS国家元首政府首脳最高会議が設置した委員会において，そして最終的には最高会議においてその解決が図られる，という加盟諸国間の紛争の平和的解決プロセスを定めた（第5条）。

　他方，不可侵議定書が国家間紛争のみを取り扱ったものであったのに対し

て，防衛議定書では，さまざまな紛争が生じた場合，加盟国が提供する部隊で構成される共同体連合軍 (Allied Armed Forces of the Community: AAFC) を必要に応じて派遣できることが規定された。防衛議定書の主眼は，外部勢力がECOWAS加盟国に対して侵略行為を行ったり，加盟国内の騒乱や紛争を支援したりしてきた場合には，ECOWASが外部勢力からの脅威を受けている当該加盟国の政治的独立と主権を守るためにAAFCを組織し，共同の軍事行動を展開するという点にあった。すなわちそれは，ナイジェリアなどを例外とすれば，かなり限定的で脆弱な国防能力しかもたない西アフリカ諸国が，共同体外部からの脅威に対する共同防衛体制を確立しようとする試みであったといえる。

しかし，当時の西アフリカの国家指導者にとって安全保障上の最大の懸念となっていたのは，そうした共同体外部からの侵略といった「外からの脅威」よりも，むしろ軍事クーデタの頻発や政情不安といった自国内の，いわば「内なる脅威」にほかならなかった。そして，そうした「内なる脅威」に対する安全保障上の懸念がみられたことこそが，防衛議定書成立のひとつの重要な背景になっていたと考えられる。むろん，アフリカ統一機構 (Organization of African Unity: OAU) 憲章第3条2項の内政不干渉原則の制約もあって，防衛議定書は，外部勢力の関与を伴わない純粋に国内的な紛争への共同体の軍事介入を禁じている（第18条）。しかし，域外勢力の積極的な関与があることを条件としながらも，同議定書が加盟国の国内紛争への共同体の軍事介入に一定の法的根拠を与えた意義は大きいといえよう (Inegbedion 1994: 223)。

そして，1986年9月に防衛議定書が発効したのち，ECOWASが西アフリカの地域安全保障を脅かす紛争として初めて防衛議定書の精神をひとつの拠りどころとしながら軍事介入を実施したのも，共同体外部からの侵略や域内の国家間紛争ではなく，リベリアにおける国内紛争にほかならなかったのである（落合 1999）。

(2) リベリアへのECOMOG派遣とシエラレオネ紛争の展開

1989年12月，リベリアでは，チャールズ・テイラー (Charles Ghankay Taylor) 率いるリベリア国民愛国戦線 (National Patriotic Front of Liberia: NPFL) と

いう反政府ゲリラ勢力が武装蜂起し，内戦が勃発した。これに対してECOWASは，1990年5月にガンビアの首都バンジュルで最高会議を開催し，その席上，リベリア問題に直接言及こそしなかったものの，加盟国間の紛争解決を行う常任仲介委員会（Standing Mediation Committee）という新たな機関の設置に合意している。[*2] もともと常任仲介委員会は国家間紛争の仲介を行う機関として設置されたが，リベリア紛争が混迷の度を深めるなかで，同委員会はリベリアに対して積極的な介入を試みることとなる。

まず1990年7月1日，ECOWAS事務局長のアバス・ブンドゥ（Abass Bundu）がコートジボワールにおいてテイラーと接触し，ECOWASがリベリア紛争において調停の役割を果たす意思があるとするダウダ・ジャワラ（Dawda Kairaba Jawara）ECOWAS最高会議議長（当時のガンビア大統領）からのメッセージを伝えた。[*3] これが，ECOWASによるリベリア紛争への最初の公式的な関与となった。そして，7月14日には，リベリアのサミュエル・ドゥ（Samuel Doe）大統領が，常任仲介委員会閣僚会議のメンバーに対して書簡を送付し，平和維持部隊の派遣を要請してきた。これを受けて常任仲介委員会は，8月6～7日にバンジュルで開催された同委員会首脳会議においてECOMOG派遣を正式に決定している。同会議の決議によれば，ECOMOGの目的は「リベリアで自由かつ公正な選挙が実施されるのに必要な状況を作り出すために法と秩序を回復しつつ停戦の監視を行うこと」[*4] とされた。

1990年8月24日，ガーナ人のアーノルド・クアイヌー（Arnold Quainoo）中将を総司令官とし，ナイジェリア，ガーナ，ガンビア，シエラレオネ，ギニアの5カ国の兵士約2500人から構成されるECOMOGがリベリアの首都モンロビアに到着した。しかし，ECOMOGの任務は，前述のとおり，当初はあくまでも武力行使を伴わない純粋に平和維持的なものと位置づけられていたが，[*5] その後，急速にその性格が「変質」していってしまう。とくに，1990年9月9日にECOMOG本部前でドゥ大統領が拉致され，その後惨殺されるという事件が発生すると，ECOMOGはリベリア紛争への介入姿勢の大幅な変更を迫られるようになった。そして，ドゥ大統領殺害を阻止できなかったクアイヌー総司令官に代わって，ナイジェリアのジョシュア・ドゴンニャロ（Joshua Dogonyaro）少将が新たにECOMOG総司令官に任命され，同司令官は，ナイジェリアの

イブラヒム・ババンギダ（Ibrahim Badamasi Babangida）大統領の指示のもと，ECOMOGの介入姿勢を従来の中立的な平和維持から，より平和強制的なものへと変更した。そしてその後，ECOMOGは，ナイジェリア軍を主力としながら事実上の紛争当事者としてNPFLとの間で激しい戦火を交えるようになっていく（落合 1999）。

他方，1991年3月，リベリアの隣国シエラレオネでも内戦が勃発した。フォデイ・サンコー（Foday Sankoh）という人物が主導するRUFは，リベリアのNPFLやブルキナファソ人傭兵の支援を受けて，内戦下のリベリアからシエラレオネ領内へと侵攻し，ダイヤモンドなどの鉱物資源が豊かな同国南部と東部を中心にゲリラ戦を展開した。

これに対して，シエラレオネのジョゼフ・モモ（Joseph Saidu Momoh）大統領は，まず内戦勃発直後にギニアとナイジェリアに対して治安維持のための部隊派遣を要請し，両国はECOWASの枠組みではなく，あくまでもシエラレオネとの二国間防衛協定にもとづいて1991年4月に自国部隊をそれぞれ派遣している。その後，1992年4月にクーデタによってモモ政権を打倒して成立したバレンタイン・ストラッサー（Valentine Strasser）軍事政権は，内戦の早期終結を目指してRUFとの交渉を試みたが功を奏せず，その後も戦闘は継続された。一時は，国軍の兵力急増によって，RUF側が戦況の上で劣勢に回る展開もみられたが，十分な訓練も装備も報酬も与えられていない兵士で膨れ上がったシエラレオネ国軍は，むしろ士気と規律を急速に喪失し，1995年頃には逆にRUF側が優勢に転じる事態となった。

そうしたなか，1996年1月に再び軍事クーデタが発生し，ストラッサーに代わってジュリアス・ビオ（Julius Maada Bio）准将が政権を掌握した。ビオは，すでにストラッサーが表明していた民政移管プログラムを予定どおりに実施し，同年3月にはアフマド・テジャン・カバー（Ahmad Tejan Kabbah）が大統領に選出された。カバー大統領は就任後まもなくRUFのサンコー代表と会談し，1996年11月には，コートジボワール政府の仲介のもとアビジャンで同代表と和平合意に調印した。しかし，その後も戦闘状態は継続され，またカバー政権は，規律もなく狂暴化しやすい若年兵士を多く抱えた国軍を十分に掌握することができず，軍事的にみてまさに内憂外患のきわめて不安定な状況に置か

れることとなった (落合 1999)。

(3) 1997年5月クーデタと本格的な軍事介入の始まり

そうしたなか1997年5月，一部の国軍兵士によるクーデタが再び発生し，カバー大統領はギニアへと亡命した。そして同クーデタの発生こそが，シエラレオネに対するECOWASの本格的な軍事介入を招来する最大の契機となった。

1997年5月の軍事クーデタに対しては，欧米やコモンウェルスの諸国ばかりか，西アフリカ周辺諸国からも強い非難の声が上がった。とくに，クーデタ兵士によってシエラレオネ駐留の自国軍兵士を殺害され，また，このクーデタが当時大詰めを迎えていたリベリア和平に悪影響を与えることを懸念したナイジェリアは，クーデタ直後にECOWASの承諾なく独自の判断でシエラレオネに軍事介入し，これにガーナ軍とギニア軍が加わり，カバー政権の即時復帰を求めて軍事政権と対峙する事態となった。軍事政権側は，リベリアに展開していたECOMOGの名のもとに実施されたこの一部諸国による軍事介入を侵略行為として非難したが，1997年6月にジンバブエのハラレで開催されたOAU国家元首政府首脳会議は，逆にシエラレオネ軍事政権側を厳しく糾弾し，周辺諸国による紛争解決努力への支持を表明した。

そして，このOAU首脳会議がひとつの追い風となって，ECOWASはこれ以降，シエラレオネ紛争への介入を本格化させる。具体的には，まず1997年6月26日，ECOWAS外相会議がコナクリで開催され，シエラレオネ軍事政権に対して3方面アプローチ――すなわち，①外交交渉，②経済制裁，③（必要に応じた）武力行使――で臨むことが確認された。また，同年8月28～29日にはECOWAS最高会議がアブジャで開催され，その席上，シエラレオネ軍事政権に対する石油・武器禁輸などの経済制裁措置が決議されるとともに，それまでリベリアに限定されていたECOMOGの活動範囲をシエラレオネにまで拡大することが正式に承認された。他方，1997年10月には，国連安全保障理事会においても，シエラレオネ政府関係者の渡航規制，石油・石油製品の禁輸，武器・武器関連物資の禁輸といった対シエラレオネ経済制裁措置が決議されるにいたった（国連安保理決議1132）。そして同決議のなかで，国連制裁措置の履行確保のために船舶検査などを行う権限がECOWASに対して正式に認められた

のである。

　このように軍事政権側が国際的な孤立を強めるなかで，1997年10月，ギニアのコナクリにおいて，ECOWASとシエラレオネ軍事政権の間の交渉が行われ，同年12月に武装解除を行い，1998年4月までにカバー文民政権を復帰させるという内容の和平プランが合意された。しかし，その後和平プランは，武装解除どころか，その対象者さえ特定できないまま事実上頓挫し，また，弓矢やライフルなどで武装したカマジョー（Kamajor：メンデ語で狩人の意）と呼ばれるカバー大統領支持派民兵勢力と軍事政権・RUFの間で戦闘が繰り返されるなど，不安定な状況が続いた。そうしたなか，1998年2月，ECOMOGは軍事行動を開始し，武力によって軍事政権を排除してフリータウンの完全制圧に成功する（Adeshina 2002: 24-25）。そして3月には，カバー大統領が亡命先より帰国し，文民政権の復帰が実現した。

(4) 1999年1月のフリータウン攻防戦

　こうして軍事政権を首都から武力で排除したECOMOG側は，カマジョーなどの協力をえながらシエラレオネ全土の制圧を目指したが，旧軍事政権やRUFから成る反政府勢力を完全に鎮圧することはできなかった。そうしたなか，1998年10月，すでに身柄を拘束され裁判にかけられていたサンコーに一審で反逆罪による死刑判決が下されると，同年12月，RUFを中心とする反政府勢力側はサンコーの釈放を求めて大規模な反撃作戦を開始する。そして，ついに1999年1月，反政府勢力はECOMOGが駐留するフリータウンへと侵攻し，首都をめぐる激しい攻防戦が展開されるにいたった（Adeshina 2002: 135-137）。

　旧軍事政権やRUFから成る反政府勢力は，フリータウン侵攻作戦を実施するにあたって周到な準備を行っていた。たとえば，一般市民に扮した戦闘員を事前にフリータウン市内に送り込み，密かに支援者を組織化したり武器の確保を進めたりしていた。また，反政府勢力は，ECOMOGの戦車に対抗するために事前にウクライナから迫撃砲などの軽武器を入手していたという。

　これに対して，当時のECOMOGは，人員・装備ともに大きく不足していた。当時ECOMOGの部隊を指揮していたフェリックス・ムジャクペルオ少将は次のように証言している。「ECOMOGは反乱勢力の活動に関して事前に十分の

情報をえており，監視活動を強化し，反乱勢力の活動に対抗するためのチェックポイントを設営したりしていた。しかし，人員・装備両面の不十分さのゆえに，ECOMOGは反乱勢力の侵攻を食い止めることができなかった」(Mujakperuo 1999: 7)。

　反政府勢力がフリータウンへの侵攻を開始したのは，1999年1月6日早朝のことだった。不十分な人員や装備に加え，反政府勢力が一般市民を「人間の盾」として利用しながら進軍してきたこともあって，ECOMOGは大規模な反撃を試みることができず，各地で撤退を重ねた。こうして反乱勢力は，侵攻からごく短期間のうちにフリータウン市内主要部の制圧に成功してしまう。

　これに対して，ECOMOGの主力軍を提供してきたナイジェリアは，フリータウン陥落をなんとしても阻止しようと数千人規模の兵力増強を断行した。また，ガーナも援軍を派遣した結果，シエラレオネにおけるECOMOGの兵力は約2万人規模にまで増強された。そしてRUF側は，一時フリータウンのほぼ全域を制圧したものの，1999年1月20日には首都主要部からの撤退を余儀なくされた。

　この1999年1月のフリータウン攻防戦をめぐっては，ECOMOGに対する評価が大きく分かれた。シエラレオネ人一般市民のなかには，フリータウン陥落をかろうじて阻止できたのはECOMOGのおかげであるとしてその貢献を高く評価する者が多くみられたが，その一方で戦闘中のECOMOG兵士による蛮行や残虐行為を非難する声も少なからず聞かれた。たとえば，1月12日，フリータウン市内のコノート病院では，反乱兵の嫌疑をかけられた約20名の患者がECOMOG兵士によって集団処刑されたといわれている。また，シエラレオネ人ジャーナリストであるソリアス・サムラ（Sorious Samura）も，1999年1月のフリータウン攻防戦のなかでECOMOG兵士が無実の一般市民に対して集団暴行を加えている光景を撮影することに成功している。同映像は，のちに『クライ・フリータウン』（*Cry Freetown*）というドキュメンタリーにまとめられ，海外で放送されて大きな反響を呼んだ。

　このようにECOMOGは，1998年2月には武力によって軍事政権を排除してカバー文民政権の復帰に成功したことでいったんは高い評価をえたものの，1999年1月のフリータウン攻防戦をめぐっては反政府勢力の攻勢の前に撤退を

余儀なくされ、危うくフリータウン陥落を許しかねない危機的な状態にまで陥ってしまうなど、一転してその軍事能力の脆弱性が問題視されるようになった。また、ECOMOG兵士による人権侵害や残虐行為が広く報道され、ECOMOGに対する非難の声が聞かれるようにもなったのである。

(5) 1999年7月のロメ和平合意成立とECOMOGの撤退

1999年1月のフリータウン攻防戦以降、ECOWAS諸国のなかでは、シエラレオネ紛争の解決のためには武力ではなく和平交渉をより優先させる必要があるとする風潮が急速に強まっていった。それには、ECOWAS諸国側がフリータウン攻防戦を通してRUFの軍事的威力の強さを痛感させられたことが少なからず影響していたが、しかし、そうした風潮を強く促した最大の要因は、ECOMOGの主力軍を提供してきたナイジェリアの国内政治の大きな変化にあった。

ナイジェリアでは1998年6月、それまでシエラレオネへの軍事介入に積極的であった軍人国家元首のサニ・アバチャ(Sani Abacha)が急死し、その後民政移管のための選挙が実施されて、1999年5月にオルシェグン・オバサンジョ(Olusegun Obasanjo)が大統領に就任した。そして、オバサンジョが選挙公約のひとつとして掲げていたのがシエラレオネのECOMOGからの自国兵力撤退だったのであり、彼は大統領に就任するとすぐにECOMOG司令部に対してナイジェリア部隊の撤退計画を策定するように求めている。

これに対してカバー大統領は、当初RUFとの軍事的な対決を強く主張していたが、最終的にはナイジェリアなどからの働きかけを受け入れて和平交渉のテーブルにつくことに同意した。そして、1999年7月、カバー大統領とサンコーRUF代表がトーゴの首都ロメで会談し、シエラレオネ紛争に関するものとしては2度目となる和平合意に調印したのである。このロメ和平合意では、即時停戦の実施、サンコーなどの恩赦、武装解除・動員解除・社会再統合(Disarmament, Demobilization and Reintegration: DDR)の推進、RUFの政党化、RUFメンバーの入閣、鉱物資源を一元管理する戦略資源管理国家再建開発委員会(Commission for the Management of Strategic Resources, National Reconstruction and Development: CMRRD)の新設と同委員長職へのサンコーの就任といった

諸事項のほか，ECOMOGの任務を平和維持と治安維持に限定するとともに，ECOMOGをシエラレオネから段階的に撤退させることが定められた[*6]。そして，この和平合意の成立を受けて，同年8月，ナイジェリア政府はECOMOGからの自国軍の段階的撤退に着手した。

なお，ロメ和平合意では，ECOMOGと国連シエラレオネ監視団（United Nations Observer Mission in Sierra Leone: UNOMSIL）から成る中立的な部隊が戦闘員のDDRを実施することと定められていた（第16条）。実際，ECOMOGは，ロメ和平合意以前からシエラレオネ政府や国連開発計画（United Nations Development Programme: UNDP）と協力してDDRを部分的に実施していたが，その範囲はごく限定的なものにすぎなかった。これに対して，ロメ合意で正式にマンデートが与えられたことを受けて，ECOMOGは，UNOMSILの後継的な国連平和維持活動である国連シエラレオネ派遣団（United Nations Mission in Sierra Leone: UNAMSIL）と協力しながらDDRを本格化させる。そして，1999年10月から2000年4月までの間に約1万8900名の戦闘員の武装解除に成功している。しかし，前述のとおり，この時期のECOMOGは同時に段階的な撤退作業を進めており，そのためにDDR実施の中心的な役割は次第にUNAMSIL側へと移譲されていった。そしてECOMOGは，1997年5月軍事クーデタを契機とする本格的な軍事介入から3年の歳月をへて，2000年5月，シエラレオネからの撤退を公式に完了した[*7]。

このECOMOG撤退の公式完了と相前後して，シエラレオネでは，約500名の国連平和維持部隊兵士がRUFによって襲撃・拘束されるという衝撃的な事件が発生した（落合 2000）。しかしその後，国内情勢は次第に安定へと向かい，2001年5月からはUNAMSIL主導のもとでDDRが本格的に再開された。そして，前述のとおり2002年1月，シエラレオネ紛争の終結がカバー大統領によって正式に宣言されるにいたったのである。

2 ECOMOGの淵源としての「貸与される軍隊」

（1）ECOMOGの正当性をめぐる疑問

リベリアやシエラレオネの紛争へのECOWASの軍事介入，より具体的には

ECOMOGの派遣をめぐっては，これまでその正当性に関してさまざまな疑問が呈されてきた。

　第一は，ECOMOG派遣の法的な根拠の欠如をめぐる疑問である。本章では冒頭，地域安全保障機構としてのECOWASの初期の取り組みとして不可侵議定書（1978年）や防衛議定書（1981年）について言及し，とくに後者がリベリア紛争へのECOWAS介入のひとつの精神的な拠りどころとなった，と指摘した。たしかに防衛議定書は，加盟国の国内紛争へのECOWASの軍事介入について一定の法的根拠を与える多国間条約であった。しかし，同議定書が国内紛争への軍事介入を認めたのはあくまでも外部勢力の関与がある場合に限られていたのであって，リベリアやシエラレオネの紛争では，そうした域外勢力からの攻撃や関与は必ずしも明確にみられたわけではなかった。また，防衛議定書は，加盟国の部隊で構成される共同体連合軍についても規定していたが，ECOMOGはそうしたAAFC関連の規定にしたがって創設された軍事組織でもなかった。つまり，リベリアやシエラレオネの紛争は，防衛議定書がECOWASに軍事介入を認めた，外部勢力の関与を伴う国内紛争ではなく，また，ECOMOGも同議定書が定めるAAFCではなかったのであり，その意味で同議定書は，ECOMOG派遣の「精神的な拠りどころ」ではあっても，その直接的な法的根拠ではなかった。ECOMOGは当初，それが依拠しうる多国間取り決めのない状況下で決議のみによって創設され，設立条約や防衛議定書では想定されていなかったまったく新しい活動を展開するようになったのである。

　第二に，ECOMOGの正当性をめぐっては，その軍事組織としてのあり方についても疑問が呈された。もともとECOMOGは，その名称が示すとおり停戦監視活動を行う中立的な平和維持部隊として創設された。ところが，前述のとおりECOMOGは，リベリア介入直後から平和維持部隊としての枠組みを大きく逸脱し，事実上の紛争当事者として反政府勢力NPFLとの間で激しい戦闘を展開するようになる。そして，そうしたECOMOGの「戦闘部隊」としての性格は，シエラレオネ紛争への軍事介入においても色濃く継承され，ECOMOGは，当初は1997年5月に成立した軍事政権と，その後は旧軍事政権やRUFとの間で激しい戦闘を繰り返した。つまりECOMOGには，平和維持部隊という形式的な位置づけと「戦闘部隊」という実質的な存在との間に大きな乖離がみ

られたのであり，そのことがECOMOGという軍事組織への不信感やその正当性に対する疑念を少なからず喚起した。

最後に，法的根拠の欠如をめぐる第一の疑問点とも関係するが，ECOMOGの軍事介入がとくにシエラレオネ紛争の場合にはECOWASの正式な決議なしに行われた，という点も問題視された。ECOWAS事務局長経験者のブンドゥによれば，1997年5月のクーデタ発生直後，シエラレオネのカバー政権が最初に支援を要請したのはECOWASではなく地域大国ナイジェリアに対してであり，これに応える形でナイジェリアが，次いでガーナとギニアが同国へとそれぞれ軍事介入した。そしてその介入の際に，リベリア紛争で用いられていたECOMOGという軍事組織名称がECOWASの承認なしにシエラレオネにおいても使用されるようになったという。シエラレオネにおけるECOMOGの活動がECOWAS最高会議で正式に承認されるのは，前述のとおり，当初の軍事介入から3ヵ月が経った1997年8月末のことであった（Bundu 2001: 74-77）。最終的にはECOWASの事後承認がえられたとはいえ，このようにシエラレオネ紛争への「ECOMOG」派遣が当初一部諸国の独断によって実施されていたという事実は，ECOWAS指揮下の部隊であるはずのECOMOGの正当性に対して強い不信感を抱かせる結果となった。

(2)「貸与される軍隊」の伝統

このようにECOMOGについては，その法的な派遣根拠の欠如，平和維持部隊としての枠組みからの逸脱，一部諸国による独断的な運用といったさまざまな問題点が指摘されてきた。そして筆者が，そうしたECOMOGの正当性をめぐるさまざまな疑問点を解明する上で有用と考えているのが，「貸与される軍隊」という概念にほかならない（落合1999）。

「貸与される軍隊」（armies on loan）という表現は，もともとアーノルド・ヒューズとロイ・メイという研究者が，独立後のブラック・アフリカ諸国間の軍事介入を考察した論文のなかで，国家の対外政策の一手段として他国に派遣される軍隊のことを示す用語として用いたものである（Hughes and May 1986）。ヒューズとメイは，1960年から1985年までの間に，なんらかの対外政策目的を達成するためにブラック・アフリカ諸国の部隊がアフリカの他国の領

土へと派遣・展開された事例——すなわち「貸与される軍隊」の事例——が少なくとも29例みられたと述べ，ブラック・アフリカ43カ国のうち31カ国が部隊の供与国あるいは受入国としてそうしたアフリカのトランスナショナルな軍隊貸借に関与していた，と指摘している。そして，彼らは，そうしたアフリカの「貸与される軍隊」を対外政策上の目的を尺度として，政権支援（regime-supportive）型，政権対抗（regime-opposing）型，国家支援（state-supportive）型の3種類に分類している（Hughes and May 1986: 177-180）。

ヒューズとメイの分類によれば，第一の政権支援型とは，ある国が国内外からの脅威に晒された友好国や近隣国の政権を支援するために自国部隊を派遣するタイプの軍事関与であり，1960年から1985年までの間にみられた29例のうち18例がこの範疇に相当するという。政権支援型の具体例としては，1971年にギニアのセク・トゥーレ（Sékou Touré）政権がクーデタ未遂事件が発生した隣国シエラレオネのシアカ・スティーブンス（Siaka Probyn Stevens）政権を支援するために約300人規模の部隊を派遣した事例や，やはりギニアが1977年に外国人傭兵侵入事件に揺れるベナンに部隊を派遣し，同国のマティウ・ケレク（Mathieu Kérékou）政権を支援しようとした事例などが挙げられている。

第二の政権対抗型とは，政権支援型とはまったく対照的に，ある国が他国の政権の転覆や不安定化のために部隊を派遣する場合であり，1985年までにみられた「貸与される軍隊」のうち6例がこの範疇にあてはまる。同タイプの典型例としては，1979年にタンザニアのジュリアス・ニエレレ（Julius Nyerere）政権が隣国ウガンダのイディ・アミン（Idi Amin）政権の打倒を目指して自国軍をウガンダ領内へと進攻させた事例（ウガンダ・タンザニア紛争）が挙げられる。

そして，第三の国家支援型とは，特定の政権の支援や不安定化のためではなく，国家の枠組みそのものの崩壊を食い止めるために部隊が派遣される場合であり，1985年までにみられた「貸与される軍隊」の事例のうち5例がこのタイプにあたる。その具体例としては，1981年にナイジェリア，ザイール，セネガルが部隊を提供してチャド内戦に派遣されたOAUインター・アフリカ軍などの例が挙げられている。

このほか，従来からアフリカ諸国間では，こうした「貸与される軍隊」のような部隊の直接的な貸借に加えて，二国間軍事協定にもとづいて平時に軍事訓

練チームを派遣したり，武器や軍需物資を提供したりするといった，より間接的な軍事関与の形態もまた広くみられたという。

これまで，冷戦時代のアフリカにおける軍事介入といえば，東西両陣営による軍事支援競争，旧宗主国フランスによる軍事的関与，そして南アフリカによる周辺諸国への不安定化工作といった，アフリカ圏外のアクターやアパルトヘイト国家による軍事介入が強調されがちであった。しかし，ヒューズとメイが指摘するとおり，実は冷戦時代のアフリカ諸国では，相互の軍事関与もまたかなり広範かつ活発に展開されていたのである。

そして，こうしたアフリカの「貸与される軍隊」の伝統こそがECOMOGの史的淵源にほかならない，というのが筆者の現時点での暫定的見解である。本章の冒頭で引用した，「シエラレオネ紛争の解決におけるECOWASの役割は，もともとナイジェリアやギニアとシエラレオネの間の二国間防衛協定から派生したイニシアティブだったのではないか」という，あのシエラレオネ人青年の発言も，そうした管見と明らかに通底している。

ECOMOGは，ECOWASというアフリカの準地域機関がこれまで主に国連によって担われてきた平和維持活動をいわば肩代わりするために創設した軍事組織，として捉えられがちであった。しかしECOMOGは，純粋な意味での平和維持軍というよりも，むしろアフリカにおける対外政策上の一手段としての「貸与される軍隊」の伝統から派生した軍事組織として位置づける方が，より適切なように思われる。

西アフリカ諸国は，少なくとも1980年代まで，たとえば多国間関係においてはECOWASの枠組みを利用して不可侵議定書や防衛議定書を締結し，その一方，二国間関係においてはアフリカ圏外の米ソ両大国やフランスから軍事支援をあおいだり，他のアフリカ諸国との間で小規模な部隊貸借を繰り返したりするといった安全保障措置を講じていた。しかし，1980年代末から1990年代初頭にかけて冷戦構造が崩壊し，西アフリカにおいてリベリア紛争のような大規模な国内紛争が勃発するようになると，西アフリカ諸国は，そうした紛争の解決をもはや国連や米ソといったアフリカ圏外のアクターに期待することができなくなり，かといって従来の多国間の単なる域内ルールづくりやアフリカ圏内の二国間の部隊貸借によっても地域安全保障問題に十分に対応できなくな

る。そこで，西アフリカ諸国は，そうした大規模な紛争に対応するために，それまで主に二国間ベースの比較的小規模な部隊貸借にすぎなかった「貸与される軍隊」を，ECOWASという多国間ベースの枠組みを積極的に活用しながら，より大規模な軍事関与の形態へと変容させていった。そこに，ECOMOGが立ち現れるのである。

そして，ECOMOGをいわゆる平和維持部隊としてではなく，対外政策上の一手段としての「貸与される軍隊」から派生した軍事組織として認識するならば，前述したECOMOGの正当性をめぐるさまざまな疑問点もそれほど違和感なく理解されよう。つまりECOMOGは，平和維持部隊という外皮を纏いながらも，あるいは平和維持部隊たることを名目的には志向しながらも，その内実は，政権支援などのために主に二国間ベースで展開されていた「貸与される軍隊」が，1990年代における西アフリカの安全保障問題に対応するために多国間ベース化してきた軍事組織なのである。

シエラレオネ紛争へのECOMOGの介入は，そうした「貸与される軍隊」としてのECOMOGの特質を理解する上でまさに示唆的である。独立以来脆弱な国防能力しかもたず，しばしば国内政情が不安定化してきたシエラレオネでは，紛争勃発以前からクーデタや反政府運動が発生するたびに，主にギニアの部隊が同国に派遣されてきた。また，前述のとおり，1991年に紛争が勃発すると，モモ政権からの要請を受けたギニアとナイジェリアの軍隊が二国間協定にもとづいてシエラレオネに展開し，治安維持や大統領護衛の任務にあたっている。このようにシエラレオネでは，国内のクーデタや治安悪化を国外からの支援部隊の受け入れによって乗り切るという政治手法が，まさに伝統的に採用されてきたのである。そして，1997年にシエラレオネ紛争に介入し，カバー大統領の政権復帰とその防衛のために大規模な戦闘活動を展開したECOMOGもまた，外見上は一応ECOWAS平和維持部隊の体裁をとりながらも，その実態は，従来の「貸与される軍隊」の伝統から派生した多国籍部隊であったといえよう（落合1999）。

むすびに

　本章では以上，シエラレオネ紛争へのECOWASの軍事介入，とくにECOMOGに焦点をあて，その活動や意義について検討してきた。そしてその際，ECOMOGとは，戦後国際社会における国連平和維持活動の史的潮流から誕生した地域的な平和維持部隊ではなく，むしろ独立後アフリカ諸国の「貸与される軍隊」の伝統から派生した軍事組織であった，という管見を提示した。
　ところで，リベリアやシエラレオネの紛争への軍事介入と相前後してECOWAS諸国間では，包括的な紛争対応・地域安全保障メカニズムの構築が模索されるようになった。具体的には，まず1993年7月，従来の設立条約に地域安全保障条項を加えた修正条約がECOWAS諸国間で調印された。そして，1999年12月，紛争対応メカニズムの創設を謳った同条項を具現化すべく，ECOWAS諸国は，「紛争予防・管理・解決・平和維持・安全保障のためのメカニズムに関する議定書」(The Protocol relating to the Mechanism for Conflict Prevention, Management, Resolution, Peace-keeping and Security)[*8]に調印している。同議定書のなかでは，仲介安全保障理事会（Mediation and Security Council: MSC）の設置，事務局機能の強化，早期警戒システムの導入などに加えて，ECOMOGの制度化が定められていた（落合 2001: 33）。そして，2004年6月，ECOWAS加盟諸国は，30日以内に展開可能なタスクフォースを含む6500人規模のECOWAS待機部隊（ECOWAS Standby Force: ESF）を創設することで合意している。
　このように1990年代以降の西アフリカでは，リベリアやシエラレオネの紛争へのECOWASの軍事介入を契機として，1980年代までの不可侵議定書や防衛議定書の射程をはるかに超えた，より包括的な地域安全保障メカニズムの整備が進められるようになったのであり，その中核的組織のひとつがESFといえる。
　その意味でECOMOGは，冷戦期に政権支援などのために主に二国間ベースで展開されていた「貸与される軍隊」が，冷戦後の西アフリカにおける安全保障課題に対応するために多国間ベース化してきた軍事組織であるとともに，

ESFのような中立的な地域部隊の創設にいたる，いわば初穂でもあったといえよう。ECOMOGの正当性をめぐる疑問や矛盾は，そうした組織変容が孕む多義性や多元性に由来するものであったにちがいない。

● ──注
* 1 ECOWAS加盟15カ国（2010年8月時点）は以下のとおり。ベナン，ブルキナファソ，カボベルデ，ガンビア，ガーナ，ギニア，ギニア・ビサウ，コートジボワール，リベリア，マリ，ニジェール，ナイジェリア，セネガル，シエラレオネ，トーゴ。
* 2 ECOWAS Authority of Heads of State and Government, *Decision A/DEC.9/5/90, Relating to the Establishment of the Standing Mediation Committee*, Banjul, Republic of Gambia, 30 May 1990, cited in Weller (ed.) (1994: 38-39).
* 3 *Joint Statement by the ECOWAS Executive Secretary, Dr. Abass Bundu, and the Leader of the National Patriotic Front of Liberia, Mr. Charles Taylor*, 1 July 1990, cited in Weller (ed.) (1994: 59).
* 4 ECOWAS Standing Mediation Committee, *Decision A/DEC.1/8/90, on the Cease-fire and Establishment of an ECOWAS Cease-fire Monitoring Group for Liberia*, Banjul, Republic of Gambia, 7 August 1990, cited in Weller (ed.) (1994: 68).
* 5 "ECOMOG Force Lands; Met by Prince Johnson; Clash with NPFL, 24 August 1990," *BBC Monitoring Report*, 27 August 1990, cited in Weller (ed.) (1994: 87).
* 6 *Peace Agreement between the Government of Sierra Leone and the Revolutionary United Front of Sierra Leone*, 7 July, 1999, http://www.sierra-leone.org/lomeaccord.html（2010年8月14日アクセス）
* 7 とはいえ，ECOMOGの全部隊が実際に撤収をしてしまったわけではなく，その一部はUNAMSIL部隊へと転用され，2000年5月以降もシエラレオネに駐留し続けた。
* 8 http://www.oecd.org/（2010年8月18日アクセス）

● ──参考文献
落合雄彦（1999）「ECOMOGの淵源──アフリカにおける「貸与される軍隊」の伝統──」『アフリカ研究』（55），pp.35-49。
── (2000)「シエラレオネにおける国連部隊襲撃拘束事件」『アフリカレポート』(31), pp.7-10。
── (2001)「西アフリカの地域安全保障──自立的な域内国際関係の模索──」『国際問題』(499), 10月, pp.16-34。
Adeshina, R.A. (2002) *The Reversed Victory: Story of Nigerian Military Intervention in Si-*

erra Leone, Ibadan: Heinemann Educational Books (Nigeria).

Bundu, Abass (2001) *Democracy by Force?: A Study of International Military Intervention in the Conflict in Sierra Leone from 1991-2000*, n.p.: Universal Publishers.

Hughes, Arnold, and Roy May (1986) "Armies on Loan: Toward an Explanation of Transnational Military Intervention among Black African States: 1960-85," in Baynham, S. (ed.) *Military Power and Politics in Black Africa*, London: Croom Helm, pp.177-202.

Inegbedion, E. John (1994) "ECOMOG in Comparative Perspective," in Shaw, Timothy M., and Julius E. Okolo (eds.) *The Political Economy of Foreign Policy in ECOWAS States*, New York: St. Martin's Press, pp.218-244.

Mujakperuo, F.A. (1999) *Report on ECOMOG Operations in Sierra Leone (October 1998-March 1999)*, presented at the Meeting of Chief of Staff of ECOMOG Contributing States to Sierra Leone in Abuja on 15 April.

Weller, M. (ed.) (1994) *Regional Peace-Keeping and International Enforcement: The Liberian Crisis*, Cambridge International Documentation Series Vol.6, Cambridge, New York and Melbourne: Cambridge University Press.

第2章
国連の介入

酒井啓亘

カイラフン県ジュジュマで出会った子どもたち（2009年11月，岡野英之撮影）

はじめに

　シエラレオネ紛争に対する国連の関与は，時系列的にみると，以下のような4つの時期に区切ることが一応可能である。すなわち，第一に，シエラレオネ紛争初期に介入した西アフリカ諸国経済共同体（Economic Community of West African States: ECOWAS）による経済制裁等の措置や，同機関が組織した軍で

あるECOWAS停戦監視団（ECOWAS Ceasefire Monitoring Group: ECOMOG）の軍事行動への対応に主として関与した時期（1997～98年）が最初に挙げられる。第二に，国連が自ら平和維持活動（Peacekeeping Operations: PKO）を組織し，国連シエラレオネ監視団（United Nations Observer Mission in Sierra Leone: UNOMSIL）として現地に派遣した時期（1998～99年）がこれに続き，その後，第三に，UNOMSILを発展的に解消し，より大規模なPKOとして国連シエラレオネ派遣団（United Nations Mission in Sierra Leone: UNAMSIL）を展開して平和維持に従事させた時期（1999～2005年）が現れる。そして最後に，シエラレオネ情勢が安定し，UNAMSIL撤退後に平和構築関連の政治的ミッションが派遣されて，シエラレオネ政府の機構整備を含む国家再建事業の段階にいたる平和構築の時期（2006年以降）となる。

本章では，こうした経緯に沿いながら国連の活動を概観したのち，国連が主体的に活動した上述の第三の時期——すなわち，平和維持活動の時期——に焦点を当て，その法的制度的問題点を指摘しながら，とくに国連PKO制度におけるUNAMSILの先例的意義を確認することにしたい。本書では，ECOMOGの活動自体の法的評価，平和構築段階でのシエラレオネ特別裁判所の設置をめぐる法的問題，武装解除・動員解除・社会再統合（Disarmament, Demobilization and Reintegration: DDR）などは他章で扱われることから，それらについては本章ではあくまでも国連PKOに関係する範囲でのみ言及するにとどめる。

1 シエラレオネ紛争への国連の関与

（1）1990年代の軍事クーデタへの国連の対応

1990年代初めにさかのぼるシエラレオネ革命統一戦線（Revolutionary United Front of Sierra Leone: RUF）の反政府活動とそれに伴うシエラレオネ内戦に対して，当初，国連の対応は概して微温的なものにとどまっていた。たとえば1996年1月に軍事クーデタが起こった後，同年2月に大統領・議会選挙が行われ，同年11月には新政府がRUFとの間でアビジャン和平協定を締結した。これに対して国連は，アビジャン和平協定の締結を安保理議長声明の採択という形式で歓迎したものの，[*1] RUFの武装解除に際してそれを監視するPKO派遣の

提案については積極的に取り上げなかったのである。ただし，こうした和平合意の背後には，シエラレオネ国連事務総長特使バーハヌ・ディンカ（Berhanu Dinka）の努力があったことは指摘しておく必要がある。それを考慮すれば，国連によるシエラレオネ紛争への事実上の政治的関与は，1995年2月にディンカが同特使に指名されたときに始まる，といってもいいかもしれない。しかし，国連がアビジャン和平協定の遵守監視を行うオブザーバーの派遣に消極的であったために戦闘員の武装解除が実現せず，そのことが翌1997年5月の軍事クーデタ発生の遠因となったという点には留意しなければならない（酒井 2001: 101）。その意味で，紛争初期段階における国連の消極的な関与姿勢は，その後，高価な代償を支払うことになったといわざるをえない。

　1997年5月，軍部の一部がアフマド・テジャン・カバー（Ahmad Tejan Kabbah）政権に対してクーデタを起こすと，国連はすぐさま同27日に安保理議長声明を公表し，同クーデタへの憂慮の念と憲法秩序の即時回復の要求を示すとともに，シエラレオネの平和と安定，そして和解のためにはアビジャン和平協定の実施が不可欠であることを強調した。[*2]これは，軍事クーデタによる民主的な政権の転覆と軍事政権の成立を承認しないという当時のアフリカ統一機構（Organization of African Unity: OAU）やECOWASの政策を国連が支持したことを意味する。しかし，国連はECOWASに事態の対応を委ね，自らはそれ以上の積極的な措置を講じなかった。また，クーデタを契機にナイジェリアがシエラレオネへの軍事介入に踏み切ったが，国連はそれに対しても法的評価を行っていない。ただ同年7月11日付安保理議長声明のなかで，ECOWASによる和平努力を歓迎しつつ，事態が紛争の平和的解決の枠内で処理されることを希望するのみであった。[*3]

　ところが，国連の期待に反してECOWASは，ナイジェリア主導の下，交渉ではなく制裁と軍事力の行使によって事態の打開を図り，カバー政権の復帰を目指す政策を推進していく。そして，1997年8月のECOWAS首脳会議で対シエラレオネ禁輸措置が決定された。これに対して国連は，軍事政権とECOWASの交渉が決裂したことを受けて8月2日に安保理議長声明を発表し，そのなかで交渉決裂について遺憾の意を表すとともに，その責任が軍事政権側にあるとして，仮に軍事政権側から満足な回答がえられない場合にはカバー政

権復帰という目的達成のために必要なあらゆる措置をとる用意がある，と表明した。そして，10月8日には実質的にECOWASによる禁輸措置を憲章第7章にもとづく国連措置として認める安保理決議1132を採択したのである。

当時，ECOWASは自らの禁輸措置について国連の許可を必要とはしないと考えていた。しかし，禁輸措置の実効性を確保するためにECOMOGが「必要なあらゆる措置」（all necessary means）という形で一定の武力行使を行う予定であったことから，安保理がそれへの許可を与えることが必要かどうかが法的論点として浮かび上がっていたのである。この点について，ECOWASの「武力行使」が経済制裁実効化のための軍事力行使にすぎないということであれば，地域的機関による経済制裁それ自体は安保理の事前許可を条件とするものではないため，安保理の措置はECOWASの措置を確認したにすぎない，という位置づけになろう。しかし，これが経済制裁とは別個の軍事的強制措置とみなされるのであれば，それに対する安保理の許可をECOWASが要することは明らかであり，安保理が決議1132を通じて事後的に許可を与えたという形で違法状態が遡及的に治癒された，とみなさなければならなくなる。決議1132はどちらにも解釈しうる内容のものであるが，それは同決議の欠陥というよりも国連と地域的機関の関係をどのように法的に規律するかという点についての曖昧さが表れたひとつの帰結といえよう[*4]。

(2) ECOWASの軍事介入とUNOMSILの設置

国連による経済制裁の発動によって，国連加盟国全体が対シエラレオネ禁輸措置に参加することになった。このため，軍事政権側も国際社会からの圧力を受けてECOWASとの話し合いに応じる姿勢に転じ，その結果1997年10月に両者間でコナクリ和平計画が締結された。この和平計画では，6カ月以内のカバー政権の復帰や敵対行為の即時中止，戦闘員の武装解除，人道的支援の提供，難民・避難民の帰還，そして軍事クーデタ首謀者の免責などが定められるとともに，ECOMOGが，国連軍事オブザーバーの支援を受けて，敵対行為の中止や戦闘員の武装解除プロセスを監視することなども予定された。したがってECOMOGは，禁輸実施と和平合意実施監視という2つの異なる役割を引き受けたのであり，そこにはいわゆるpeace enforcementとpeacekeepingとい

う二重の性格が投影されていたということになる（酒井 2001: 110-112）。

　しかしその後，同計画の具体的な実施をめぐってECOWASと軍事政権の間で対立が続き，軍事政権側の対応に不満を抱くECOWASは，ついに1998年2月，ナイジェリア部隊を中心に軍事行動を開始して軍事政権を武力で排除した。このECOMOGによる軍事介入の法的性格については，別の機会に考察したことがあるので，ここでは繰り返さない（酒井 2001：112-117）。

　他方，こうしたECOWASの動きに対する国連の対応は，当初かなり慎重であった。たとえば2月26日付安保理議長声明では，ナイジェリアの軍事活動には言及せず，ただ単に軍事政権の支配終焉を歓迎するとともに，紛争の平和的解決におけるECOWASの役割への期待を表明したにとどまった。また，カバー大統領の帰国を受けて禁輸措置の解除を決めた3月16日付採択の安保理決議1156でも，ナイジェリアやECOMOGの軍事活動については触れていない。ところが，この決議1156を採択した直後に提出された国連事務総長報告書がECOMOGによる軍事行動を称賛したのを受けて，安保理もまた4月17日に採択した決議1162により，カバー大統領の復帰とシエラレオネ政府による平和の再建努力を歓迎するとともに，平和と安全の回復をめぐってECOWASとECOMOGが果たしてきた役割を称賛したのである。ECOMOGの軍事行動がいわゆる「平和維持」活動といえるものであったかどうかについては疑義が残るが，国連がそうしたECOMOGの活動を積極的に支持したことは疑いがない。[*5]

　その後，ECOMOGはカバー政権を支援するためにシエラレオネに駐留を続け，軍事行動や国内治安活動を展開した。しかし，こうしたECOMOGの存在とその活動は，軍事政権側を支持していたRUF，およびその背後にいるとみられていたリベリアとの緊張関係を高めることになった。ECOMOGが政府軍に代わって軍事活動を展開したり，警察に代わって治安維持の役割を担ったりしたため，RUF側は，ECOMOGは中立的ではないとして不信感を募らせた。国連がこの時期にシエラレオネへのPKO派遣を決定した背景には，こうしたECOMOGの活動の中立性に対する疑念とそれへの配慮があったことは留意すべきであろう。

　国連は，6月5日に採択した安保理決議1171により，決議1156では解除されていなかった制裁措置の残りをすべて解除した後，7月13日に決議1181を

採択して，40名規模の軍事オブザーバーからなるUNOMSILの派遣を決定した。この決議で安保理は，ECOWASとECOMOGがシエラレオネ政府の要請にもとづいて同国の安定に果たしてきた役割を称賛するとともに，UNOMSILとECOMOGの十分な協力と緊密な調整の必要性を強調している。そこでは，ECOMOGが反政府勢力に対して強い対決姿勢をとってきたこと，しかし，UNOMSILはそうした中立性を欠くECOMOGの保護下でなければ活動できないこと，そして，それによって国連自身の中立性さえもが疑われかねないことが認識されていた。そのため決議1181では，UNOMSILの任務のなかにECOMOG活動の監視が付け加えられた。UNOMSILがECOMOGと並行展開しながらその活動を監視し，そこに国連のコントロールを微温ながらも導入することで，ECOMOGの活動の公正さを担保するとともに，国連自身の中立性に対する疑念をも払拭することが，そこでは意図されていたのである（酒井 2001: 121)。

(3) ロメ協定の締結とUNOMSILからUNAMSILへの移行

1998年10月以降，ECOWASはECOMOGの軍事力強化を背景としながらも反政府勢力との対話を模索する現実的な方針を打ち出した。しかし，シエラレオネ政府は対RUF強硬路線を堅持し，そのことがシエラレオネ政府とRUFの対立を深める一因となった。そして，1999年1月にはRUFが首都フリータウンに大規模な軍事的攻勢をかけることになる。この戦いではECOMOG・政府軍側とRUF側の間で激しい戦闘が展開され，シエラレオネ政府はこの戦闘を契機に軍事的勝利による内戦終結が困難であることを悟り，路線変更せざるをえなくなった。そして5月には同政府とRUFの間でまず停戦合意が，次いで7月7日に包括的和平合意を含むロメ協定が締結されるにいたったのである。

ロメ協定は，停戦行為の停止のほか，統治問題，恩赦や選挙などの政治問題，紛争後の軍事安全保障上の問題，人道・人権，社会経済上の問題，国際的支援といった広範な内容を含むものであり，国連も「道義的保証人」として同協定に署名している。とくに停戦監視については，5月の停戦合意にもとづき，このロメ協定でもUNOMSILがその任務に就くことが定められた。

このほかロメ協定をめぐっては，UNOMSILとECOMOGの関係性について

も言及がなされていた点が注目される。すなわち同協定では，UNOMSILと ECOMOGにより構成される「中立的平和維持軍」の導入が予定されており，この「平和維持軍」には全戦闘員を武装解除する任務が与えられていたが，実際にはECOMOGが武装解除を実施し，その実施を監視する役割がUNOMSILに課せられることになっていた。このことは，それまでのUNOMSILとECOMOGの関係性を実質的に再確認し追認するものであったといえる。この「中立的平和維持軍」派遣は，外国軍隊等の撤退を要求して中立的な平和監視グループの派遣を求めていたRUFと，引き続きECOMOGが展開することを望むシエラレオネ政府との間の妥協から生まれた構想であった。このため，その後のECOMOGの活動如何によっては，RUFが再びECOMOGと対立し，その延長線上でUNOMSILや国連を敵視することになる危険性が，実はそこにはすでに内包されていたのである。

　ともあれ国連は，ロメ協定の締結を受けて，1999年8月20日に安保理決議1260を採択し，同協定の締結の歓迎と，両当事者とECOWASの和平努力への称賛の意を表すとともに，RUFその他の反政府勢力に対する武装解除の要求を明確にした。さらに，ロメ協定の求めに応じる形でUNOMSILの任務内容を変更し，さしあたり暫定的に軍事オブザーバーを210名にまで増員してこれをECOMOGの保護下に置きつつ，そうしたECOWASと連携した国連PKOのあり方をそれまで以上に強化しようと図った。

　しかし，ロメ協定締結後も，反政府勢力がUNOMSIL要員の安全を脅かすような事件が続発する。また，同要員の安全はECOMOGによって保護されるはずであったが，その主要部隊を提供していたナイジェリアが内政上の理由によって1999年8月末を契機にECOMOGから撤退し始めたのである。

　このような新たな展開を受けて，国連もまた対応を迫られる。すなわち，ナイジェリア部隊撤収後のECOMOGに対して国連PKO要員の保護を求めることは困難とみられたため，国連自らがその要員の安全を確保しなければならなくなったのである。その結論が，UNOMSILの要員などを引き継ぎつつ，軍事的により強力な国連PKOを設置するという構想であり，具体的にはそれはUNAMSIL設置に帰結した。1999年10月22日に採択された安保理決議1270は，260名の軍事オブザーバーを含む最大6000名の軍事要員を擁するUNAMSIL

の設置を決定し，そのマンデートには，DDR実施を目的とした対シエラレオネ政府支援とそれに伴う同国主要地域への展開，国連要員の安全と移動の自由の確保，停戦遵守の監視，人道的援助物資の運搬促進，シエラレオネ憲法により実施される選挙の支援などが含まれることになった。

(4) UNAMSILの特徴とシエラレオネ紛争への影響

　以上のような経緯で設置されたUNAMSILの最大の特徴は，国連憲章第7章にもとづく行動をとることが許されていた，という点である。本来，憲章第7章にもとづく行動はいわゆる強制措置と呼ばれ，同意原則と非強制をその存立基盤とする国連平和維持活動とは原理的に相容れない。しかし，UNAMSILでは，同要員の安全と移動の自由の確保と，物理的暴力の急迫した脅威下にある文民への保護の提供という2つの目的に限定されていたとはいえ，憲章第7章にもとづく行動として武力行使を含む「必要なあらゆる行動」を取りうることが認められた。ただしそれは，あくまでも上記2つの目的に「限定された第7章にもとづく行動」であり，憲章第7章によって本来予定されていた一般的な強制措置とは異なるものであったといえる。

　このためUNAMSILには，憲章第7章にもとづく行動が認められたとはいえ，紛争当事者に対して常に公平に対応することが求められた。しかし，このUNAMSILの活動を紛争当事者が公平ととらえるかどうかは，また別問題であったといえる。とりわけシエラレオネ政府やECOMOGと対立してきたRUFにとって，UNAMSILは以下の2つの意味でECOMOGの性格と活動を継続するものととらえられていた。

　第一に，要員の構成についてである。国連では，コスト軽減の観点から，すでに展開していたECOMOG部隊を国連部隊として転用する計画が俎上に載り，実際，ECOMOG部隊派遣国がUNAMSILに参加する方向で調整が図られた。この結果，ECOMOGが最終的に撤退した2000年5月の段階で，その主力であったナイジェリアの部隊がUNAMSIL軍事要員部門約9200名のうち約3200名を占め，その最大の部隊となってしまったのである。このようにECOMOGの一部がUNAMSILに衣替えをしたために，それまでECOMOG，とくにその主力であったナイジェリア部隊を敵視していたRUFは，UNAMSILに

対しても敵対的な対応を示すようになった。

　第二に，UNAMSILは任務内容の面でもECOMOGを継続する側面を有していた。たしかにUNAMSILは，形式的にはUNOMSILの後継PKOと位置づけられてはいたが，UNOMSILが軍事監視中心の伝統的PKOであったのに対して，UNAMSILは前述のとおり憲章第7章にもとづく行動を認められ，要員の安全も自ら確保することが求められていた。その意味で，UNOMSILとUNAMSILの間には，任務内容や性質をめぐって明らかな懸隔がみられた。また，2000年2月7日に採択された安保理決議1289では，UNAMSILに最大1万1100名までの軍事要員の展開が認められるようになり，フリータウンやルンギ国際空港といった主要拠点とDDR実施地での安全確保，押収した武器の管理などへとその任務が拡大された。そして，とくにそうした任務の遂行のために，憲章第7章にもとづく行動が認められたのである。したがって安保理決議1289は，それまでのECOMOGの任務を憲章第7章下で事実上UNAMSILに引き継がせようとするものであったといえよう。

　こうしたECOMOGとUNAMSILの間の，要員と任務内容をめぐる二重の意味での継続性こそが，RUFによるUNAMSIL敵視の一因であり，そのことが2000年5月のUNAMSIL要員人質事件の伏線となっていく。[*6]

　同事件は，2000年4月30日，ある武装解除センターがRUFによって襲撃されたことに端を発するもので，翌5月1日から6日までの間にUNAMSILのケニア部隊やザンビア部隊などに属する計500名ほどの要員がRUFによって次々と拘束された。これに対して，国連およびECOWASは，RUFと近い関係にあるリベリアのチャールズ・テイラー（Charles Ghankay Taylor）大統領に人質解放のための仲介を求める一方，国連は，事件発生直後の5月19日に安保理決議1299を採択し，そのなかでUNAMSILの増員を決定した。結局，この国連PKO要員人質事件は，テイラー大統領の仲介努力などもあって解決したが，国連は2001年3月30日に安保理決議1346を採択し，平和維持という活動コンセプトの枠内でUNAMSILの要員規模を1万7500名にまで拡大するにいたったのである。

(5) UNAMSILの撤退と平和構築作業への移行

　DDRは，国連PKO要員人質事件で一時頓挫したものの，その後のUNAMSIL拡大とともに再開された。そして，2002年1月にカバー大統領が国家非常事態宣言の解除を宣言して，シエラレオネ内戦は最終的に終結した。こうしたなか，安保理は同年1月16日に決議1389を採択し，UNAMSILが選挙支援の任務を負うこととし，文民警察の増員と選挙部門の設置を認めた。その後，同年5月にはUNAMSIL監視の下で議会・大統領選挙が実施され，カバー大統領が再選を果たした。また，2002年1月にはシエラレオネ特別裁判所の設置がシエラレオネ政府と国連の間で合意されている。そうしたなかで，これまで治安確保を目的に平和維持活動を行ってきたUNAMSILの撤退とその後の平和構築のための機関導入・再編が重要な課題とされるようになった。

　2002年9月にはUNAMSIL要員の撤収が始まり，2005年8月31日には安保理決議1620が採択されて，国連シエラレオネ統合事務所（United Nations Integrated Office in Sierra Leone: UNIOSIL）の設置が承認されている。UNIOSILはPKOではない。それは，主としてシエラレオネの経済復興を目的にして国際金融機関や援助機関の調整を行う政治的ミッションであり，300名程度のスタッフから構成され，その長には国連シエラレオネ特別代表補が就くこととされた。そして，UNAMSILは2005年12月末で任期を終了し，代わってUNIOSILが2006年1月から任務を開始したのである（Olonisakin 2008: 126-130）。

　2005年12月に国連平和構築委員会（Peacebuilding Commission: PBC）が設置されると，シエラレオネはブルンジとともに対象国に選ばれ，2007年12月には同委員会において，若者の雇用・能力向上，グッド・ガバナンス，司法・治安部門改革，公務員の能力構築，エネルギーの各分野を盛り込んだシエラレオネのための平和構築協力枠組みが採択されている[7]。また，2008年8月4日には安保理決議1829が採択され，国連シエラレオネ統合平和構築事務所（United Nations Integrated Peacebuilding Office in Sierra Leone: UNIPSIL）の設置が承認された。そして，このUNIPSILは同年10月1日よりUNIOSILに代わって活動を開始し，2009年9月15日に採択された安保理決議1886で任期が1年延長され，さらに2010年9月28日採択の安保理決議1940により2011年9月15日までの任

期延長が認められている。

このように，UNAMSIL撤退後のシエラレオネの平和構築プロセスは比較的順調に進んでおり，2000年に多数のPKO要員が人質となるという重大な事件があったにもかかわらず，同国での国連活動は最も成功したPKO事例のひとつに数えられているのである。

2 国連平和維持活動への教訓

(1) 地域的機関との関係

国連PKOは，一見UNOMSILからUNAMSILへと発展・展開したようにみえる。たしかに安保理決議1270では，UNAMSILはUNOMSILの構成員と任務ならびにその資産を引き継ぐとされ，さらにUNAMSIL設置の結果として，ただちにUNOMSILのマンデートも終了するとされていた。[*8] しかし前述のとおり，こうした移行はあくまでも形式的な承継にすぎず，任務などの内実を検討すると，UNAMSILが実質的に承継したのはUNOMSILの任務ではなく，むしろECOMOGのそれであったといえる。そして，シエラレオネ紛争をめぐるこうした「平和維持活動」の特異な継承のあり方のために，ECOMOGを敵視していたRUFがUNAMSILに対しても敵対的な姿勢を示すようになった点については，すでに述べたとおりである。

他方，UNOMSILに目を転じると，それは，ECOMOGの軍事活動が伝統的な平和維持活動で許容されてきた武力行使の範囲を超えているという批判を受けて，その活動を監視し，ECOMOG，ひいてはECOWASに対する国連の統制を確保するために設置された組織であった。これは，グルジア／アブハジアやリベリアでの事例と同様に，国連による地域的機関の軍事活動を統制するひとつの方式であり，国連機関を用いた地域的機関の公平性の担保を意図したものであった。自衛の範囲を超える武力行使を行ってきたECOMOGと，伝統的な国連PKOの活動原則に従ったUNOMSILが同時期に同一地域で並行展開可能であったのは，それらが性格の大きく異なる「平和維持活動」であったからにほかならない（酒井 2001: 121-123）。

このほか，シエラレオネにおける「平和維持活動」の継承から明らかになっ

た，国連と地域的機関の関係性をめぐる教訓としては，さらに以下の諸点を指摘できる。

　第一に，国連が地域的機関の武力行使を含む活動を統制しようとするとき，両者には深刻な緊張関係が生じる可能性があるという点である。武力行使が集団的自衛権の発動という性格を有するのであればともかく，地域的安全保障の一環として地域的機関が武力を行使する場合には，国連憲章第53条1項にもとづき，安保理の許可を得なければならない。他方，シエラレオネ紛争におけるECOMOGの活動は，ECOWASによればあくまでも「平和維持活動」と認識されており，そうした地域的機関の平和維持活動については，伝統的なPKOの活動原則に依拠するものであるかぎり，実力の行使は自衛の範囲内として扱われることから安保理の許可を必要としない。したがって，ECOMOGの活動もそれに類するものであれば同様に処理されえたはずである。しかし，ECOMOGは，RUFとの戦闘行為の過程で自衛範囲を超える武力行使を行ったと考えられることから，その軍事介入の法的根拠が問題視されることになった。実際には国連が安保理決議1162によりECOWASおよびECOMOGの双方の活動を称賛することで現状の追認を図ったが，それでもなお，ECOMOGの軍事活動を憲章第7章もしくは第8章にもとづく軍事的措置として認めたわけではないことに留意する必要がある。そして，こうした法的な瑕疵を治癒するために，結果として，ECOMOGの活動をUNAMSILが引き継ぐ際に，憲章第7章にもとづく措置としてあらためて武力行使がUNAMSILに許可されることになったのである。

　第二に，地域的機関による平和維持軍と国連PKOの間の積極的な提携関係構築の可能性を指摘できる。シエラレオネ紛争では，ECOMOGからUNAMSILへの移行が行われたが，それに類似した事例はほかにも散見される。たとえば，リベリアやコートジボワールでは，先行展開していたECOWAS派遣軍を国連PKOが後継機関として引き継いだ。また，ソマリアやスーダンのダルフールの事例でも，アフリカ連合（African Union: AU）が派遣した部隊を国連PKOが引き継いだり，AUと国連が合同して部隊を展開する計画が検討されたりしている。[*9]

　地域的な紛争に対処する場合，当該地域と密接な関係にある地域的機関が，

さしあたりそのイニシアティブをとることについては合理的な理由がある。たとえば，当該紛争の発生原因やその対策について最も留意しているのは利害関係の深い地域的機関であり，地理的にも迅速な行動がとりやすい。また，国連の側からすると，地球上で生じるあらゆる紛争に対応するには，物理的にも財政的にもさまざまな限界があることから，まずは地域的機関に処理を委ねることが望ましい。国連憲章でも「地方的紛争」については安保理に付託する前に地域的機関による平和的解決努力が求められている（第52条2項）のはその趣旨である。

　しかし他方において，地域的機関に紛争処理をすべて委ねることもまた難しい。地域的機関内部での覇権争いから生じた紛争などについては，地域的機関自らが平和的に解決できるかどうか疑わしいし，たとえ平和維持活動によってうまく紛争を封じ込めたとしても，長期間にわたって同様のコミットメントを行うことは，地域的機関にとって物的人的財政的制約から困難を伴うことになろう。また，国連の側からは，武力行使の問題に典型的に表われるように，地域的機関の自律性を過度に尊重しすぎると，逆に地域的機関の「暴走」をコントロールできない危険も出てくるし，地域的機関の側も国連から武力行使の許可を含む活動の認定を受け，最終的には国連活動としての性格をもつことが予定されると，当該活動についての正統性を獲得しやすくなるという利点がある。

　したがって，こうした国連と地域的機関のアンビヴァレントな関係を制御するためのひとつの方法として，シエラレオネにおけるECOMOGからUNAMSILへの移行事例のように，地域的機関の軍事組織と国連PKOとの間のいわば時系列的な展開形式が採用されることは，まったく理由のないことではない。そこには，停戦確保や人道的危機などに対処するために当面利用可能な部隊を地域的機関から調達し，同部隊に強力なマンデートを認めて事態に対処することで，資源や時間の有効活用を図ろうとする意図や配慮が働いている。それは，地域的機関が関与しない多国籍軍型軍事活動についてもいえることであろう。

(2) 平和維持活動のマンデートと手段の関係

　先にも述べたように，UNAMSILの最大の特徴は，国連平和維持軍でありながら，その任務遂行のために国連憲章第7章にもとづいて「必要なあらゆる行動」をとることが許可されていた，という点にある。

　「必要なあらゆる行動」や「必要なあらゆる措置」という用語は，憲章第7章とのつながりで指摘される場合，武力行使の許可を意味する定形句であり，それは，1990-91年の湾岸戦争における多国籍軍に対しても用いられた。しかし，前述のとおり，UNAMSILが「必要なあらゆる措置」をとりうるのは，UNAMSIL要員の安全と移動の自由の確保，およびその能力と展開範囲内において物理的暴力の急迫した脅威の下にある文民への保護の提供という2つの目的に限定されていた。このため，湾岸戦争の多国籍軍に認められたのが「完全な憲章第7章にもとづく行動」であったとすれば，UNAMSILのそれは「限定された憲章第7章にもとづく行動」ともいうべきものであった。

　しかし，たとえ限定的にせよ，UNAMSILには国連憲章第7章にもとづいて「必要なあらゆる行動」をとることが許可されていたのであり，それがはたして平和維持活動のカテゴリーに収まるものであったのか否かは別途検討を要しよう。というのも，旧ユーゴスラビア紛争やソマリア内戦への介入の反省から，国連では平和維持活動と憲章第7章の切り離しが行われるようになっていたからである。

　実際，シエラレオネ紛争においても，2000年5月に起きたUNAMSIL要員人質事件の処理の過程で，その法的性格をどのように位置づけるかが議論となった。同事件を受けて，UNAMSILに完全な憲章第7章にもとづくマンデートを与え，その性格を平和強制へと明確に転換するべきであるとの主張がなされる一方，限定された憲章第7章下のマンデートを維持しつつ，あくまでもその範囲内で要員増派などによってUNAMSIL強化を図るべきであるとの主張もなされた。こうした意見の対立は人質事件の収束後も残り，それが一因となって，平和維持の枠組みを維持しつつUNAMSILの規模を拡大するという国連事務総長の勧告が安保理関係国の同意をえられず，再三にわたってその任期延長のみが認められるという状況が続いた。しかし，最終的には国連事務総

長の見解を支持する安保理決議1346が採択され,その結果,UNAMSILに認められた憲章第7章の行動と平和維持とは矛盾するものではないという共通の認識が国連内部に醸成されることになったのである。

　この点で,UNAMSILの先例的価値は以下の2点に集約されよう。第一に,UNAMSILに認められた「強力な」マンデートは,あくまでも特定された任務遂行の状況に限られる場合に認められ,それゆえに平和維持と矛盾しないものと理解された。その結果,国連PKOが「その能力と展開範囲内において物理的暴力の急迫した脅威の下にある文民への保護の提供」のために憲章第7章にもとづく行動として武力の行使を認められる事例はその後も各地で出現し,これらがいわゆる「強化された」PKOとして,すなわち「限定された憲章第7章にもとづく行動」を許可されたPKOとして独自の地位を確保していくことになった。UNAMSILはその先鞭をつけたのである。

　第二に,このような「限定された憲章第7章にもとづく行動」を平和維持の枠内で遂行し続けることを安保理が支持するための必要条件と考えられたのが,そうしたマンデートを担うUNAMSILに対する紛争当事者の同意の再確認であった。国連PKOの任務とその実施手段についてこうした紛争当事者の同意を停戦合意や和平合意で確認するという方式は,その後の「強化された」PKOにも受け継がれていくことになったのである。

むすびに

　シエラレオネ紛争への国連の介入には,地域的機関による経済制裁を承認したり,地域的機関の軍事活動を称賛したりするような間接的な関与のほか,PKOを用いて紛争の平和的な解決への環境整備に貢献するというような,より直接的な関与もみられた。

　本章は,シエラレオネ紛争の進展およびその収束状況と国連の活動の関係を素描しながら,とりわけ国連PKOの役割・特徴,その法的意義について検討してきた。その結果,UNAMSILは,憲章第7章にもとづく行動として武力行使を許可された「強力な」マンデートを付与され,1990年代末に登場して現在国連PKOの主流となりつつある,いわゆる「強化された」PKOの原型として

位置づけうることを確認した。[*10]

　また，経済制裁とその実効的実施といった強制措置から，平和的解決に向けた環境整備としての平和維持，そして国家再建のための平和構築といった一連の平和活動にいたるシームレスな関与政策は，全体の和平プロセスのなかに国連PKOをどのように位置づけるかという視点も提供した。その具体化が和平合意における国連PKOの役割とその実現方法の明確化である。そうしたなかで，任務遂行の実効性確保のために国連憲章第7章にもとづく行動が国連PKOに認められ，最終的にその先駆的存在としてのUNAMSILが比較的成功裏に活動を終了させたことは，その後の国連PKOの発展にとって決定的に重要であった。国連がまとめた最近のPKOガイドライン（いわゆる「キャップストーン・ドクトリン」）のなかでも，「強力な」マンデートを付与されたPKOへの肯定的評価とその活動原則の再定式化が認められている（酒井 2009: 114-118）。「強力な」マンデートを奉じたUNAMSILの設置と実行がその後の国連PKOに与えた影響は，きわめて大きかったのである。

●——注

* 1　U.N.Doc.S/PRST/1996/46.
* 2　U.N.Doc.S/PRST/1997/29. 同日公表された国連事務総長による声明も参照（U.N.Press Release, SG/SM/6241）。
* 3　U.N.Doc.S/PRST/1997/36.
* 4　Abass（2004: 157-161），中村（2009: 87-90, 115-116）も参照。
* 5　安保理決議1162の意義については栖林（2001: 132-135）を参照。
* 6　こうした事件発生の背景には，RUFがロメ協定締結後も武力による政権奪取という自らの主張を変更しなかったことが存在することはいうまでもない。ロメ協定の実施支援を任務としたUNAMSILにとって，この任務を遂行するための基本的な前提条件，すなわち維持されるべき真の意味での平和が存在していなかったのであり，UNAMSILの任務遂行はその観点からすると，きわめて非現実的であったという指摘もある（Berman and Labonte 2006: 200）。
* 7　シエラレオネに関する国連平和構築委員会の最近の作業結果については以下を参照（Outcome of the Peacebuilding Commission High-level Special Session on Sierra Leone, U.N.Doc.PBC/3/SLE/6）。
* 8　U.N.Doc.S/RES/1270(1999), op.para.10.

*9　さしあたりスーダンの事例については酒井（2008）を参照。

*10　こうした「強化された」PKOに関する簡潔な説明については酒井（2006: 19-20）を参照。

● ── 参考文献

落合雄彦（2001）「シエラレオネ」総合研究開発機構（NIRA）・横田洋三編『アフリカの国内紛争と予防外交』国際書院，pp.206-213。

酒井啓亘（2001）「シエラレオネ内戦における「平和維持活動」の展開（1） ── ECOMOGからUNAMSILへ ── 」『国際協力論集（神戸大学）』9（2），pp.97-126。

── （2002）「シエラレオネ内戦における「平和維持活動」の展開（2・完） ── ECO-MOGからUNAMSILへ ── 」『国際協力論集（神戸大学）』9（3），pp.95-129。

── （2006）「国連平和維持活動（PKO）の新たな展開と日本」『国際法外交雑誌』105（2），pp.1-31。

── （2008）「スーダン南北和平と国連平和維持活動 ── 国連スーダンミッション（UNMIS）の意義 ── 」『法学論叢』162（1-6），pp.175-203。

── （2009）「国連安保理の機能の拡大と平和維持活動の展開」村瀬信也編『国連安保理の機能変化』東信堂，pp.97-125。

中村道（2009）『国際機構法の研究』東信堂。

楢林建司（2001）「シエラレオネ内戦に対する西アフリカ諸国経済共同体と国際連合による介入」『愛媛法学会雑誌』27（4），pp.119-158。

山本慎一（2008）「多国籍軍型軍事活動の展開にみる集団安全保障体制の潮流」日本国際連合学会編『国連研究　第9号　国連憲章体制への挑戦』国際書院，pp.75-95。

横田洋三編（2007）『国連による平和と安全の維持　解説と資料　第2巻』国際書院。

Abass, A. (2004) *Regional Organisations and the Development of Collective Security: Beyond Chapter VIII of the UN Charter*, Oxford: Hart Publishing.

Adebajo, A. (2008) "The Security Council and Three Wars in West Africa," in Lowe, V., A. Roberts, J. Welsh and D. Zaum (eds.) *The United Nations Security Council and War: The Evolution of Thought and Practice since 1945*, Oxford: Oxford University Press, pp.466-493.

Berman, E.G., and M.T. Labonte (2006) "Sierra Leone," in Durch, W.J. (ed.) *Twenty-First-Century Peace Operations*, Washington, D.C.: United States Institute of Peace, pp.141-227.

Hirsch, J. (2004), "Sierra Leone," in Malone, D.M. (ed.) *The UN Security Council: From the Cold War to the 21st Century*, London: Lynne Rienner Publishers, pp.521-535.

Howard, L.M. (2008) *UN Peacekeeping in Civil Wars*, Cambridge: Cambridge University Press.

Olonisakin, 'F. (2008) *Peacekeeping in Sierra Leone: The Story of UNAMSIL*, London: Lynne Rienner Publishers.

Sakai, H. (2009) "Legitimization of Measures to Secure Effectiveness in UN Peacekeeping: The Role of Chapter VII of the UN Charter," in Komori, T., and K. Wellens (eds.), *Public Interest Rules of International Law: Towards Effective Implementation*, Surrey: Ashgate Publishing Limited, pp.119-139.

第3章
ブレア・ドクトリン
―― なぜ，イギリスは軍事介入したのか ――

マイケル・カーボ（岡野英之訳）

北部州のマランバ鉱山の廃墟（2006年9月，落合雄彦撮影）

はじめに

　本章では，イギリスの新労働党政権（New Labour Government）が，なぜそれ以前の保守党政権（the Conservative Government）よりもシエラレオネ紛争に対して積極的な介入姿勢を示したのかを考察する。

　シエラレオネ紛争は1991年3月23日，シエラレオネ革命統一戦線（Revolutionary United Front of Sierra Leone: RUF）による侵攻によって始まった（Richards 1996: 4）。同紛争が2002年1月に完全終結するまでの間に，実に5つもの政権が成立している（軍事政権も含む）。そのなかでも，1997年5月に発生した軍事クーデタを契機に成立した国軍革命評議会（Armed Forces Revolutionary Council: AFRC）は注目に値する。というのも，紛争中に民主的に成立した唯一の文民政権であるアフマド・テジャン・カバー（Ahmad Tejan Kabbah）政権が同クーデタによって崩壊し，シエラレオネ紛争の動向が一挙に混迷を深めたからである。

　AFRCに対しては，国内外から激しい非難の声が上がった。国連，アフリカ統一機構（Organization of African Unity: OAU），西アフリカ諸国経済共同体（Economic Community of West African States: ECOWAS）といった国際機関や地域機構などは，同クーデタを強く非難するとともに，AFRCに対して文民政権への権力移譲を強く求めた。そうした国際的な非難の先頭に立ったのが，イギリスのトニー・ブレア（Anthony Charles Lynton Blair）新労働党政権にほかならない。例えば，ブレア政権下のイギリスは，軍事政権に経済制裁を課す国連安全保障理事会決議1132の採択において中心的な役割を果たすなど積極的な姿勢を見せている。

　その後，シエラレオネ問題はイギリスの国内問題へと発展する。イギリスの民間軍事会社サンドライン・インターナショナル社（Sandline International）による武器弾薬のシエラレオネへの輸出が発覚したのだ。これは，上記の経済制裁措置に違反した行為である。にもかかわらず，サンドライン社代表のティム・スパイサー（Tim Spicer）は，同社によるシエラレオネへの武器輸出にはイギリス外務省（Foreign and Commonwealth Office: FCO）の事前承認があったことを認めた。この「爆弾発言」によって，同事件は「対アフリカ武器密輸事件」（Arms-to-Africa Affair）と呼ばれる一大政治スキャンダルと化し，イギリス政界を大きく揺さ振った[*1]。また，2000年5月，シエラレオネに展開する約500名の国連平和維持部隊がRUFによって拘束されると，イギリスはそれを契機に軍事介入へと踏みきった。

　ブレア新労働党政権は，なぜシエラレオネ紛争に対してこうした積極的な介入姿勢を取ったのか。本章ではまず前政権であるジョン・メージャー（John

Major）保守党政権による対シエラレオネ政策を概観したのち，新労働党政権期の介入について考察する。

1 シエラレオネ紛争に対するイギリスの政策（I）
　——保守党政権期——

　そもそもシエラレオネ政府は，紛争勃発直後からイギリスに対してさまざまな支援を求めていた。旧宗主国であるイギリスはシエラレオネとの結びつきが歴史的に強く，また，同国はシエラレオネが西アフリカ諸国以外で援助を求めることができる数少ない国のひとつでもあった。紛争勃発直後の1991年4月，シエラレオネの外務大臣であるアブドゥル・カリム・コロマ（Abdul Karim Koroma）はイギリスを訪問し，軍事アドバイザーの派遣，国軍の通信・諜報活動能力向上への軍事支援などを求めている。しかし，当時のメージャー保守党政権はそうした要請に十分に応えようとはせず，その代わりに殺傷性のない軍事物資の提供などを約束したのみであった。
　このようなイギリスの冷たい対応は決して驚くに値しない。メージャー政権は，シエラレオネ以外の紛争についてもほとんど関心を示していないからである。当時のメージャー政権は，アフリカにおける内戦とは強盗行為にすぎない，という新保守主義的な見解に支配されており，そのために積極的な介入行動を取ろうとはしなかった。その後，シエラレオネ紛争は激しさを増していったが，同政権は外交的にも軍事的にも積極的に介入しようとはしなかった。
　逆に，シエラレオネ紛争に対する危機感や関心を欠くメージャー政権は，シエラレオネ政府に対して複数政党制の導入を要求している。当時のシエラレオネの政治体制は，唯一党である全人民会議（All People's Congress: APC）による一党支配体制であった。イギリス政府は，複数政党制にもとづく民主的な選挙を実施してAPC独裁政治に終止符さえ打てば，暴力を用いた政権打倒の試みは沈静化していくにちがいない，と楽観視していたのである。
　しかし，民主化の試みは1992年4月29日の軍事クーデタによって頓挫する。前線における兵士の待遇改善を求めて発生した無血クーデタによって，APC政権は脆くも崩壊し，ジョゼフ・サイドゥ・モモ（Joseph Saidu Momoh）大統

領は国外亡命を余儀なくされた。そして，同クーデタによって国家暫定統治評議会（National Provisional Ruling Council: NPRC）という軍事政権が成立し，弱冠26歳のバレンタイン・ストラッサー（Valentine Strasser）大尉が国家元首に就任した。

こうした動きに対して，イギリス政府はただちにシエラレオネへの援助を停止するとともに，民政移管の早期実現をNPRCに対して求めた。

しかし，そうした国際的な非難は，実は形式的なものにすぎなかったという指摘もある。たとえば，ECOWAS事務局長の経験者であり，NPRC政権下で外相を務めたアバス・ブンドゥ（Abass Bundu）は，以下のように述べている。「もし，実際に（軍事政権に対する）非難があれば，事態は異なっていただろう。西欧諸国が激しい非難を行っていたならば，軍事政権はそれに対応する必要性に迫られたにちがいない（しかし，それは行われなかった）。西欧諸国は1992年4月のクーデタをある程度許容したと考えてよいだろう」[*2]。また，NPRC議長となったストラッサー自身も，イギリスをはじめとする西欧諸国がAPC打倒を事実上許容した，と語っている[*3]。イギリスは，一方で軍事クーデタを非難しながらも，他方では同クーデタによってAPC一党支配体制が崩壊し，シエラレオネ紛争解決のためのひとつの障害が除去されたことを「歓迎」していたのかもしれない。

その後1996年2月，NPRCは民政移管のための大統領・議会選挙を実施した。この選挙に対して，メージャー保守党政権は，300万ポンドの選挙支援と小規模な選挙監視団の派遣を行っている。この時点ではまだイギリス政府の官僚たちは，選挙の実施によってシエラレオネに民主主義がもたらされれば，反政府組織RUFは次第に国民の間で孤立するようになり，その結果として紛争は終結する，とあくまでも漠然と信じていたにちがいない。

同選挙では，カバーが大統領に当選を果たす。国際公務員という経歴をもつ彼は，イギリス政府からみて好ましい大統領候補者であった。この選挙は，RUFによる妨害工作などがあったものの，総じて自由かつ公正に実施されたという評価を国際社会から付与された。にもかかわらず，1996年選挙は，やはり紛争を終わらせることはできなかった。

1996年11月，カバー大統領はコートジボワール政府の仲介でRUF指導者の

フォデイ・サンコー (Foday Sankoh) と交渉し，アビジャン和平協定 (Abidjan Peace Accord) を締結した。同協定は，シエラレオネ紛争を終結させるための最初の試みであった。しかしそれは，RUFとカバー政権双方の信頼関係にもとづくものでは必ずしもなかった (Francis 2000: 380)。また，同協定の履行に対して国際社会から十分な注目や支援が寄せられることもなく，結局，アビジャン和平協定はほどなく頓挫してしまう。

　イギリスは，このアビジャン和平協定の成立に関与したものの，その中途半端で曖昧な介入姿勢によって，かえってその後の失敗を招来したともいえる。たとえばイギリスは，同協定の成立にあたって英連邦（コモンウェルス）とOAUの仲介を図ろうとしたが，両者の懸隔を必ずしも十分に埋めることができなかった (Akhigbe 1999: 33)。また，イギリス政府は，RUFを公的な政治勢力とはみなさず，むしろ敵対的な姿勢を持ち続けた。そのため，RUF側からの強い不信感と反発を招き，両者の対立を助長し，結果としてアビジャン和平協定の崩壊を早めた。

　いずれにせよ，イギリスが支援した1996年の選挙実施もアビジャン和平協定の成立も，シエラレオネ紛争を終結させることはできなかった。その意味で，1996年までのシエラレオネ紛争をめぐるイギリスの政策は総じて失敗であったといえる。そして，失敗の主要な要因は，政策の中途半端さとシエラレオネに対する無理解にあった。アフリカへの関心が比較的希薄であったイギリス保守党政権は，シエラレオネ紛争をめぐって対症療法的な政策しか展開しなかったのである。

　1997年5月，シエラレオネでは再び軍事クーデタが発生し，カバー政権が崩壊した。そして，パデンバロード刑務所 (Pademba Road Prison) にクーデタ未遂容疑で収監されていたジョニー・ポール・コロマ (Johnny Paul Koroma) がクーデタ首謀者らによって解放され，新たに設立されたAFRCの議長に就任した。それは，イギリスでブレア新労働党政権が発足したわずか数週間後の出来事であった。

2 シエラレオネ紛争に対するイギリスの政策（Ⅱ）
　　　——新労働党政権期——

　新労働党政権は保守党政権よりも積極的にアフリカ，とくにシエラレオネに介入した。その背景には，いくつかの要因が存在する。なかでも最も重要な要因は，外交政策における労働党政権の「倫理的特徴」にある。アフリカに対する労働党政権の関与は，いわゆる「第三の道」（The Third Way）と呼ばれる路線を，外交政策においても実践するものであった。すなわち労働党は，民主主義，自由，正義，国際主義といった倫理的な諸理念を重視し，それらにもとづいてアフリカに対して積極的に介入したのである。

　とくにシエラレオネは，労働党政権による「リベラル国際主義」（liberal internationalism）の実験場となった。イギリスは冷戦終焉以降，アフリカでの民主化促進を外交政策の目標のひとつとして掲げてきたが，ブレア政権はその目標達成に対して正面から取り組んだ。

　1997年5月のクーデタによってAFRC政権が成立すると，ブレア政権はまず，同軍事政権の国際的な孤立化を図る。イギリスは対シエラレオネ経済制裁決議案を国連安保理に提出し，前述のとおり国連安保理決議1132として結実させた。1998年にAFRC政権が崩壊し，カバー文民政権が復帰してからも，イギリスはシエラレオネへの積極的な関与を続けた。2000年5月には国連部隊襲撃拘束事件を契機に同国への派兵を決定する。その後，イギリスはシエラレオネの治安部門改革（Security Sector Reform: SSR）などへの関与を続け，結局，2000年からの3年間に1億2000万ポンドの援助を供与した（DFID 2000: 3）。

（1）パリサー作戦——イギリスによる軍事介入——

　前述のとおりイギリスは，2000年5月のRUFによる国連部隊襲撃拘束事件を契機にシエラレオネへと軍事介入する。「パリサー作戦」（Operation Palliser）と呼ばれるこの軍事介入は，イギリスが単独で行った軍事作戦としては，実にフォークランド紛争（1982年）以来最大規模のものとなった（Hirsch 2001: 87）。

　当時，イギリスによる軍事介入の期待が一部ではあった。その背景として，

ブレア首相がシカゴにおいて発表した「国際社会ドクトリン」(Doctrine of the International Community) があげられる。*4 同ドクトリンは，コソボ紛争の最中1999年に発表されたものであり，その趣旨には，自国の安全が他国の危機によって脅かされる場合には，他国への軍事介入は許容される，という内容が含まれている。また，国際社会によるシエラレオネ紛争への関与において，労働党政権下のイギリスがリーダーシップを発揮していたことも，軍事介入への期待を高める一因となった。

イギリス新労働党政権がシエラレオネ紛争に本格的に軍事介入した具体的な要因としては，少なくとも5つの要因が指摘されている。

①在留イギリス人の保護

シエラレオネへの軍事介入の正当性を主張するために最も用いられてきたのが，在留イギリス人の保護という目的である。2000年5月時点で，シエラレオネにはイギリス国籍保持者が500人ほどいた。当時のイギリスの世論のなかには，シエラレオネへの介入に対して消極的あるいは否定的な声も少なくなかった。そのため労働党のロビン・クック (Robin Cook) 外相は，シエラレオネ派兵の目的はあくまでも「イギリスとそれが領事責任を負っている他国の国民の生命の保護」にある，と述べた。*5

しかし，その派遣規模をみると，作戦が単に在留イギリス人の救出や保護だけを意図したものではなかったことは明白である。派遣部隊のなかには，「フォー・ツー・コマンド」と呼ばれる700名の海兵隊特殊部隊やパラシュート部隊第一大隊などが含まれていた。また，7隻の艦船，4機の大型ヘリコプター，8機の輸送機が派遣されている。2000年5月10日付の『タイムズ』(*The Times*) は，シエラレオネ派兵に懐疑的な論説を掲載し，わずか500人のイギリス国籍保持者を救出するために，700名もの部隊と7隻もの艦船などを派遣するのは実に不自然であり，その背後には何らかの別の意図が隠されているのではないかと指摘している (Jenkins 2000)。

パリサー作戦をめぐる国際法上の争点のひとつに，国家が自国民救出のために他国の領土保全を侵害しても許されるのか，という点がある。たしかに国際慣習法では，国家は以下の要件を満たせば，自国民保護の介入が許される

第3章 ブレア・ドクトリン　47

(Dixon 1990: 290)。第一に，当該国にいる自国民の生命に対する危険が緊急のものであること。第二に，当該国が介入を意図する国の国民を保護する能力がない，あるいは，その意思がないこと。第三に，介入の目的は危機に直面する自国民の保護に限定されるべきであること。そして第四に，目的に見合った適切な規模であること，である。つまり，当該国内で展開される他の作戦や軍事行動の「隠れ蓑」として自国民保護を名目にあげることは許されないし，派遣部隊は自国民保護という目的を完了した後は速やかに撤収し，領土の占有などを続けてはならないのである。

これに対して，今日の国際法学においては，自国民保護のための軍事介入を擁護する立場はむしろ少数派であり，介入反対派が多数を占めている。その法的根拠として提示されるのが国連憲章である。国連憲章は，国連の一義的な目的を「国際の平和および安全を維持する」ことと定めている。彼らは，この条項を，それ以前の国際慣習法に優先すると解釈する。したがって，それまで認められてきた，自国民保護を理由とした軍事介入は許容されない。

たとえば，イアン・ブラウンリーは，2つの理由からこの種の軍事介入を違法としている。そのひとつは，「国連憲章の目的は，自衛を含む単独主義的な武力行使を（国連の）コントロール下に置く」ことであり，もうひとつは，国外にいる自国民に対する攻撃は固有の領土に対する攻撃とは区別される必要があることである。この2つの理由から，自国民の保護を目的とした軍事介入は自衛権の行使として認めることはできず，違法であると解釈する (Brownlie 1963: 273)。

だが，このような介入反対派の理解がある一方，介入擁護派は，1945年以前の慣習法は現在でも有効であると考える。たとえば，デレック・ボウェットは，国連憲章は，自衛権を残そうする意図をもって作られていると主張する。彼によると，国連システムの構築者は，慣習法としてすでに成立している自衛権を残そうとしており，国連憲章を詳細に検討すると，その意図が読み取れるという。そのため，国外の自国民保護は国家の権利として認められると主張する (Bowett 1986: 40)。

たしかに，在留イギリス人の保護は，イギリスによるシエラレオネ派兵のひとつの重要な要素であったと考えられるが，派兵規模の大きさなどを勘案する

と，それだけでは説明できない部分が残ってしまう。その意味では，パリサー作戦を単純に自国民保護のための軍事介入例として扱うことはできない。同作戦は自国民保護を介入のための公的な理由としつつ，それ以外の複合的な目的を目指したものであったにちがいない。

②人道危機の拡大防止

　クック外相は，イギリスによる派兵の理由として，シエラレオネ国民の反政府組織からの保護をあげたことがある。[*6] この頃までに，イギリスでは，シエラレオネ人ジャーナリストであるソリアス・サムラ（Sorious Samura）制作のドキュメンタリー番組が放送されるなど，RUFによる残虐行為が広く知られるようになっていた。

　しかし，人道目的の派兵という理由づけは，当時の世論を説得する上では限界があった。たとえば，『ガーディアン』（The Guardian）は，「国民のほとんどにとって，シエラレオネはフォードの車種の名前と間違えるくらいの存在でしかない。カバ―大統領と反政府組織との戦争に関して，意見があるふり（……）をする人さえ，10万人に1人もいないだろう」[*7] と述べている。

　果たしてそうした新聞記事が当時の状況を正しく伝えたものであったかどうかは疑わしいが，たとえシエラレオネでの残虐行為がイギリス国民の間にかなりの程度周知されていたとしても，イギリス人の犠牲者を出す危険性がある軍事介入を人道目的だけで実施することは困難であったにちがいない。シエラレオネで起こった悲劇に対して「何かをしなければならない」という国民の要求は1990年代後半にはある程度醸成されていたが，あくまでそれは，イギリス人の生命を危険に晒したりすることのない範囲でのことであった（Hurd 1997:11）。

③民主主義の擁護

　イギリスによる軍事介入を，民主的に選ばれたカバ―文民政権を守るための営為として捉えることも可能かもしれない。前述のとおり，カバ―政権は1997年5月の軍事クーデタによって，いったん崩壊している。もし2000年5月の国連部隊襲撃拘束事件とその後の混乱を放置すれば，再び同政権が崩壊しか

ねない。そのような懸念をイギリスがもっていたとも考えられる。カバー政権の崩壊は民主化を支援するイギリスにとってもマイナスになる。

しかしここでは，カバー政権がけっして民主的な政府ではなかったという点に留意しておきたい。同政権は，それまでの政権と同様に深刻な腐敗問題を抱えていた。また，カバー政権は政敵の排斥をしばしば行っている。たとえば，国際的な批判を無視して1997年5月クーデタの関係者を処刑したり，カバーの政敵であったジョン・カレファ＝スマート（John Albert Musselman Karefa-Smart）議員に対して国会出席を妨害しようとした。だが，それでもカバー政権がイギリス政府にとって支援に値する政権であったことは間違いない。

④国連平和維持部隊への支援

1999年7月のロメ和平合意（Lomé Peace Agreement）成立を受けて，国連は同年10月，安保理決議1270を採択した。そこでは国連シエラレオネ派遣団（United Nations Mission to Sierra Leone: UNAMSIL）の派遣が定められている。その後，UNAMSILは実際に展開したが，2000年のイギリスの軍事介入は，このUNAMSILの崩壊を防ごうとする試みであったともいえる。

イギリスは，対シエラレオネ経済制裁を定めた前述の安保理決議1132の採択に中心的な役割を果たした。そのため，シエラレオネ紛争をめぐる国連の紛争解決イニシアティブに強い関心をもっていた。クック外相は，ルンギ国際空港やその周辺地域へのイギリス部隊の展開に対して，「国連部隊再編のために重要である」と指摘するとともに，シエラレオネの和平プロセスを再び軌道に乗せるために「イギリスが国連のなかで将来的にも中心的な役割を担う」ことを約束している[*8]。

では，なぜイギリスはUNAMSILの傘下ではなく，独自にシエラレオネに派兵したのか。イギリスが自国の部隊を国連の指揮系統へ組み入れなかった理由は，少なくとも4つ考えられる。第一に，当時のイギリスはすでに多くの兵士を国連PKO要員としてボスニアやコソボに派遣しており，これ以上の部隊を国連の指揮系統に組み入れたくなかった。第二に，イギリスはカバー政権側を強く支援していたため，中立性を求められる国連PKOの傘下に自国部隊を組み入れることに抵抗があった。第三に，イギリスは，UNAMSILのマンデート

によって自国部隊の活動が制約させることを望まなかった。そして第四に，イギリスは，シエラレオネには新たな国軍の創設が必要になると考え，その教育訓練を実施するためには国連の指揮下に入らない方が賢明であると判断した。

　いずれにせよイギリスは，独自の部隊をシエラレオネに派遣して在留イギリス人の保護や空港の確保などを行い，さらに国内治安情勢を安定化させることで，いわば間接的にUNAMSILの士気を高め，その崩壊を防ごうとした。

⑤政策的な表明と行動の一致
　イギリスの軍事介入は，労働党政権が表明した外交政策を具体化させる試みであったともいえる。前述のとおり労働党政権は，外交政策において倫理的な側面を重視し，人権の尊重，民主的なガバナンスの促進，国際主義の推進などを謳ったが，具体的な行動が伴っていないという批判に晒されていた。シエラレオネへの軍事介入は，そうした倫理的な諸価値を行動として実現するひとつの試金石となった。

　前述のとおりブレア首相は，1999年4月に「国際社会ドクトリン」を発表し，そのなかで「我々にとって，外交政策における喫緊の課題は，いかなる場合に他国の紛争に積極的に介入しなければならないかを明確化することである」と述べている。その上で，ブレアは，国内紛争に武力で介入するための5つの要件を呈示した。第一に，介入の正統性に確かであること。第二に，外交的手段がすべて講じられたこと。第三に，軍事行動を合理的かつ慎重に実施するための状況分析が十分になされたこと。第四に，介入が長期になる場合の想定がなされていること。最後に，自国にとって利益があることである。[*9] 2000年当時のシエラレオネの状況は，イギリスにとって，こうした5つの介入要件をある程度満たしうるものとなっていた。

　また当時，イギリス海軍の艦隊が西アフリカ沿海部に展開していたことも，労働党政権によるシエラレオネ派兵の決断を促した。シエラレオネへの軍事介入は，1998年に発表された防衛白書『戦略防衛見直し』(*Strategic Defence Review*) で整備された「緊急展開能力」(rapid-reaction capability) の有効性を試す格好のチャンスでもあったのだ。

むすびに

　本章では，シエラレオネ紛争に対するイギリスの政策について，メージャー保守党政権とブレア労働党政権という2つの政権の比較考察を行った。シエラレオネ紛争に対するイギリスの姿勢は，1997年の労働党政権成立を契機に一変し，それ以降，積極的に関与するようになった。それを象徴するのが，2000年のパリサー作戦である。

　その後，労働党政権は，2001年4月，「紛争予防共同基金」(Conflict Prevention Pools: CPPs) という新たな紛争対応支援メカニズムを創設している。CPPsとは，それまでのイギリスによる紛争対応支援プログラムが，省別に策定・実施され，しばしば整合性を欠いてきたという反省のもと，支援政策の一貫性を強化するために創設された省横断的なメカニズムであった。

　CPPsは，アフリカ諸国の紛争予防を支援する「アフリカ紛争予防共同基金」(Africa Conflict Prevention Pool: ACPP) とそれ以外の地域を対象とする「グローバル紛争予防共同基金」(Global Conflict Prevention Pool: GCPP) に大別され，その後，前者のACPPにおいて最大規模の軍事支援プログラムとなったのが，シエラレオネのSSR支援である。イギリスは，2000年の派兵以来，国際軍事顧問訓練チーム (International Military Advisory and Training Team: IMATT) などを通じてシエラレオネ国軍の組織整備を支援するとともに，2002年の内戦終結後も警察や司法を含む治安部門全体の改革を引き続き支援してきた。このイギリスの対シエラレオネ支援は，21世紀初頭のイギリスによるACPPを用いた代表的な支援プログラムとして国際的な注目を集めた。

　シエラレオネへの軍事介入が，その後のアフリカ各地の紛争に対するイギリスの対応にどのような影響を与えたのかについては議論を要する。しかし，その後，イギリスがシエラレオネ紛争の事例と同様の単独介入の姿勢をみせる様子はない。その代わりにイギリスは，ACPPなどを用いたSSRやアフリカの地域機構による平和維持能力向上への支援を続けている。

●──注

* 1 　同事件をめぐっては，サンドライン社の主張がSpicer（1999）に詳述されている。
* 2 　筆者によるブンドゥへのインタビュー（2002年6月9日，ガンビアの首都バンジュルにて）。
* 3 　ストラッサーの友人による証言（シエラレオネ国軍関係者，匿名希望）。筆者によるインタビュー（2001年12月23日，ロンドンにて）。
* 4 　Blair, Tony, "Doctrine of the International Community," Speech to the Economic Club of Chicago, 22 April 1999.
* 5 　Robin Cook's Statement to the House of Commons, *Hansard*, House of Commons, 8 May 2000, col.518.
* 6 　Robin Cook's Statement to the House of Commons, *Hansard*, House of Commons, 8 May 2000, col.518.
* 7 　この記事はWilliams（2001: 157）に引用されている。
* 8 　Robin Cook's Statement to the House of Commons, *Hansard*, House of Commons, 8 May 2000, col.518.
* 9 　Blair, "Doctrine of the International Community."

●──参考文献

Akhigbe, L. (1999) "Sierra Leone: Why Peace Has Been So Elusive," *New African*, July/August, pp.32-33, 50.

Bowett, D. (1986) "The Use of Force for the Protection of Nationals Abroad," in Cassere, A. (ed.) *The Current Legal Regulation of the Use of Force*, Dordrecht: Martinus Nijhoff, pp.33-55.

Brownlie, I. (1963) *International Law and the Use of Force by States*, Oxford: Clarendon Press.

Department for International Development (DFID) (2000) *Sierra Leone: A Long-term Partnership for Development between the Government of the United Kingdom of Great Britain and Northern Ireland and the Government of the Republic of Sierra Leone*, London: DFID.

Dixon, M. (1990) *Textbook on International Law*, London: Blackstone Press Limited.

Francis, D.J. (2000) "Tortuous Path to Peace: The Lomé Accord and Postwar Peace Building in Sierra Leone," *Security Dialogue*, 31(3), pp.357-373.

Hirsch, J.L. (2001) *Sierra Leone: Diamonds and the Struggle for Democracy*, Boulder: Lynne Rienner.

Hurd, D. (1997) *The Search for Peace*, London: Little Brown.
Jenkins, S. (2000) "Stuck in the Mire of the White Man's Burden," *The Times*, 10th May.
Richards, P. (1996) *Fighting for the Rain Forest: War, Youth and Resources in Sierra Leone*, Oxford: International African Institute in association with James Currey.
Spicer, T. (1999) *An Unorthodox Soldier: Peace and War and the Sandline Affair*, Edinburgh: Mainstream Publishing.
Williams, P. (2001) "Fighting for Freetown: British Military Intervention in Sierra Leone," *Contemporary Security Policy*, 22 (3), pp.140-168.

第4章
国連武器禁輸とイギリスのサンドライン事件

落合雄彦

フリータウン市内のスラム地区（2008年9月，落合雄彦撮影）

はじめに

　1990年代以降，国連安全保障理事会決議にもとづく非軍事的制裁措置が数多く発動されるようになった。また，近年の国連の非軍事的制裁は，単にその発動件数がアフリカ紛争への対応などをめぐって量的に増大してきただけではなく，質的にみても顕著な変容を遂げつつある。すなわち，制裁の対象が従来

の国家アクターだけではなく特定団体や個人といった非国家アクターへと拡大されたり，かつてのような全面禁輸に代わって，武器禁輸や渡航制限といった複数の部分的（限定的）措置を戦略的かつ機動的に組み合わせる形で制裁が発動されたりするようになっているのである。そして，このように国連の非軍事的制裁措置が量的に増大し，かつ質的に複雑化しつつある今日的状況のなかで，各国政府は，国連制裁を国内法体系に編入するための国内的措置やその履行を順守するための体制整備のために，これまで以上に細心の配慮を払う必要性に迫られるようになっている。

　本章の目的は，国際社会によるシエラレオネ紛争への介入の一事例として，1997年に発動された国連武器禁輸措置を取り上げ，その制裁対象の範囲をめぐる問題点を他の関連決議やイギリス国内法令との比較検討のなかで明らかにするとともに，同禁輸措置をめぐってその後イギリスで起きた「サンドライン事件」(Sandline Affair) あるいは「アフリカへの武器密輸事件」(Arms-to-Africa Affair) と呼ばれる一大政治スキャンダルの経緯と内容を検討することにある。

1 対シエラレオネ武器禁輸の発動

(1) 軍事クーデタの発生とECOWASによる制裁決議

　西アフリカの小国シエラレオネで紛争が勃発したのは，シエラレオネ革命統一戦線 (Revolutionary United Front of Sierra Leone: RUF) という反政府武装組織が隣国リベリアから侵攻してきた1991年3月のことであった。RUFは，リベリアの反政府組織やブルキナファソ人傭兵の支援を受けながらシエラレオネの南部と東部に侵攻し，各地でゲリラ戦を展開し始めた。

　他方，首都フリータウンでは，1992年4月に軍事クーデタが発生し，政権党である全人民会議 (All People's Congress: APC) のジョゼフ・サイドゥ・モモ (Joseph Saidu Momoh) 大統領が打倒され，代わってバレンタイン・ストラッサー (Valentine Strasser) 大尉が国家元首に就任した。ストラッサー軍事政権は，国軍兵力を急速に拡大する一方で，1995年には南アフリカの民間軍事企業 (private military company: PMC)[*1] であるエグゼクティブ・アウトカムズ社 (Executive Outcomes: EO)[*2] と契約を結び，国軍訓練や偵察などの業務を委託し

た。そして，このEOの活動などによって，戦況は一時的に軍事政権側に有利に展開するようになった。しかし，1996年1月，ストラッサーは軍事クーデタによって打倒され，代わってジュリアス・ビオ（Julius Maada Bio）准将が国家元首に就任した。ビオ軍事政権は，ストラッサーがすでに表明していた民政移管のための選挙を予定どおり実施し，同年3月にはシエラレオネ人民党（Sierra Leone People's Party: SLPP）のアフマド・テジャン・カバー（Ahmad Tejan Kabbah）が文民大統領として選出される。そして，カバー大統領は就任後まもなくRUFのフォデイ・サンコー（Foday Saybana Sankoh）代表と会談し，1996年11月，コートジボワールの仲介によって和平合意の調印に成功した。しかし，結局その後も戦闘状態は収拾されなかった（落合 2003: 338-340）。

　そうしたなかで発生したのが，紛争勃発以来3度目となる1997年5月25日の軍事クーデタであった。このクーデタによって文民政権は成立後わずか1年2カ月ほどで崩壊し，カバー大統領は隣国ギニアの首都コナクリに亡命することを余儀なくされる。そして，代わってジョニー・ポール・コロマ（Johnny Paul Koroma）を首班とする軍事政権が成立し，同政権は反政府組織RUFを協力者として政権内部に迎え入れた。

　同クーデタが発生すると，国際社会からいっせいに非難の声が上がったが，とくに西アフリカの地域大国であるナイジェリアは，当時すでにシエラレオネ国内に数百名規模の部隊を展開していたこともあって，カバー大統領の政権復帰を目指して武力による軍事政権打倒を試みる[*3]。しかし，そうしたナイジェリア独自の軍事作戦は結局失敗に終わり[*4]，以後，一方で軍事政権側とナイジェリア軍などとの間で散発的な武力衝突が繰り返されながら，他方で交渉による事態の打開が模索されるようになる。

　そうしたなか，1997年6月26日，西アフリカを包括する地域協力機構である西アフリカ諸国経済共同体（Economic Community of West African States: ECOWAS）の外相会議がコナクリで開催され，シエラレオネ軍事政権に対して3方面アプローチ——すなわち，①外交交渉，②経済制裁，③（必要に応じた）武力行使——で臨むことが確認された。そして，1997年8月28〜29日にナイジェリアの首都アブジャで開催されたECOWAS首脳会議において，3方面アプローチに則った形でシエラレオネに対する経済制裁決議が採択されたのであ

り，同決議こそが国際社会における対シエラレオネ武器禁輸の動きのいわば先鞭となった。

こうして1997年8月29日に採択されたECOWASの「対シエラレオネ軍事政権制裁決議」(Decision on Sanctions against the Junta in Sierra Leone) では，同国軍事政権関係者に対する渡航規制とその資産凍結，石油および石油製品の禁輸などに加えて，第2条のなかで同国への武器の全面禁輸が定められた。しかし同決議では，シエラレオネに展開するECOWAS部隊（事実上はその大半がナイジェリア軍）については武器禁輸の対象から除外され（第6条），また，同部隊に対しては船舶検査といった制裁履行確保のための権限が付与された（第7条）。

(2) イギリス主導の国連安保理決議1132

他方，そうしたECOWASによる経済制裁発動に向けた動きを受けて，イギリス外務省内では，国連安保理でも対シエラレオネ経済制裁決議の採択を模索すべきではないかという意見が聞かれるようになった。そして，そのための動きは，ECOWAS外相会議が3方面アプローチを採択した直後の1997年7月に早くも始まっていた。すなわち，7月14日には，イギリス外務省国連局の呼びかけで，対シエラレオネ経済制裁の可能性について協議する会合がもたれた。同会議には，国連局のほか，外務省アフリカ局（赤道）（以下，アフリカ局と略す），貿易産業省，税関局の関係者が出席した。この席上，「民主的に選出されたカバー政権を平和的な手段によって復帰させる」というイギリス政府の基本方針が再確認され，その目的達成のためには国連による非軍事的制裁決議の採択が有効な選択肢のひとつとなりうるという認識が共有されたという (Legg and Ibbs 1998: 14-15)。

同会議後，外務省国連局主導のもとで国連安保理における対シエラレオネ制裁決議採択に向けた動きが本格化するが，やがて制裁対象をどのように設定するべきかという問題が生じた。外務省内のシエラレオネ担当部署であるアフリカ局側は当初，軍事政権のみを武器禁輸対象にすることを主張したが，国連局側は，そうした対象限定の制裁では効果を十分に上げることができないとして，カバー亡命政権やECOWAS部隊を含むシエラレオネのすべての勢力を禁輸対象とすることを唱え，結局後者がイギリスの基本方針とされることになっ

た。しかし，前述のとおり，その後採択されることになるECOWAS決議では地域機構の部隊は武器禁輸の対象から除外されており，このように国際的な対シエラレオネ武器禁輸の動きをめぐっては，カバー亡命政権やECOWAS部隊を制裁対象のなかに含めるのか否かについて，当初から曖昧さと齟齬がみられたのである。そして，そのことがのちのサンドライン事件発生の一因ともなる。

　1997年8月13日，イギリス国連代表部が対シエラレオネ制裁決議の第一草案を本国外務省に打電してきた。これを受けて外務省内で調整が図られた結果，9月10日，アフリカ局からトニー・ロイド（Tony Lloyd）外務閣外相宛に同決議案の背景や内容を説明した内部文書が上申された。そして，同日，同閣外相による承認が下され，外務省から国連代表部に向けて，「イギリスがシエラレオネに対する武器および石油の禁輸と軍事政権関係者の渡航制限を提案するための決議案を安保理に提出することについて，関係閣僚の承認がえられた」という旨の公電が打たれたのである（Legg and Ibbs 1998: 15-16）。

　そして，1997年10月8日，イギリス提案の対シエラレオネ制裁決議案が国連安保理において採択された。この国連安保理決議1132は，シエラレオネにおける軍事クーデタ発生に深い憂慮を示すとともに，そうした状況を地域における国際の平和と安全への脅威と認定した上で，軍事政権関係者の渡航制限とともに武器・石油禁輸措置を定めた（第6条）。決議1132には，カバー亡命政権支持派の武装勢力やナイジェリア軍主導のECOWAS部隊を禁輸対象から除外するといった条項は盛り込まれてはいなかったが，その一方で同決議は，1997年8月のECOWAS決議を受けて，制裁措置の履行確保のために船舶検査などを行う権限をECOWASに対して認めてもいたのである（第8条）。

　すなわち，決議1132は，一方ではシエラレオネへの武器の全面禁輸を定めておきながら，他方ではカバー政権と協力しながら制裁の履行確保に必要な措置を講じる権限をECOWASに対して認めていたのであり，はたしてシエラレオネ領内にいるカバー支持派武装勢力やECOWAS部隊が国連武器禁輸の対象に含まれるのか否かについては，ある程度の解釈の余地が残されていたともいえよう。

(3) イギリスのシエラレオネ(国連制裁)令

　一般に，国連憲章第41条にもとづく安保理決議が採択されると，加盟国はそれぞれ独自の国内的措置を講じることになる。イギリスの場合も，「安保理の決定が国内法体系に編入される際には，国内法令において「変型」される必要があり」，とくに「国連憲章41条に基づく安保理決議を履行する際には，法律に基づいた行政命令（Statutory Instrument）が発令される」(吉村 2003: 240)。

　決議1132の場合，イギリス政府による国内的措置の対応は，自国が決議案提案国であったこともあって，きわめて迅速であった。イギリス外務省は，同決議採択の前にすでに行政命令となる枢密院令（Order in Council）の原案作成に着手しており，決議1132が安保理で採択された10月8日にはすでに同令原案が外務省法律顧問から国連局に届けられていたという。そして，10月16日，ロイド閣外相に対して同枢密院令の承認を求める内部文書が上申され，同21日までに同相の了承が下り，30日には枢密院会議で正式に承認されて，同令は早くも11月1日には施行されている（Legg and Ibbs 1998: 19-20）。

　こうして制定された「シエラレオネ(国連制裁)令」（The Sierra Leone (United Nations Sanctions) Order 1997）[*5]では，第4条において，国務大臣によるライセンスがある場合を除いて対シエラレオネ武器輸出が全面的に禁止された。

　ここで注目すべきは，イギリスの国内的措置であるシエラレオネ(国連制裁)令では，ECOWAS決議や国連安保理決議1132で使用されていた「軍事政権」（the military junta）という表現がいっさい用いられなくなり，代わって「シエラレオネ政府」（the Government of Sierra Leone）や「シエラレオネにいる，またはそこに居住する他のすべての者」（any other person in, or resident in, Sierra Leone）といった，それまで制裁対象として明示的に使用されていなかった表現が，武器禁輸対象となる「シエラレオネに関係する者」（person connected with Sierra Leone）の例示として初めて用いられるようになった，という点である。

　当時のイギリス政府は，シエラレオネの軍事政権側ではなくカバー亡命政権側を同国唯一の正当な政府とみなしており，また，前述のとおり国連安保理決議1132のなかでも，カバー政権は「民主的に選出されたシエラレオネ政府」（the democratically-elected Government of Sierra Leone) として位置づけられていた。ということは，少なくともイギリスの国内的措置にのみ関していえば，武器禁輸の一義的な制裁対象は軍事政権ではなく「シエラレオネ政府」，すなわちあたかもカバー政権であるかのごとく規定されていたということになる。また，同令においては「シエラレオネにいる，またはそこに居住する他のすべての者」への武器輸出が禁止されたことで，イギリス国民がカバー政権支持派の武装勢力はもちろんのことECOWAS部隊に対しても武器を提供することが明確に非合法化された。そして，同令によって，その違反者に対しては7年以下の懲役または罰金あるいはその両方が科されることとなった。このように，シエラレオネ（国連制裁）令はもともと国連安保理決議1132をイギリスの国内法体系に編入するために制定されたものでありながら，両者の間にはその禁輸対象をめぐって微妙なニュアンスの差がみられたのである。

(4) 小括

　ここで本節の議論を小括しておきたい。まず，対シエラレオネ武器禁輸をめぐる動きの嚆矢となった1997年8月のECOWAS制裁決議では，武器禁輸の対象は地理的領域としてのシエラレオネとされたが，ECOWAS部隊は制裁対象から明確に除外されていた。

　しかし，1997年10月に採択された国連安保理決議1132においては，武器禁輸対象こそ同じくシエラレオネという地理的領域とされたものの，ECOWAS部隊などを制裁対象から除外するといった文言は明示的には盛り込まれなかった。しかしその一方で，同決議は，ECOWASに対して，カバー政権と協力しつつ制裁履行確保のための手段を講じる権限を認めてもいたのである。

　そして最後に，1997年11月に施行されたイギリスのシエラレオネ（国連制裁）令では，「シエラレオネ政府」や「シエラレオネにいる，またはそこに居住する他のすべての者」などが禁輸対象として明確に規定されたのであり，その結果，カバー政権はもちろんのことシエラレオネ領内にいるECOWAS部隊への武器提供についても原則として非合法化された。

　こうした3つの対シエラレオネ武器禁輸措置のうち，そもそもECOWAS決議については西アフリカ諸国のみを拘束するものであって，たとえ同決議が国

連安保理決議1132やイギリスのシエラレオネ(国連制裁)令と内容的に矛盾していたとしても，それ自体はなんら法的に問題があるわけではいない。しかし，ここで確認しておかなければならないのは，西アフリカ地域レベルにおけるECOWAS決議，国際社会レベルにおける国連安保理決議1132，そしてイギリス国内レベルにおけるシエラレオネ(国連制裁)令という，3つの異なるレベルの対シエラレオネ武器禁輸措置の間には，明確な矛盾とまではいかないものの，その制裁対象をめぐって微妙な含意の差ともいうべきものがみられたという点である。そして，前述のとおり，そのことが次節以降で詳述するサンドライン事件のひとつの伏線となっていくのである。

2 サンドライン社による武器輸出

　サンドライン事件の発端は，シエラレオネでの3度目のクーデタ発生直後の1997年6月にバンクーバーのブラックストーン社(Blackstone)のラケシュ・サクセナ(Rakesh Saxena)というインド人ビジネスマンが，ロンドンに拠点を置くサンドライン・インターナショナル社(Sandline International)というPMCに接触をし，クーデタで失脚したカバー政権復帰のための軍事計画の策定を依頼してきたことにある。[*6] サンドライン社代表のティム・スパイサー(Tim Spicer)は，こうしたサクセナからの依頼を受けて早速コナクリに飛び，カバー政権支持派の民兵集団であるカマジョー(Kamajor)の指導者サミュエル・ヒンガ・ノーマン(Samuel Hinga Norman)らと面会して軍事計画の構想を練り始める。そして，1997年12月23日，コナクリのカバー，バンクーバーのサクセナ，ロンドンのスパイサーの3者間で国際電話やファクスのやり取りが頻繁になされた結果，最終的に2つの契約が結ばれた(Spicer 1999: 192-193, 196)。

　図4-1は，そのときに3者間で結ばれた2つの契約の内容を簡略に図示したものである。同図にあるとおり，カバーはまず，サクセナとの間で資金調達契約を結んだ(図4-1の契約A)。それは，サクセナ側がカバー政権復帰支援のために1000万米ドルの資金を調達・提供する代わりに，カバー側が政権復帰後にダイヤモンド採掘権を優先的にブラックストーン社に割り当てるという内容のものであった。もうひとつの契約は，カバーがスパイサーとの間で結んだ

図4-1 対シエラレオネ武器輸出に関する2つの契約

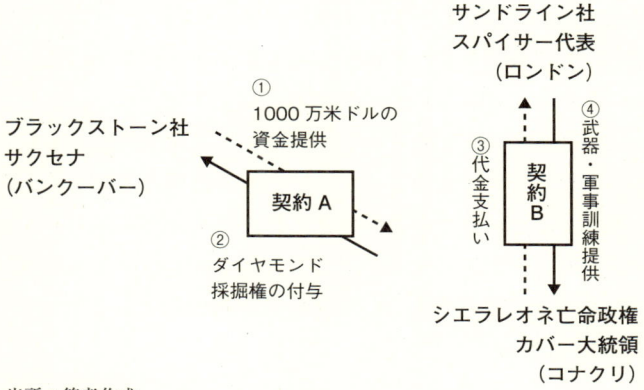

ブラックストーン社
サクセナ
(バンクーバー)

① 1000万米ドルの資金提供

契約A

② ダイヤモンド採掘権の付与

サンドライン社
スパイサー代表
(ロンドン)

③ 代金支払い
④ 武器・軍事訓練提供

契約B

シエラレオネ亡命政権
カバー大統領
(コナクリ)

出所：筆者作成。

武器・軍事訓練調達契約であり（契約B），カバー側がサクセナから提供された1000万米ドルの資金をサンドライン社に支払う代わりに，同社がカバー政権支持派勢力（カマジョー）に対して武器・軍事訓練を提供するという骨子のものであった。

　その後，サクセナは当初約束した1000万米ドルを調達することができず，結局150万米ドルの資金しか確保できなかったが，サンドライン社はそれをもとにブルガリアで武器などを購入した。そして，1998年2月23日，AK-47式自動ライフル銃などを含む35トン分の軍事関連物資がナイジェリア経由でフリータウン近郊のルンギ国際空港に到着し，ECOWAS部隊に引き渡された。そうした武器の一部は，のちにECOWAS部隊を通じてカマジョー側に提供されている。

　しかし，このようにしてサンドライン社調達の武器がシエラレオネに到着したとき，実は軍事政権はすでに打倒されてしまっていたのである。武器到着の2週間半ほど前の1998年2月6日，ECOWAS部隊は軍事政権に対して総攻撃を開始し，同月12日にはフリータウン市内のほぼ全域を制圧することに成功していた。この結果，サンドライン社調達の武器はいわば「無用の長物」と化してしまったのであり，こうした予想外の展開に困惑したカバーは，軍事政権

が打倒されたことを知るとすぐに,サクセナ側の契約不履行などを理由にまず同氏との契約を解除した。しかし,サンドライン社との契約については,すでに武器調達の手続きが進行してしまっていたこともあって解除するまでにはいたらず,結果として武器を含む軍事関連物資が軍事政権崩壊後のシエラレオネへと送り届けられることになったのである。

その後,1998年3月にイギリスの新聞がサンドライン社によるシエラレオネ武器不正輸出の事実を報道したことで,この事件は明るみに出ることになり,4月にはイギリスの税関当局が同社の強制捜査に乗り出した。しかし,捜査当局は5月中旬,サンドライン社の対シエラレオネ武器輸出には違法性がみられたとしながらも,その関係者については不起訴処分とすることが妥当であるとの最終判断を下すにいたった。

以上がサンドライン社による対シエラレオネ武器輸出の大まかな経緯である。

ところが,このように発覚後2カ月ほどで一応の司法的な決着が図られる一方,サンドライン事件は,その後イギリス国内において大きな政治スキャンダルへと発展していくことになる。その最大の焦点とは,国連制裁違反にあたるサンドライン社の対シエラレオネ武器輸出に対して,イギリスの政府関係者,とくに外務省員が深く関与していたのではないか,という疑惑にあった。

3 イギリス外務省員による関与

(1) イギリス高等弁務官

イギリス外務省関係者のなかで,サンドライン社による対シエラレオネ武器輸出に最も深く関与していたとされる人物は,当時のシエラレオネ駐箚高等弁務官のピーター・ペンフォールド (Peter Penfold) であった。ペンフォールドは,1997年5月25日の軍事クーデタ発生後,カバー亡命政権を追う形でフリータウンからコナクリへと避難した。このとき,イギリス外務省がロンドンや他の西アフリカの都市ではなく,自国の在外公館がないコナクリの地へと同高等弁務官をあえて避難させた背景には,そうすることでカバー亡命政権への支持を強くアピールする狙いがあったといわれている (Legg and Ibbs 1998: 32-33)。しかしその一方で,ペンフォールドは,イギリスの在外公館がないために滞在

先ホテルのファクス回線のみに主に依存しながら本省との文書のやりとりをしなければならなくなり，その結果，対シエラレオネ経済制裁をめぐるイギリス国内外の動きについて必ずしも十分に情報収集をすることができなかった。とくに，コナクリのペンフォールドには，「シエラレオネ政府」を武器禁輸対象として明記した行政命令の内容が本省から文書の形で送信されていなかったため，彼は長い間，武器禁輸対象のなかにカバー政権が含まれるとは認識していなかった。ちなみに，ペンフォールドがシエラレオネ（国連制裁）令の文面を初めて見たのは，武器輸出発覚後の1998年4月30日のことであったという(House of Commons Foreign Affairs Select Committee 1999: par.39-43; Legg and Ibbs 1998: 131)。

しかしながら，国連安保理決議1132の武器禁輸対象があたかも軍事政権のみであり，そこにカバー政権は含まれないといわば「錯覚」していたのは，必ずしもペンフォールド高等弁務官だけではなかった。たとえば，1997年10月にイギリスでコモンウェルス政府首脳会議が開催された際，エジンバラ・コミュニケという文書が採択されているが，同コミュニケでは，「政府首脳は，シエラレオネの軍事政権に対して石油・武器・渡航制裁を科し，かつ同政権への経済的措置を科す権限をECOWASに対して認めた国連安保理決議1132（1997年）を歓迎する」と述べ，あたかも国連決議1132の制裁対象はシエラレオネ軍事政権のみであるかのような文言が用いられていたのである(Commonwealth Heads of Government Meeting 1997)。

たしかに軍事政権は国連経済制裁の一義的な対象であり，その意味では，そうしたエジンバラ・コミュニケの表現に明確な誤謬があったというわけではない。しかし，前述のとおり，国連決議1132は，少なくとも武器禁輸についてはその対象を必ずしも軍事政権のみに限定しておらず，むしろシエラレオネという地理的領域全体を対象としていたのであって，その意味では，同コミュニケの表現はやや誤解を招きやすいものであったといえる。また，同コミュニケが採択されたエジンバラでのコモンウェルス政府首脳会議にはペンフォールドやカバーを含む多くのシエラレオネ問題関係者が参加していたのであり，その点を勘案すると，エジンバラ・コミュニケの文言は，当時の関係者の間にかなり共通してみられた，決議1132の制裁対象と禁輸対象をめぐる微妙な差や曖

昧な認識を，いわば意図せずして，しかし象徴的に表出したものといえるかもしれない。

他方，1997年12月19日，ペンフォールドはコナクリにおいてカバーと面会し，その席上，ある書類を提示された。それは，カバーが武器調達のためにサクセナおよびスパイサーと結ぼうとしていた前述の2つの契約のドラフトであった。それらのなかには「武器」という表現は明記されていなかったものの，ペンフォールドは1000万米ドルという契約額の多さをみて，武器調達がその契約内容に含まれるであろうことを認識したという。「武力による真の脅威があってこそ，軍事政権に対して撤退を促すことができるというのが私の持論でしたから，私はこの展開を歓迎しました」(Legg and Ibbs 1998: 40)とペンフォールドはのちに証言している。また，1998年1月28日，ペンフォールドはロンドンのサンドライン社を訪れてスパイサーと面会し，その際，「ニシキヘビ・プロジェクト」(Project Python)と名づけられた企画書のコピーを手渡されてもいる。それは，軍事政権を打倒してカバー政権を復帰させるための軍事プランを記したものであり，ペンフォールドは，翌29日には本省を訪れて同企画書コピーをアフリカ局の職員に提出している。さらに，1998年2月下旬，武器がフリータウンに到着すると，ペンフォールドはサンドライン社関係者から電話連絡を受け，「いくらかの機材」("some equipment")がルンギ空港に到着したことを知らされたという(Legg and Ibbs 1998: 43)。

このようにペンフォールド高等弁務官は，サンドライン社による対シエラレオネ武器輸出が国連制裁違反あるいはイギリスの行政命令違反にあたると十分に認識しないまま，同社との接触を頻繁に繰り返した。そしてそのことが「対シエラレオネ武器輸出はイギリス政府の事前承認のもとで行われたものである」とするサンドライン社側の主張にひとつの重要な根拠を与える結果となった。[*7]

(2) 本省職員

サンドライン社による対シエラレオネ武器不正輸出への関与を疑われた外務省関係者は，しかし，ペンフォールドだけではなかった。サンドライン社は，シエラレオネへの武器輸出にあたってイギリス外務省，とくにアフリカ局の

職員に対して積極的な働きかけを行った。たとえば，スパイサーは，カバーが軍事クーデタで失脚するとすぐにアフリカ局のジョン・イヴラード（John Everard）局長補佐に電話をかけ，武力による軍事政権打倒のためにEOを用いる可能性についてイギリス政府の意向を確認している。また，それ以降もスパイサーは数回にわたってイヴラード局長補佐に電話をしており，さらに1997年12月10日にはサンドライン社の関連会社であるブランチ・エネルギー社（Branch Energy）の関係者が外務省を訪れて，アフリカ局のイヴラードほか数名の職員と面会している。

こうしたサンドライン社側の働きかけに対して，イヴラード局長補佐はやがて危惧の念を抱くようになる。とくに，1998年1月5日，スパイサーからイヴラードのもとに電話連絡が入り，サンドライン社がカバー政権から1000万米ドルの契約を受注したという事実を知らされると，ちょうど後任への引継ぎ時期であった彼は，イギリス政府がそうした契約をあたかも承認したかのような印象を与えることは好ましくないと判断し，以後局員がサンドライン社関係者と電話で話すことはあっても，原則として直接の面会は控えるべきであるとする内容のメモを作成し，上司であるアフリカ局のアン・グラント（Ann Grant）局長に提出している（Legg and Ibbs 1998: 123-126）。

にもかかわらず，イヴラードの後任であるクレイグ・マレー（Craig Murray）局長補佐は，スパイサーからの要請を受けて1998年1月19日，ティム・アンドリュース（Tim Andrews）局員とともに同氏と面会してしまう。マレー局長補佐によれば，この1月19日の面会はサンドライン社代表であるスパイサーの人間性を把握するためのものであったとされるが，この不用意な接触によってサンドライン事件への外務省員の関与がさらに疑われることになった（Legg and Ibbs 1998: 54）。

スパイサーの証言によれば，この日外務省で行われた面会では，同氏が外務省側に対してサンドライン社とカバー政権の間の契約内容について説明を行い，それに対して外務省側から理解が示された，とされる。その際，外務省側からは国連安保理決議1132についてのごく一般的な言及はなされたものの，シエラレオネ（国連制裁）令についての説明はいっさいなく，サンドライン社がカバーと結んだ契約のなかに違法性がみられるとの指摘もまったくなかった，

とスパイサーは主張した。これに対して，マレー局長補佐は，スパイサーからはカバー政権との契約についてのごく大まかな説明はあったものの，そのなかに武器調達が含まれるとの発言はいっさいなかった，と証言している。また，1000万米ドルという契約額はたしかにかなりの額であるとは感じたものの，それだけでは契約に武器輸出が含まれるとは判断できなかった，とマレーは主張した (House of Commons Foreign Affairs Select Committee 1999: par.32-33)。

　このように1月19日の面会をめぐっては，外務省側に対してシエラレオネ武器輸出についての説明をしてその事実上の承認をえたと主張するスパイサー側と，サンドライン社からそうした武器輸出についての明確な説明はいっさいなかったと主張するマレー側との間に，意見の大きな食い違いが生じた。なお，この日の面会に同席していたアンドリュース局員は両者の話し合いの内容を記録していたが，そのメモは200語にも満たない簡略なものにすぎず，こうした記録作成の不備もあって，結局スパイサーとマレーのどちらの主張が真実なのかは，その後の事情聴取や調査においても判然としなかった (House of Commons Foreign Affairs Select Committee 1999: par.34)。しかし，いずれにせよ，このようにしてマレーが前任者のイヴラードの助言に従わずにサンドライン社関係者と面会してしまったことは，少なくとも結果としては軽率な行為であったといえる。そしてそれが，対シエラレオネ武器不正輸出への政府関与を疑わせる一因となってしまったのである。

　このほか外務省の上級幹部職員もまた，対シエラレオネ武器不正輸出をめぐっていくつかの判断ミスや過失をしたことが指摘されている。たとえば，アフリカ局のグラント局長とその上司のリチャード・デイルズ (Richard Dales) アフリカ部長は，武器到着前の1998年1月末の時点ですでにサンドライン社による武器不正輸出とそれへのペンフォールド高等弁務官の関与を疑わせる情報を入手していたにもかかわらず，他の業務に追われて適切な措置を迅速に講じなかった。また，ジョン・カール (John Kerr) 事務次官は，同年3月末，税関当局がサンドライン社の強制捜査に近く踏み切る可能性があるとの報告を受け，さらに4月初旬には実際に同社とともに外務省にも強制捜査が入ったにもかかわらず，対シエラレオネ武器輸出の詳細を関係閣僚にすぐには報告しなかった。この結果，関係閣僚による事件概要の把握が大幅に遅れ，とくにロビン・

クック（Robin Cook）外相にいたっては，彼が武器不正輸出への外務省関係者関与の可能性を初めて認識するのは，事件発覚から2カ月ほどが過ぎた1998年4月28日のことになってしまう。そして，こうした外務省内のさまざまなレベルでの判断ミス，情報共有の不徹底，対応の遅れなどが，サンドライン事件を，イギリスの一民間企業による武器不正輸出事件から，外務省関係者をも巻き込んだ国連制裁違反スキャンダルへと発展させてしまうことになったのである。

むすびに

　サンドライン事件後，イギリス外務省は，同事件への同省職員の関与を調査するために独立調査委員会を設けた。また，同省は，サンドライン事件の苦い経験からえられた教訓をもとに国連の非軍事的措置をめぐる組織改革に着手し，1998年7月，国連局のなかに制裁班（Sanctions Unit）という新しい部署を設置し，国連制裁をめぐる省内外の調整・伝達や国内的措置の整備のための体制強化を図るようになった。このほか，議会下院外交問題特別委員会においてもサンドライン事件をめぐる独自の証人喚問や調査が行われ，国連制裁の履行順守などに関する35項目の結論・提言を含んだ最終報告書がまとめられている（House of Commons Foreign Affairs Select Committee 1999）。

　他方，対シエラレオネ国連制裁措置をめぐっては，カバー政権の復帰を受けて1998年3月16日，新しい国連安保理決議が採択され，石油禁輸がまず解除されている（国連安保理決議1156）。そして6月5日には，今度は決議1132自体がいったん無効にされた上で，新たな対シエラレオネ武器禁輸措置が発動された（国連安保理決議1171）。同決議では，武器禁輸対象が「非政府武装勢力」（non-governmental forces）に限定されたことでカバー政権は制裁対象から除外され，また，ECOWAS部隊と国連平和維持活動についても武器禁輸対象から除外されるなど，その限定化・明確化が図られるようになった。[8]

●──付記

　本章は，落合雄彦（2007）「〈事例研究〉対シエラレオネ国連武器禁輸とイギリスのサンドライン事件──発動国側外務省員が制裁違反に関与するとき──」『国連安保理決議による経済制裁』（平成18年度外務省委嘱調査報告書）財団法人平和・安全保障研究所，pp.80-97．を大幅に加筆修正したものである。

●──注

* 1　PMCは，紛争地域などにおいて主に軍や警察関係の物資輸送・補給，警備，護衛，コンサルティング，教育訓練といった業務を請け負う民間企業をいう。民間警備会社（private security company: PSC）という表現を用いることもあるが，一般施設の警備を主に行う企業をPSCと呼ぶのに対して，軍関係の業務を行う企業をPMCと呼んで区別することが多い。PMCのなかでは，戦闘行為そのものに従事する企業はむしろ稀であり，その多くは軍事コンサルティング，教育訓練，兵站部門でのサービス提供といった非戦闘業務を主な任務としている。PMCの詳細については，たとえばシンガー（2004）を参照されたい。
* 2　EOは，アパルトヘイト時代にアンゴラやナミビアで活動していた南アフリカ共和国防衛軍第32大隊の出身者を中心として1989年に設立されたPMCである。同社の業務内容は，戦闘，戦闘空域監視，軍事訓練，偵察などであり，EOは，1995年5月から1997年1月までシエラレオネで活動を展開した。しかしその後，EOは，シエラレオネなどでの活動を通じて国際的な注目を集め，それに伴ってアフリカ内外から厳しい批判を受けるようになったこと，1998年に南アフリカで外国軍事支援法が成立してPMCへの規制が強化されたことなどを受けて，1999年1月に正式に解散した（落合 2001: 208, 213）。
* 3　ナイジェリアは，内戦勃発翌月の1991年4月には治安維持のために自国軍部隊をシエラレオネに派遣し，1994年にはナイジェリア軍訓練合意（Nigerian Army Training Agreement）を締結してナイジェリア軍訓練グループ（Nigerian Army Training Group: NATAG）を派遣した。また，1997年3月には，訓練対象を軍隊だけではなく警察を含むより広義の治安部門へと拡大する軍隊地位合意（Status of Forces Agreement）を締結し，シエラレオネに数百人規模の部隊を駐留させていた。
* 4　シエラレオネに駐留するナイジェリア軍は，1997年6月2日に軍事政権打倒とフリータウン奪回のための作戦（砂嵐作戦）を実行したが，結局多くの死傷者を出して失敗した。この「6月2日の戦い」の詳細についてはAdeshina（2002: 14-15）を参照されたい。
* 5　行政命令1997年第2592号。安保理決議1132をめぐっては，同令のほかにもチャ

ネル諸島とマン島に対する行政命令が別個に発令されている（行政命令1997年第2599号および2600号）。
*6 イギリス外務省のサンドライン事件調査委員会報告書では，サクセナがサンドライン社に初めて接触をしてきた時期は1997年6月ではなく7月11日とされている（Legg and Ibbs 1998: 28, 124）。
*7 The Berwin Letter to Robin Cook, 24 April, 1998, in Legg and Ibbs (1998: 119-122).
*8 S/RES/1171（1998）http://www.un.org/（2010年8月12日アクセス）

● ── 参考文献
落合雄彦（2001）「シエラレオネ」総合研究開発機構（NIRA）・横田洋三編『アフリカの国内紛争と予防外交』国際書院，pp.206-213.
── （2003）「シエラレオネ紛争における一般市民への残虐な暴力の解剖学──国家，社会，精神性」武内進一編『国家・暴力・政治──アジア・アフリカの武力紛争をめぐって──』アジア経済研究所，pp.337-370.
── （2007）「〈事例研究〉対シエラレオネ国連武器禁輸とイギリスのサンドライン事件──発動国側外務省員が制裁違反に関与するとき──」『国連安保理決議による経済制裁』（平成18年度外務省委嘱調査報告書）財団法人平和・安全保障研究所，pp.80-97.
シンガー，P.W.（2004）『戦争請負会社』山崎淳訳，日本放送出版協会。
吉村祥子（2003）『国連非軍事的制裁の法的問題』国際書院。
Adeshina, R.A. (2002) *The Reversed Victory: Story of Nigerian Military Intervention in Sierra Leone*, Ibadan: Heinemann Educational Books (Nigeria).
Commonwealth Heads of Government Meeting (1997) *The Edinburgh Communiqué*, Edinburgh, October, http://www.thecommonwealth.org/（2010年8月12日アクセス）
House of Commons Foreign Affairs Select Committee (1999) *Report and Proceedings of the Committee*, Second Report, http://www.parliament.the-stationary-office.co.uk/（2010年8月12日アクセス）
Legg, Thomas, and Robin Ibbs (1998) *Report of the Sierra Leone Arms Investigation*, London: The Stationary Office, http://collections.europarchive.org/（2010年8月12日アクセス）
Spicer, Tim (1999) *An Unorthodox Soldier: Peace and War and the Sandline Affair*, Edinburgh and London: Mainstream.

第II部
平和構築の模索と課題

第5章
武装解除・動員解除・社会再統合 (DDR)
──ある国連スタッフの回想──

デズモンド・モロイ（徳光祐二郎訳・解説）

北部州マケニのバイクタクシー（2009年2月，落合雄彦撮影）

1 シエラレオネの地へ

　シエラレオネは，美しい海と砂浜，そして山脈を有する，西アフリカの自然豊かな小国である。たしかに人々の生活は自給自足型農業やインフォーマル経済に大きく依存しており，貧困は絶望的なほど深刻で，腐敗が政府や社会の隅々にいたるまで蔓延している。しかし，人々は総じて辛抱強く，しかも寛容

であり，10年間にもわたる過酷な内戦が終結したころ，人心は疲弊し切っていたが，それでも彼らは私のような外国人を寛大に受け入れてくれた。

　内戦が終息しつつあった2001年11月のある日，シエラレオネのルンギ国際空港に到着した私は，そこからヘリコプターで河口を渡り，対岸の首都フリータウンにあるマミー・ヨーコホテルの国連本部ヘリポートに降り立った。国連事務総長特別副代表のアラン・ドス（Alan Doss）が出迎えてくれた。そのとき，国連事務総長特別副代表が直々に私のような人間の出迎えに来てくれたという事実，その意味することの重みを私は直感した。「私がここで引き受けることになる仕事は，きっと手強いものになるのだろう」。そのとき，ふっとそう感じたことをいまもよく覚えている。ドスは，人あたりのよい，公正で礼儀正しい紳士だったが，その後，仕事の上ではとても厳しい上司となった。

　国連東ティモール暫定統治機構（United Nations Transitional Administration in East Timor: UNTAET）で私の上司であった伊勢崎賢治は，シエラレオネにおける国連の「武装解除・動員解除・社会再統合」（Disarmament, Demobilization and Reintegration: DDR）の部門責任者を務めていた。私がシエラレオネに到着したとき，彼はちょうど休暇中で不在だった。しかし，伊勢崎が国外休暇から戻ると，まるで東ティモール時代が再来したかのようだった。私たちは，一緒に昼夜仕事に取り組み，議論や検討を繰り返し，DDRのより効果的な実施のための計画を練った。こうしてシエラレオネにおける国連スタッフとしての私の日々は始まったのである。

2 DDRとは

　この回想記では，シエラレオネのDDRがその主要なテーマだが，それについて語る前にまずDDR一般の要諦についてごく簡単に触れておきたい。
　武力紛争に参加した戦闘員，とくにその敗者側の兵士に対して武装解除や動員解除を行うこと自体は，歴史上なんらめずらしいことではない。しかし，元戦闘員の社会再統合が試みられるようになったのは比較的近年のことであり，国連の平和活動のなかでそれが最初に取り組まれたのは，ほんの20年ほど前のことでしかない。おそらくその嚆矢は，国連中米監視団（United Nations

Observer Group in Central America: UNOGCA/ONUCA) であろう。

　DDRと一言にいっても，それは実に多種多様で多面的な諸活動から構成される。そこには，たとえば，「紛争の平和的解決手段としての武装解除」「武器回収プログラムのためのアドボカシー」「小型武器・弾薬の管理・処分」「元戦闘員や武器に関するデータベースの開発」「元戦闘員の国軍あるいは一般社会生活への再統合支援」などといった諸要素が含まれる。また，DDR活動はそれ単体で実施されるわけではない。というのも，その成功は紛争後の政治経済社会的な展開や変動といった国内要因に大きく左右されてしまうため，たとえば広義の治安部門改革 (Security Sector Reformあるいは Security System Reform: SSR) などによって直接的あるいは間接的に支えられる必要がある。

　DDRとは，文字どおり戦闘員の武装を解除するとともに武装組織への動員から彼らを解き放ち，コミュニティへの再統合を図る活動のことだが，それはまた「社会的・経済的な投資を通じてコミュニティの治安を向上させる文脈のなかで，もはや武器が必要とされないような状況をつくりだすこと」("place weapons beyond use, in the context of improving community security through social and economic investment") と別言することも可能かもしれない。DDRは当初，平和維持活動や紛争後の安定化のための単なるツールにすぎなかったが，今日ではより広範かつ長期的な平和構築の枠組みやプロセスと密接に関わる重要な営為とみなされつつある。

3 フェーズ別に展開された武装解除・動員解除

　シエラレオネの場合，そうしたDDRのうち最初の2つの「D」，すなわち武装解除と動員解除の活動は，3つのフェーズとひとつの暫定フェーズをへて実施された（表5-1参照）。

　1998年9月から12月までの時期を「フェーズⅠ」と呼ぶ。この時期の武装解除・動員解除は，西アフリカ諸国経済共同体 (Economic Community of West African States: ECOWAS) や国連開発計画 (United Nations Development Programme: UNDP) の全面的な支援のもとで行われた。その対象となったのは，シエラレオネ国軍 (Sierra Leone Army: SLA)，市民防衛軍 (Civil Defense Forces:

表 5-1 武装解除に応じた戦闘員数　　　　　　　　　　（単位：人）

	フェーズⅠ (1998年9月～ 1998年12月)	フェーズⅡ (1999年10月～ 2000年4月)	暫定フェーズ (2000年5月～ 2001年5月17日)	フェーズⅢ (2001年5月18日～ 2002年1月18日)	合計
RUF	187	4,130	768	19,267	24,352
AFRC	0	2,129	445	0	2,574
SLA	2,994	2,366	593	0	5,953
CDF	2	8,800	524	28,051	37,377
そのほか	0	1,473	298	463	2,234
合計	3,183	18,898	2,628	47,781	72,490

出所：国連DDRリソースセンターのウェブサイト（http://www.unddr.org/）。

CDF），シエラレオネ革命統一戦線（Revolutionary United Front of Sierra Leone: RUF），国軍革命評議会（Armed Forces Revolutionary Council: AFRC）といった武装諸集団・組織に属する約4万5000人の戦闘員であった。1998年7月には，武装解除・動員解除・社会再統合国家委員会（National Committee for Disarmament, Demobilization and Reintegration: NCDDR）という，シエラレオネのDDRをその後一貫して調整・管理・運営することになる組織が設置され，世界銀行が信託基金を活用してその活動を資金面で支援した。フェーズⅠでは，AFRCやSLAの戦闘員らを中心に，189人の子ども兵を含む3200人程度が武装解除されたが，やがて治安状況が悪化する。1999年1月には反政府武装勢力がフリータウンに侵攻し，ECOWAS停戦監視団（ECOWAS Ceasefire Monitoring Group: ECOMOG）との間で激しい戦闘状態に突入した。5000人を超える犠牲者をもたらしたこの事態を受けて，フェーズⅠの武装解除・動員解除の活動は事実上終焉を告げた。

　その後，1999年のロメ和平合意成立や国連安全保障理事会決議1270をへて，シエラレオネにおけるDDRの進め方についての再検討が行われ，その結果，共同作戦計画（Joint Operation Plan）を通じた多機関による取り組みを強化する方向性が確認された。この共同作戦計画に関わったのは，シエラレオネ政府，ECOMOG，国連シエラレオネ派遣団（United Nations Mission in Sierra Leone: UNAMSIL），UNDP，国連児童基金（United Nations Children's Fund: UNI-

CEF), 世界食糧計画 (World Food Programme: WFP) などである。この1999年10月から2000年4月までの時期を「フェーズⅡ」と呼び，このときにDDRはECOMOG主導からUNAMSIL主導へと移行することとなった。約1万8900人の戦闘員が武装解除されたこのフェーズⅡも，しかし，2000年5月に約500人の国連平和維持部隊が反政府組織RUFによって拘束されるという前代未聞の衝撃的な事件が発生したことで頓挫してしまう。

2000年5月から翌年5月にかけても武装解除は実施されたが，この間に武装解除されたのは2600人にすぎず，それは小規模かつ限定的な取り組みにすぎなかった。このために同時期を他のフェーズとは若干区別して「暫定フェーズ」と呼ぶ。ただし，この時期には，数字上には現れない重要な出来事もみられた。たとえば，2000年9月には世界銀行とイギリス国際開発省 (Department for International Development: DFID) の専門家チームが現地で包括的な再検討を行い，武装解除・動員解除と社会再統合との連動 (harmonization) に関する提言をまとめている。また，同年12月にはコフィ・アナン (Kofi Annan) 国連事務総長が現地を訪問し，アフマド・テジャン・カバー (Ahmad Tejan Kabbah) 大統領との直接会談やUNAMSILの視察を実施している。

こうしたプロセスをへて，2001年5月より本格的な武装解除が再開された。この時期を「フェーズⅢ」と呼び，その後2002年1月までの間に，RUFやCDFの戦闘員を中心に4万7000人以上の戦闘員がさらに武装解除された。そして結局，これら3つのフェーズとひとつの暫定フェーズをあわせて6000人以上の子ども兵を含む延べ7万2000人以上の戦闘員が武装解除され，NCDDRによって元戦闘員として登録されるにいたったのである（表5-2参照）。

ところで，そうした戦闘員の武装解除・動員解除は，各武装組織間で必ず

表5-2 武装解除・動員解除された戦闘員数

（単位：人）

	武装解除	動員解除
成人男性	60,894	59,447
成人女性	4,751	4,751
子ども	6,845	6,845
合計	72,490	71,043

出所：国連DDRリソースセンターのウェブサイト (http://www.unddr.org/)。

しも均一的に実施されたわけではなかった。たとえばRUFの場合は、そのカリスマ的指導者フォデイ・サンコー（Foday Sankoh）が逮捕されて以降は、組織的な求心力が衰え、また、サンコーの後継者であるイッサ・セセイ（Issa Sesay）が途中から国連に対して協力的姿勢を示し始めたことで、その戦闘員のDDRプロセスへの参加は加速された。これに対して、カマジョー（Kamajor）と呼ばれる伝統的狩人などから成るCDFの場合、武装解除・動員解除は当初なかなか進展しなかった。これには、CDFがRUFとは異なってシエラレオネ農村社会に深く根ざした集団であり、呪術や儀礼的な秘密主義の要素を少なからず備えていたことが関係していた。CDFの存在は、常に神秘のベールと風聞に包まれており、それに関する精確な情報を入手することはとても困難だった。そのため、CDFの武装解除・動員解除についても実態の把握や履行が難航したのである。

　武装解除・動員解除にあたっては、元戦闘員1人あたり300米ドルの復帰手当（Reinsertion Benefit）が支給された。保有する武器を提出させるインセンティブとして元戦闘員に現金を渡すこの方法には、反発する意見が少なからずみられた。というのも「武器と現金の交換」（Arms for Cash）ともみなされうるこの手法では、武器が金になるとの誤解を人々に与えてしまう恐れがあったし、そうした誤解を与えた場合には、小型武器の流通量を減少させるどころか、逆に現地の武器市場を刺激してその増大を招いてしまうリスクがあったからである。そこで私たちは、300米ドルの復帰手当の支払いを、戦闘員が武装解除に応じて武器を提出したときと、彼らがコミュニティに帰還したときの2回に分けて150米ドルずつ支給するといった工夫を凝らした。私は、こうした努力はある程度の成功を収め、復帰手当は元戦闘員の社会復帰促進に一定の貢献を果たしたと考えている。

4 社会再統合と批判

　DDRの最後の「R」、すなわち社会再統合については、社会再統合機会プログラム（Reintegration Opportunities Program）を中心としてさまざまな取り組みがなされた。武装解除や動員解除に応じた元戦闘員のうち、5万4439人が社会

表5-3 社会再統合機会プログラムに参加した元戦闘員数

(単位:人)

社会再統合支援のための登録を受けた元戦闘員数	社会再統合機会プログラムに参加した元戦闘員数		
56,700	54,439	職業訓練や起業訓練など	31,800
		学校	12,600
		農業	9,231
		そのほか	808

出所:国連DDRリソースセンターのウェブサイト (http://www.unddr.org/)。

　再統合機会プログラムへの参加を選択した (表5-3参照)。同プログラムに参加した元戦闘員には,主に6カ月間の生活支援と職業訓練などの機会が提供された。そしてそのプログラムの最後には,各職業に必要な道具類一式が各受講者に贈与された。

　NCDDR委員長を務めたフランシス・カイカイ (Francis Kai-Kai) は,シエラレオネにおける社会再統合機会プログラムの柔軟性を示す象徴的な事例として,比較的初期にDDRに参加したある男性の話をよくしたものだった。カイカイによると,その元戦闘員の男性は,「自分にとっての生涯唯一の夢はプロのゴルフ選手になることだ」と主張したので,社会再統合のためのプログラムのなかで,彼には大工道具や農機具などではなく新品のゴルフクラブセットが贈られた,というのである。

　他方,シエラレオネDDRの社会再統合に対しては批判の声もけっして少なくなかった。たとえば,ジェンダー的な観点からの批判があった。社会再統合のためのプログラムでは,選択可能な職業訓練のオプションが多種多様であったにもかかわらず,女性の元戦闘員の多くは理容や絞り染めといったごく一部の職業訓練ばかりを選択した。このことが,女性の職業訓練選択の「固定化」(typecasting) として内外から批判されたのである。他の職業訓練であれば通常6カ月の期間を要したが,女性が選ぶ理容や絞り染めの場合には,その訓練期間は3カ月でしかなかった。

　しかし私は,こうした理容や絞り染めの技能が女性たちに補助収入をもたらしたであろう点をとくにここで強調しておきたい。西アフリカの女性たちの間ではつけ毛による長髪は大変人気のヘアスタイルだが,これを編み込むために

は3人の理容師がつきっきりで3日間もかかることがあるという。しかも，ほとんどの女性が約2カ月ごとに髪形を変えることを思えば，理容の仕事は小さな農村でもかなりの現金収入をもたらすはずだ。女性の元戦闘員の社会再統合を促進するために，こうした理容の職業訓練を彼女たちに施すことは，実は大変賢明な支援であり，ジェンダー的な観点からの一面的な批判は必ずしも妥当なものとは思えない。

5 出口戦略の模索

　DDRプロセスがとくにフェーズⅢで順調に進行していくに連れて，私たちはその出口戦略を模索するようになった。ここでいう出口戦略とは，平和定着のために，社会再統合プロセスへの持続的な推進力を国内社会のなかに醸成すべく，現地パートナーやコミュニティの能力強化を図ろうとする営みをいう。そしてその一環として，国連ボランティア計画（United Nations Volunteers: UNV）と協力して「社会再統合と平和構築への移行」（Reintegration and Transition to Peace-building）というプログラムが立案・実施されることとなった。このプログラムは，UNAMSILのDDR部門とシエラレオネ政府の青年スポーツ省が協力し，コミュニティからの自発的かつ多様な意見を引き出す活動に対して支援を提供するというものであった。このプログラムを通じて，10名のシエラレオネ人国連ボランティアが初めて採用され，彼らに活動資金が配分された。こうして採用されたシエラレオネ人国連ボランティアたちは，コミュニティ・ファシリテーターとして各県のDDRチームに配属され，UNAMSIL所属の国連ボランティアからのサポートや助言を受けながらさまざまな活動を展開した。こうした種類の活動が国連PKOのなかでUNVを巻き込む形で実施されたのは，史上初めてのことだった。

6 困難から生まれたストップギャップ・プログラム

　私たちは，シエラレオネでDDRを実施する過程で多くの困難に直面した。たとえば，フェーズⅢでは当初，武装解除の対象者数を2万9000人と予想して

いたが，実際にはそれを大きく上回る4万7000人の武装を解除した。DDRに必要な資金は主に世界銀行から提供されることになっていたが，そうした予想外の展開のなかで，私たちはDFIDなどからも緊急の支援を仰がなければならなかった。

　また，DDRが開始された当初，シエラレオネの国土の3分の2はまだ反政府組織の支配下にあった。私たちがシエラレオネの国土全体を比較的自由に移動することができるようになったのは，フェーズⅢが始まった2001年半ば以降のことである。

　さらに，元戦闘員が復帰手当を受け取ってから，社会再統合のための支援パッケージを受けられるまでに時間がかかってしまったことも大きな問題だった。元戦闘員は，武装解除に応じて復帰手当こそ支給されたものの，そのあとの社会再統合の訓練や支援をなかなか受けらないことに苛立ち，不満を募らせていった。そうしたなかでDDRスタッフへの暴力事件やデモも発生するようになった。そこで，伊勢崎と私が属するUNAMSILのDDR部門は，UNDPなどと協力して「ストップギャップ・プログラム」(Stop-gap Programme)を立案・実施した。

　このストップギャップ・プログラムとは，元戦闘員らが和平プロセスを頓挫させ，暴力を拡大させる危険性がある緊張度の非常に高い地域において，彼らに2～3カ月程度の短期労働の機会を提供することでその不満を緩和し，かつ，その労働によってコミュニティのインフラストラクチャー整備をも推進しようとするものである。2004年1月までに，71のストップギャップ・プログラム（総額84万4000米ドル）がシエラレオネ各地で実施された。このプログラムを通じて，社会再統合支援を受けられないことに苛立つ元戦闘員に対して現金収入確保の機会が提供され，彼らの不満がある程度緩和されるとともに，各地で限定的ながらもインフラ整備が進展した。

　しかし，ストップギャップ・プログラムの特筆すべき点はそれだけではない。元戦闘員が，このプログラムを通じて，かつて自ら破壊・略奪したコミュニティの再建に，他のコミュニティのメンバーと共同で汗を流したということ，それがもつ重要性こそ看過されるべきではない。そして，そうしたユニークさが高く評価され，シエラレオネのストップギャップ・プログラムは2004

年の「国連21賞」(UN 21 Award)を受賞した。

　2004年2月，アフマド・テジャン・カバー(Ahmad Tejan Kabbah)大統領は官邸にDDR関係者を招き，DDRプロセスが完全に終了したことへの祝意と謝意を述べた。そしてそれが，NCDDRの最後の会合ともなった。

　DDRはとてもチャレンジングな活動といえる。また，それは急激な変動を常に伴い，日々何が起こるのか予想することもできない。シエラレオネもその例外ではなく，DDRの実施には日々到来する変化に対して柔軟に対応することが常に求められた。2001年11月にシエラレオネに到着してからというもの，毎日が築きと学びの連続だった。私は，このシエラレオネでの厳しい勤務を通じて，実に多くのことを学ぶことができたと実感している。2004年9月にシエラレオネを離れたあと，私は中米のハイチで国連PKOのDDR統括責任者を務めることになったが，そこでもシエラレオネで学んだ数々の経験がおおいに役立つこととなった。

[解説]
平和構築からみたシエラレオネのDDR

徳光祐二郎

はじめに

　DDRとは，(元)戦闘員の武装解除(Disarmament)，動員解除(Demobilization)，そして社会再統合(Reintegration)を促す一連のプロセスをいう[*1]。シエラレオネDDRの概要は，アイルランド国軍の元士官でUNAMSILのDDR部門に勤務した経験をもつデズモンド・モロイ(Desmond Molloy)の回想にある程度記されている。また，シエラレオネDDRに関する邦文献もすでにいくつかあり，その基本的な活動内容などについてはそれらを参考にすることができる（伊勢崎 2003, 2004; 瀬谷 2006; 星野 2004; 山根 2006; 杉木 2009）。したがってここでは，モロイの回想に適宜言及しながら，とくに平和構築という観点からDDRとシエラレオネにおけるその事例について解説と補足説明を試みたい。

　平和構築とは，紛争の勃（再）発を防いで，永続的な平和をつくりだすための活動である（篠田 2003: 21）。紛争後社会において永続的な平和をつくりだすためには，和平プロセスが安定的に進み，政治的・社会的な和解，社会的・経済的な復興，より長期的な開発などが定着しなければならない。そして，そのための環境づくりに役立つとされるのがDDRなのである（Ball and van de Goor 2006: 4）。DDRを通じて，巷に蔓延する小型武器が回収され，和平プロセスの懸念材料となる武装勢力が解体されれば，治安の回復と安定化が期待できる。そしてそれによって，紛争後の社会が享受しうる限定的資源を，治安対策ではなく戦後復興に対してより多く傾注できるようになる。こうして紛争後社会において，DDRの成否はより長期的な平和構築に影響を及ぼしうるものと捉えられるようになっている。

本解説では，第一に，DDRの史的展開を整理し，第二に，シエラレオネDDRの進展について触れ，第三に，とくにモロイの回想ではあまり指摘されていなかったその問題点をいくつかあげる。そして最後に，平和構築の観点からDDRの連携・補完活動の重要性について言及しておきたい。

1 DDR概念の史的展開

DDRの史的起源については，それを1980年代末頃に求める見方が一般的である。たとえば，コフィ・アナン (Kofi Annan) 国連事務総長は，モロイも言及していた国連中米監視団 (United Nations Observer Group in Central America: UNOGCA/ONUCA: 1989-1992) の武装解除・動員解除をその最初の事例として紹介している (UN 2000a: para.9)。これに対して，国連ナミビア独立支援グループ (United Nations Transition Assistance Group: UNTAG: 1989-1990) をDDRの嚆矢とする見方もある (Pouligny 2004: 14)。ただし，これらの国連平和維持活動 (United Nations Peacekeeping Operations：以下，国連PKO) は，そのマンデート (国連安全保障理事会からの委任事項) においてDDRが明示されたものではない。それでもアナンらがこれらをDDRの文脈に位置づけているのは，ONUCAやUNTAGの取り組みがDDRに通じる側面をもつ，という理解によるものであろう。

これらの国連PKO以降，1990年代を通じて，モザンビーク，カンボジア，リベリア，アンゴラ，グアテマラ，タジキスタンなどで武装解除をマンデートに含む国連PKOの事例がみられるようになった。こうした事例と経験をへて，アナンは2000年，DDRに関する国連事務総長報告書を作成して安全保障理事会に提出した。これは，DDRに関するものとしては国連事務総長による初めての包括的な報告書であった。同報告書では，DDRを，国連の平和維持・平和構築活動の有効性を高めるための継続的な取り組みの一部とする認識が示された (UN 2000a: para.1)。また，同年，国連ミレニアム・サミットの直前に「国連平和活動に関する委員会報告書」(通称「ブラヒミ・レポート」) が発表され，そこではDDRが効果的な平和構築にとって必要な取り組みであり，紛争直後の安定に寄与するものと位置づけられた (UN 2000b: para.42)。いずれも紛争後社会におけるDDRの重要性を強調するものであり，これらの文書は，国際社会における

DDRへの関心を高める役割を果たした。

1990年代末以降になると，シエラレオネのほかコンゴ民主共和国，コートジボワール，ハイチ，ブルンジ，スーダンなどで，DDRを正式なマンデートに含む国連PKOが展開されるようになる。その一方，アフガニスタン，コモロ，インドネシア（アチェ），ニジェール，コンゴ共和国，ソマリア，ソロモン諸島，スリランカ，ウガンダなどでは，国連PKO以外のDDR実施例も目立つようになった。ここで「国連PKO以外のDDR実施例」というのは，現地に国連PKOの展開はないが，他の国際機関などがDDRの実施にあたって顕著な役割を果たした事例を指す。つまり，この頃，世界銀行，UNDP，UNICEF，国際移住機関（International Organization for Migration: IOM）といったさまざまな機関がDDRに個別専門的に貢献するケースが散見されるようになったのである。こうしたDDRの主体や活動形態の多様化・複雑化を受けて，アナンは2006年，前述の2000年報告書の改訂版ともいえる国連事務総長報告書を総会に提出するにいたった。

同報告書では，2000年以降の諸事例を中心に再検討が加えられ，すでにさまざまな主体をともなっていたDDRが，緊密な調整を通じて計画されるべきこと，そしてより広範な平和構築や復興プロセスと一体化して実施されるべきことが指摘されている（UN 2006: para.9）。[*2] 他方，ほぼときを同じくしてスウェーデン政府が主導するストックホルム・イニシアティブ（Stockholm Initiative on Disarmament, Demobilisation, Reintegration: SIDDR）の最終報告書が，2006年2月に発表されている。同報告書のなかでも，DDRをより長期的な平和構築の枠組みのなかで捉えることの重要性が指摘された（SIDDR 2006: para.15）。

このようにして，2006年に発表された国連事務総長報告書とSIDDR報告書を契機に，DDRを平和構築のなかにいっそう体系的に組み入れていく必要性が改めて国際的に広く認識されるようになった。「それはかつて，平和維持活動や紛争後の安定化のための単なるツールにすぎなかったが，今日ではより広範かつ長期的な平和構築の枠組みやプロセスと密接に関わる重要な営為とみなされつつある」というDDRをめぐるモロイの指摘も，こうした国際的な潮流の変化を反映したものといえる。

2 シエラレオネDDRの進展と高い評価

　モロイがシエラレオネに派遣されたのは2001年11月のことであり，彼が現地で直接携わったのは，同年5月から始まっていた武装解除・動員解除のフェーズⅢとそれ以降の社会再統合であったと考えられる。彼が紹介する「武装解除に応じた戦闘員数」（表5-1）からもわかるように，フェーズⅢではより多くの戦闘員が武装解除に参加しているが，同フェーズには紛争再発によって頓挫したフェーズⅠ・Ⅱとは異なる点がいくつかみられた。

　第一に，モロイも言及しているとおり，フォデイ・サンコー（Forday Sankoh）の不在とRUF指導者の交代である。2000年5月17日にサンコーが拘束された後，しばらくRUFは指導者不在であったが，同年8月21日にサンコーに代わる新たな暫定指導者としてイッサ・セセイ（Issa Sesay）が指名された[*3]。そして，セセイを暫定指導者とするRUFとシエラレオネ政府の間で同年11月に停戦合意が調印され，翌年5月の再検討会合をへて和平プロセスが本格的に再開された。比較的穏健派とみなされていたセセイは，和平プロセスの推進という点で比較的望ましい人物とされていた（ICG 2001: 9）。サンコーがRUF指導者であった時代にはDDRはしばしば停滞したが，その指導者交代によって和平プロセス，とくにDDR（フェーズⅢ）が比較的順調に進展したという点は否めないであろう。

　第二に，UNAMSILの増強とシエラレオネ全土へのその展開を指摘できる。2000年5月に国連平和維持部隊拉致事件が発生したことなどにより，それ以後UNAMSILの部隊は段階的に増強された。最終的には，2001年3月30日の国連安保理決議1346によって，同年11月時点で1万7500人程度にまで増員されている（UN 2001: para.2）。これは当時最大規模の国連PKOであった。また，この頃になってようやくUNAMSILの自由な移動が全国的に可能となっており，これによってカイラフン（Kailahun）といった東部のRUF支配地域内でもDDRを実施できる状況が整うようになった（UN 2001: paras.86-87）。

　第三に，2001年5月に設置された「三者会議」（Tripartite Committee）の存在を指摘できる。シエラレオネ政府・CDF側，RUF側，そして両者を仲介するUNAMSIL側から構成されたこの会議は，基本的に毎月開催され，とくに武装

解除・動員解除に関する細かな進行計画の立案や評価を行う場となった。また，対象の武装組織間の不信を高める事件が発生し，それによってDDRプロセスが中断した場合などには，この会議を通じてそれを再開させるための政治的な調整が行われた（伊勢崎 2004: 121-126）。

　以上のようなフェーズⅢの諸特徴は，それ以前のフェーズⅠ・Ⅱにはみられない，DDR実施にとってのいわば好材料であったといえる。当時，RUF支配地域を中心に散発的に事件が発生するなど「緊張は依然継続」（伊勢崎 2004: 92）していたものの，しかしこれらの好材料の影響もあって，フェーズⅢは最終的には破綻することなく終了した。

　なお，付言すれば，フェーズⅢにおいては，新たに「集団武装解除」（group disarmament）という手法が導入され，小型武器2丁につき戦闘員3名をDDRに参加させる方針が採用されている（瀬谷 2006: 9）。また，ゲリラ戦では定番の無反動砲（Rocket Propelled Grenade: RPG）などはグループ携帯武器として定義され，1挺なら弾丸付きで3名まで受け入れられるようになった（伊勢崎 2004: 128）。つまり，フェーズⅠやフェーズⅡでは1丁（1挺）につき1名という比率で武装解除が行われていたのに対して，フェーズⅢでは集団武装解除を通じて1丁（1挺）あたりにより多くの戦闘員を受け入れることができるようになったのである。[4]　フェーズⅢにおいて参加者が急増した一因は，そうしたDDR手法の変更にも部分的に求めることができよう。

　このようにフェーズⅢは，とくに武装解除と動員解除を中心にして比較的大きな成果を上げることとなり，その結果シエラレオネDDR全体が総じて肯定的な評価を受けるようになった。当初の見積もりを大きく上回る7万人以上の戦闘員に対して武装解除が行われ，モロイの回想にもあるとおり，4万2300もの武器と120万にものぼる弾薬が回収されたことは，その根拠としてしばしば指摘される。また，同じくモロイが触れているように，シエラレオネDDRで立案・実施されたストップギャップ・プログラムは，そのユニークな活動内容が認められて2004年に「国連21賞」を受賞している。そして何よりも，2004年3月31日のDDR終了から5年以上をへてもなお武力紛争が再発しなかったという意味で，たしかにシエラレオネのDDRは成功例といえるのかもしれない。国連内では，「平和構築を重視する近年の国連にとって模範的」な事例として高く評価された。[5]　ま

た，世界銀行は，世界における「ベスト・プラクティス」の一例としてシエラレオネのDDRを挙げ，実際に近隣諸国や大湖地域の多くの世銀スタッフがその視察のために同国を訪れたという（UNOCHA 2004）。

3 シエラレオネDDRの難点

このような高い評価が寄せられるシエラレオネDDRであるが，問題がなかったわけではない。ここでは，女性戦闘員の参加と社会再統合機会プログラムの職業・起業訓練の2点についてその問題点を指摘しておきたい。

第一に，シエラレオネのケースでは，DDRへの女性の参加が従来以上に問題となった。内戦下では，多くの女性が戦闘員だけでなく偵察員，薬草師，料理人，衛生兵といったさまざまな役割を担ったとされる（Mazurana and Carlson 2004: 14; MacKenzie 2009: 248-249）。また，男性戦闘員の「妻」や性的奴隷として従軍を余儀なくされた女性の存在も確認されている。こうした広義の女性戦闘員（軍属なども含む）のうち，モロイの回想にもあるとおり，武装解除・動員解除されたのはわずか4751人（うち少女は506人）にすぎなかった。その数は，男性の参加者数と比して圧倒的に少ない。

むろん，女性戦闘員全体の正確な数字は明らかではなく，DDRに参加した女性数を実際どのように評価するのかは意見が分かれるところであろう。しかし，前述したDDRに関する2006年国連事務総長報告書でも言及されているとおり，シエラレオネでは相当数の女性戦闘員がDDRに参加できないという事態が生じたとみられている（UN 2006: para.8）。また，武装解除・動員解除終了後の2002年3月以降，UNICEFなどによって「置き去りにされた少女たち」（The Girls Left Behind）という活動が2年間にわたって実施されたが，同活動も，DDRに参加できなかった少女や成人女性が多く存在したという問題認識から，彼女たちへの支援を目的として立案・実施されたものであった（Coulter 2004: 2）。

DDRに参加するためには，戦闘員であったことの証明や使用可能な武器の提出などがその要件とされたが，女性戦闘員にはこれらの要件を満たすことが必ずしも容易ではなかった。[*6] たとえば，司令官などの男性戦闘員が武器を独占してしまい，DDR実施時に女性戦闘員の多くが提出用武器を持っていなかったこ

とは，その主要な原因のひとつとされる（Mazurana and Carlson 2004: 26）。あるいは，提出用の武器を保持している場合でも，武装解除センターで武器を提出したあとに，かつて対立していた武装組織の男性（元）戦闘員から暴行を受けるのではないかといった恐怖や不安をもち，DDRプロセスから離脱してしまった女性もいたとされる（Mazurana and Carlson 2004: 3）。いずれにせよ，結局これらの女性戦闘員は復帰手当を受け取ることができず，また，社会再統合機会プログラムを通じたスキル訓練などの恩恵にも浴することができなかった。こうして女性たちは社会復帰や地元コミュニティへの帰還に通じる一機会を失い，なかには経済的な理由などから，自らを武装組織に引き込んだ「夫」の傍で，紛争後もなお生活を続けざるをえない者もいたという（Solomon and Ginifer 2008: 22）。

　第二に，シエラレオネのDDRでは，社会再統合機会プログラムの職業・起業訓練をめぐっても問題がみられた。動員解除後の元戦闘員は，同プログラムの一環として国軍・国家警察への編入，初等・中等教育への編入，職業・起業訓練などのオプションのなかからひとつを選択して参加することができた。そのなかで職業・起業訓練を選んだ元戦闘員は，さらに大工，石工，建築，仕立て，自動車整備，コンピュータ，理容，石鹸製造などから自分の希望するスキル訓練を選択することになっていた。しかし，場所によっては提供されないスキルや，非常に限定的な人数しか参加が認められないスキル（コンピュータなど）がみられたという（Peters 2007: 41-42）。また，社会再統合を実施するための資金が2002年時点で一時的に著しく不足し，これが影響して実際の訓練開始までに数カ月間も待たなければならないケースも多数生じた。このような遅延による不満が，DDRスタッフへの暴行やデモを誘発することになったのは，モロイが触れているとおりである。一方で，遅延を受けて，DDRを途中放棄する者もいた。前述した女性戦闘員のDDRプロセス離脱の問題とも多少関わるが，武装解除・動員解除・社会再統合の各参加者数が一致しないのは，このようにDDRプロセスの途中でその存在が確認できなくなった者が相当数いたためである。

　しかし，社会再統合機会プログラムの職業・起業訓練をめぐる最大の問題点は，訓練後に，実際にそのスキルを活かした仕事をみつけられた者がごく一部に限定されていた，という点であろう。[*7] スキル訓練は国内外の多くの非政府組織や市民社会組織などから提供されたが，提供組織間に統一的な基準やシラバ

スなどはなく，その質は組織によって大きく異なっていた。あまり実用的ではないスキル訓練しか提供されないケースも散見されたという (ICG 2003: 15-16)[*8]。また，紛争後の厳しい経済状況も背景にあり，身につけたスキルを生計手段として有効利用できる仕事口がなく，結果的にダイヤモンド採掘場において低賃金で労働力を提供せざるをえない者や，2回目のDDRの機会を求めてリベリアやコートジボワールへ向かった者もいたとされる (HRW 2005: 61-62)。

以上のように，女性の参加のあり方や職業・起業訓練の有効性という点で，シエラレオネのDDRにも問題点はみられた。しかし，DDRに関する2006年の事務総長報告書では女性の参加 (UN 2006: para.9-(1)) や元戦闘員への利益提供のあり方 (paras.41, 46) について言及がなされており，それらはシエラレオネDDRの経験に部分的にもとづいたものであった。つまり，シエラレオネの経験は，それをきっかけとして国際社会に対して，将来のDDRのあり方を検討する上での重要課題を提起したとみることができよう。

4 平和構築からみたシエラレオネDDR

一般にDDRは，平和構築に対して悪影響を与える可能性を潜在的にもっている。というのも，DDRには，「和平プロセスの遵守と治安維持を極力重視するために，本来戦争中に犯した罪に応じて裁かれる立場である兵士に対し，恩赦に加え社会復帰のための恩恵を与える事業」という側面があるからである (瀬谷 2006: 14-15)。つまり，平和構築の一環として実施されるべきはずのDDRではあるが，「最終的には加害者は罰せられずに得をし，被害者は何の保障もなく損をするという逆転したメッセージが，道徳的観念以上に身近な現実として，DDRを通じて被害者・加害者双方に浸透し定着してしまう」可能性がある (瀬谷 2006: 15)。このような事態は，紛争後の社会構成員間に複雑かつ不安定な関係性をもたらしかねない。この場合，短期的にはその目的を達成したはずのDDRも，長期的には平和構築の本来の目的に反する効果を生むことになりうるのである。

このジレンマに対処するひとつの可能性として，瀬谷は「武器と開発との交換」(Arms for Development: AfD) という活動を挙げている。[*9] AfDとは「各コミュニティが，地域において基準を満たす数の武器を回収することと引き換えに，

写真5-1 「武器と開発との交換」(AfD)による復興支援事業。シエラレオネのAfDでは，コミュニティ内のすべての武器の回収が確認された後に復興支援が提供されることになっている。上の写真は北部州トンコリリ県 (Tonkolili District) のボンコレンケンチーフダム (Gbonkolenken Chiefdom) に提供されたコミュニティセンター，下の写真は同県カフェ・シミリアチーフダム (Kafe Simiria Chiefdom) に提供されたゲストハウスをそれぞれ撮影したもの (2010年4月，徳光祐二郎撮影)

希望する復興支援を受けることができる仕組み」のことであり，「状況に応じてその内容には幅がある」ものの，この仕組みを通じて「コミュニティ全体への支援に重点を置くことにより，加害者・被害者間の格差を抑える試みとなることが期待でき」るという（瀬谷 2006: 18-19）。戦闘員個人を対象としたDDRでは，前述のとおり，非戦闘員や紛争被害者は，武器回収による治安向上などを除けば直接的な恩恵に浴することができない。これに対して，コミュニティ全体を対象とした武器回収と支援提供を行うAfDでは，加害者と被害者，元戦闘員と非戦闘員の区別なく住民全体の被益がある程度期待できるようになる。

このようにコミュニティを対象とするAfDは，（元）戦闘員のみを対象とする

写真5-2 「武器と開発との交換」事業。上側の写真は，同事業を通じて回収された小型武器を保管するコンテナ。下側の写真は同事業を通じて回収された小型武器。大部分は，現地で製造された狩猟用の「シングル・バレル」と呼ばれる銃（2010年10月，徳光祐二郎撮影）

DDRとは一応別個の活動であり，現地の状況によってDDRよりも適切だと考えられる場合に代替的に実施されたり，DDRを補完する連携的支援として別途実施されたりするものといえる。しかし，両者はその目的，手法，射程こそ異なるものの緊密な関係にあり，今後はその具体的な連携のあり方を検討することがひとつの重要な課題となろう。

　ちなみに，シエラレオネでも2004年以降にAfDが実施されている。シエラレオネのDDRでは，ショットガンや自家製猟銃などが戦闘用武器とは認められず，DDRの回収対象武器から除外された。このため，2001年9月の三者会議のなかで，これらの武器を武装解除・動員解除完了後の2002年2月から4月にかけて，UNAMSILの支援をえつつシエラレオネ警察が主体となって回収することが決められた (Thusi and Meek 2003: 27)。「コミュニティの武器回収・破壊プログラム」(Community Arms Collection and Destruction Programme: CACD I) と呼ばれたこの活動は，DDRで対象とされなかった小型武器の回収を通じて，同年5月の選挙の平和的履行に資することを目的としていた。このCACD I を通じて9662丁の武器と3万5000発の弾薬が回収されたという (GoSL 2005b: 6)。ただし，CACD I は国内一部地域での実施にとどまったため，より広範な地域での包括的な回収などを行うためにCACD I 後にAfDが実施されることとなった。[*10] このAfDの結果，6165丁の小型武器が回収された (UNDP 2010: 8)。CACD I と AfD のいずれにおいても，回収武器のなかには戦闘用武器も含まれた (UNDP 2010: 7)。

　ところでモロイは，DDRのことを，「社会的・経済的な投資を通じてコミュニティの治安を向上させる文脈のなかで，もはや武器が必要とされないような状況をつくりだすこと」と別言している。

　しかし，DDRだけで「武器が必要とされないような状況」をつくりだすことは，実際にはきわめて難しい。というのも，紛争後社会の治安状況は総じて不安定であり，また，紛争再発の可能性も否定できないのであって，そうしたなかで一部の（元）戦闘員が密かに武器を保有し続けたり，一般住民が自衛目的で武器を携帯し続けたりすることは十分にありうることだからである。シエラレオネにおけるCACD I や AfD を通じた回収武器数は，DDRのみを通じて「武器が必要とされないような状況」を創出することの困難さを如実に物語っている。しかしだからこそ，DDRとその目標は，AfDといった連携・補完活動を含むよ

り広範かつ長期的な営みのなかに位置づけて今後検討・実施される必要があるのだろう。

●──注

*1 （元）戦闘員と表記したのは，基本的に，戦闘員を対象とするのが武装解除・動員解除（DD）で，DDをへた元戦闘員に対して行う復員事業が社会再統合であるという理解にもとづく。なお，DDRを構成する「武装解除」「動員解除」「社会再統合」などの定義については，以下の文献を参照されたい（UN 2006: paras.23-27）。

*2 同報告書では，それまでの教訓を活かした「統合DDRスタンダード」（integrated disarmament, demobilization and reintegration standards: IDDRs）という新しい政策アプローチが提示された。IDDRsとは，DDRに関する政策・ガイドライン・運用手続きの包括的組み合わせを指し，それは26のモジュールと5つのレベルで構成されている。詳細については以下を参照されたい（http://www.unddr.org/ 2009年10月17日アクセス）。

*3 当時，セセイは，必ずしもRUF内で強い支持をえていたわけではなく，停戦に関してもRUF内での組織的な合意があったわけではなかった。しかし，2001年に入ってRUFは，ギニア軍との戦闘で大打撃を受け，またそれまで支援を受けていたリベリアのチャールズ・テイラー（Charles Taylor）の「全面的な撤退」（total disengagement）などもあって停戦へと向かった（ICG 2001: 2）。

*4 ただし，この集団武装解除をめぐっては，司令官が戦闘員として認定した者ならば誰もがDDRに参加できたため，非戦闘員が戦闘員と偽ってDDRに参加したり，司令官が戦闘員認定を通じて私腹を肥やしたりするといった問題点がみられた。女性の参加が少なかった一因も，こうした司令官の恣意的な参加者選択にあったとされる（World Bank 2002: 9; GoSL 2005a: 5）。

*5 評価の詳細については，国連PKO局のウェブサイトを参照されたい。"UNAMSIL: A success story in Peacekeeping"（http://www.un.org/ 2009年10月17日アクセス）。

*6 参加要件の詳細については，国連DDRリソースセンターのウェブサイトを参照されたい（http://www.unddr.org/ 2009年10月17日アクセス）。

*7 この点に関する世界銀行とDFIDの調査結果によれば，DDR完了者の約45％が何らかの職に就き，そのうちの約28％がスキル訓練を活かした職をえたという。ただし，これらの数字は，まだ社会再統合が実施されている最中にえられた暫定的なものであることに注意しておきたい（ICG 2003: 16）。

*8 6カ月間というスキル訓練期間は不十分で、参加者が労働市場で仕事をみつけていく上で必要な経験を提供できなかったことは、国連のなかでも教訓として指摘されている（DDRリソースセンター・ウェブサイト）。

*9 瀬谷（2006: 17）は、一例としてハイチの事例を挙げている。ハイチでは、DDRに関する政治合意や政府の主導意識の欠如という制約のなかで、DDRではなく地域コミュニティに重点を置くAfDが選択された。そしてそのことが、結果として、地域社会に根づく犯罪集団への対処を優先課題としてきたハイチのニーズに合致した武器回収のあり方を生み出すことになったという。

*10 AfD実施に先立って、その試験的事業として「コミュニティの武器回収と開発プログラム」（Community Arms Collection and Development Programme: CACD II）が行われている。4つのコミュニティで300程度の武器が回収された。

● 参考文献

伊勢崎賢治（2003）「資源がまねいた紛争——シエラレオネ——」稲田十一・吉田鈴香・伊勢崎賢治編『紛争から平和構築へ』論創社、pp.179-211。

——（2004）『武装解除——紛争屋が見た世界——』講談社。

篠田英朗（2003）『平和構築と法の支配——国際平和活動の理論的・機能的分析——』創文社。

杉木明子（2009）「シエラレオネ内戦と子ども兵士問題」初瀬龍平・松田哲・戸田真紀子編『国際関係のなかの子ども』御茶の水書房、pp.94-106。

瀬谷ルミ子（2006）『平和構築におけるDDRの成果、限界と今後の役割——日本の支援の道——』HIPEC研究報告シリーズ（5）。

星野俊也（2004）「平和構築とDDR」黒澤満編『大量破壊兵器の軍縮論』信山社、pp.327-351。

山根達郎（2006）「国際平和活動におけるDDR——平和維持と平和構築との複合的連動に向けて——」IPSHU研究報告シリーズ（37）。

Ball, Nicole, and Luc van de Goor (2006) *Disarmament, Demobilization and Reintegration: Mapping Issues, Dilemmas and Guiding Principles*, Netherlands Institute of International Relations, http://www.clingendael.nl/（2009年9月13日アクセス）

Coulter, Chris (2004) *Assessment of the "Girls Left Behind" Project for Girls that did not go through DDR*, unpublished report.

Government of Sierra Leone (GoSL) (2005a) "National DDR Paper," unpublished paper submitted to the conference on DDR and Stability in Africa on 21-23 June, 2005.

—— (2005b) "National Report of the Republic of Sierra Leone on the Implementation of the UN Programme of Action on Illicit Trade in Small Arms and Light Weapons in

All Its Aspects," unpublished report.

Human Rights Watch (HRW) (2005) "Youth, Poverty and Blood: The Lethal Legacy of West Africa's Regional Warriors," 17(5)(A).

International Crisis Group (ICG) (2001) "Sierra Leone: Managing Uncertainty," *Africa Report*, (35), Freetown/Brussels.

―― (2003) "Sierra Leone: The State of Security and Governance," *Africa Report*, (67), Freetown/Brussels.

―― (2004) "Liberia and Sierra Leone: Rebuilding Failed States," *Africa Report*, (87), Dakar/Brussels.

MacKenzie, Megan (2009) "Securitization and Desecuritization: Female Soldiers and the Reconstruction of Women in Post-Conflict Sierra Leone," *Security Studies*, 18(2), pp.241-261.

Mazurana, Dyan, and Khristopher Carlson (2004) *From Combatant to Community: Women and Girls of Sierra Leone*, Women Waging Peace, http://www.smallarmssurvey.org/ (2009年10月17日アクセス)

Peters, Krijn (2007) "Reintegration Support for Young Ex-Combatants: A Right or a Privilege," *International Migration*, 45(5), pp.35-57.

Pouligny, Béatrice (2004) "The Politics and Anti-politics of Contemporary Disarmament, Demobilization & Reintegration Programs," Graduate Institute of International Studies, Geneva, http://www.ceri-sciencespo.com/ (2009年10月22日アクセス)

Solomon, Christiana, and Jeremy Ginifer (2008) *Disarmament, Demobilisation and Reintegration in Sierra Leone: Case Study*, University of Bradford, http://www.ddr-humansecurity.org.uk/ (2009年6月18日アクセス)

Stockholm Initiative for Disarmament, Demobilisation, Reintegration (SIDDR) (2006) *Final Report*, Ministry of Foreign Affairs of Sweden, http://www.sweden.gov.se/ (2009年10月22日アクセス)

Thusi, Thokozani, and Sarah Meek (2003) "Disarmament and Demobilisation," in Malan, Mark, et al. (eds.) *Sierra Leone: Building the Road to Recovery*, ISS Monograph Series 80, pp.23-38.

United Nations (2000a) *Report of the Secretary-General on the Role of United Nations Peacekeeping in Disarmament, Demobilization and Reintegration*, S/2000/101.

―― (2000b) *Report of the Panel on United Nations Peace Operations*, A/55/305-S/2000/809.

―― (2001) *Twelfth Report of the Secretary-General on the United Nations Mission in Sierra Leone*, S/2001/1195.

―― (2006) *Report of the Secretary-General on Disarmament, Demobilization and Reintegration,* A/60/705.

United Nations Development Programme (UNDP) (2010) "Arms for Development: End of Project Review Report," unpublished report.

United Nations Office for the Coordination of Humanitarian Affairs (UNOCHA) (2004) "Sierra Leone: Disarmament and rehabilitation completed after five years," *IRIN News Briefs,* 4 February, http://www.irinnews.org/ (2009年10月25日アクセス)

World Bank (2002) *Sierra Leone Disarmament and Demobilization Programme Assessment Report: Executive Summary and Lessons Learned,* Government of Sierra Leone/ World Bank.

第6章
社会再統合とバイク・タクシー

澤 良世

南部州のバンダジュマの農道をバイク・タクシーで行く家族
(2009年8月,澤良世撮影)

はじめに

"WE WAN WOK. WE NOR WAN FET."(「仕事がしたい。戦うのはいやだ。」)
2009年8月31日朝,シエラレオネの首都フリータウンのなかでも最も交通量の多いキッシー・ロード (Kissy Road) で,バイク・タクシーのライダーたちによるデモ行進が行われた。これまでフリータウンでは,バイク・ライダー

と彼らの交通違反などを取り締まる当局との間で軋轢や摩擦がしばしば顕在化していた。このデモ行進も，警察側がフリータウン商業地区でのバイク・タクシー営業禁止規則の徹底とその取り締まり強化を一方的に発表したことに対するライダーたちの抗議行動だった。「仕事がしたい。戦うのはいやだ」という彼らの声は，単にシエラレオネだけではなく，紛争を経験した国々で生きる多くの若者の声でもあるに違いない。

　シエラレオネのバイク・タクシーは，武力紛争を経験した若者が独自に考え出し，元戦闘員が中心になって発展させてきた職業である。バイク・タクシー事業は職のない若者に仕事を与え，人々の移動にとって必要不可欠な交通手段を提供してきた。関係者によると，全国で11万7000人の若者がバイク・タクシーのライダーとして働いているという[*1]。ライダーたちの多くは，元戦闘員に対する偏見を克服し，社会に貢献しているという誇りをもっているようにみえる。また，バイク・タクシー事業のリーダーたちは，経験や失敗から真摯に学ぶとともに，自らが主導するライダー組織を発展させるために，さまざまな試行錯誤をいまも続けている。

　紛争後の社会では，「元戦闘員という，かつての加害者」と「非戦闘員という，かつての被害者」の間の和解の重要性がしばしば謳われてきたが，その意味では，元戦闘員を中心に発展し，いまや人々の重要な生活の足へと成長してきたシエラレオネのバイク・タクシーは，まさにそうした和解の実践，あるいはその「触媒」といえよう。

　本章では，ポール・リチャーズら（Richards et al. 2004; Peters 2006）によってシエラレオネにおける社会再統合の成功例として紹介されたバイク・タクシー事業に注目し，同事業を中心とする紛争後の社会関係の変化，とくにバイク・ライダー，政府関係者，そして国際NGOや地域住民組織の関係者などのネットワーク化と，それによる社会的な和解・再統合の進展について，筆者のフィールド調査の結果などを加味しつつ検証してみたい。

1 若者の雇用とバイク・タクシー事業

(1) バイク・タクシーの成り立ち

　シエラレオネでは，1991年から2002年にかけて激しい内戦が展開され，多くの人々が戦闘に加わった。その数は定かではないが，たとえばマカータン・ハンフリーズとジェレミー・ワインスタイン（Humphreys and Weinstein 2009: 67）は，国連食糧農業機関（Food and Agriculture Organization: FAO）の推定に依拠してシエラレオネ紛争の戦闘員数を8万4200人程度とし，それはシエラレオネにおける15～40歳の男性の約10％に相当する，と指摘している。これに対して，ダイアン・マズラナとクリストファー・カールソン（Mazurana and Carlson 2004: 3）は，さまざまなデータをもとにシエラレオネ紛争の戦闘員総数を13万7865人と算出し，うち4万8216人が子どもであった，と推計する。いっぽう，リチャーズら（Richards et al. 2004: 37）は，特に農村部ではより多くの人々が戦闘員になったとみなし，18～40歳の男性の3人に1人が戦闘に参加した経験をもつ，と推定している。2008年の「人口動態健康調査」（*Sierra Leone Demographic Health Survey 2008*）と2004年国勢調査の『年齢別・性別人口構成に関する分析報告書』（*2004 Population and Housing Census: Analytical Report on Population Size and Distribution Age and Sex Structure*）に基づいて算出すると，10万人余りの若者が戦闘に参加したと推定される（Statistics Sierra Leone 2009, Thomas et al. 2006）。

　どの説が正しいかは明らかでないが，シエラレオネ紛争を終結させるために，そうした戦闘員を対象とする武装解除・動員解除・社会再統合（Disarmament, Demobilization and Reintegration: DDR）のプログラムが，国際社会，とくに国連主導のもとで実施され，6万人以上の元戦闘員が社会再統合のための支援を受けた。しかし，このDDRプログラムに参加した元戦闘員のなかには，社会再統合のための職業訓練を受け，仕事を始めるための道具を供与されたものの，定職につけず，うまく社会復帰できなかった者が少なくなかった。彼らが戻っていった社会にはもともと「吸収力」（absorption capacity）がなかったのであり，DDRプログラムにおいて短期間に身につけた技能も，彼らが生計を立

てるのにはほとんど役立たなかった。その結果，DDRプログラムで供与された道具を売って，その場しのぎの生活を強いられる者も多かったといわれる。

　そうしたなか，政府や国際社会の支援を受けずにシエラレオネ人自身のイニシアティブによって始められ，その後社会再統合において一定の成果を収めてきたと指摘されるのが，本章のテーマであるバイク・タクシー事業にほかならない。

　シエラレオネのバイク・タクシーとは，オートバイを使ったタクシーのことをいう。それは内戦中に東部州のケネマ（Kenema）でスタートし，南部州のボー（Bo），北部州のマケニ（Makeni）へと広がり，紛争後の2003年頃からはフリータウンでもみられるようになった。バイク・タクシー事業の歴史については記録がなく，その起源は各地でバイク・タクシーを始めた人々の記憶に頼らざるをえない。

　シエラレオネでのバイク・タクシー事業は，前述のとおり，まずケネマで始まった。ケネマのバイク・タクシー協会の初代会長ジョゼフ・サイドゥ（Joseph Saidu）や同協会幹部経験者によると，ケネマでのバイク・タクシーの成り立ちは次のとおりであったという。[*2]

　バイク・タクシーの前身は，紛争勃発前からみられた貸し自転車であった（写真6-1参照）。1989年に24人の若者が集まって貸し自転車業を始め，1998年に新しくバイクを共同購入して運転の教習と近距離のタクシー業務を始めた。内戦は1991年に勃発して以後10年以上続いたが，結局この24人は誰も戦闘員にはならなかったという。そうしたなか，シエラレオネ東部に展開していたECOWAS停戦監視団（Economic Community of West African States Ceasefire Monitoring Group: ECOMOG）に属するナイジェリア人兵士がケネマにもやってきた。そして，ケネマ市内で買い物をして駐屯地に帰るときなどに，当時のナイジェリアですでに広く普及していた「オカダ」（Okada）[*3]というバイク・タクシーのサービスを彼らに求めた。これが今日，シエラレオネにおいてもしばしば「オカダ」と呼称されるバイク・タクシーの始まりである。

　他方，南部の町ボーでバイク・タクシーが始まったのは2001年9月のことであった。創業者のひとりでバイクの整備工房を経営するタンバ・ジェームズ・ラビー（Tamba James Labbie）は，隣国ギニアから4台のバイクを仕入れたがな

写真6-1　バイク・タクシーの前身の貸し自転車。大きな資金も特別な技術もいらないので，若者が始めるのには適した仕事だった。しかし，貸し自転車は1990年代末にはバイク・タクシーに取って代わられた。この写真は，筆者が2009年8月，ケネマのバイク・ライダー協会事務所を訪れた際，初代会長サイドゥの所有していた1989年当時の写真を撮影したもの

かなか売れなかったので，仕事仲間のコジョ・プラット（Kojo Pratt）と地元ラジオ局に勤めるケルビン・ニューステッド（Kelvin Newstead）に相談した。そして，3人で話し合っているときに，北部のカバラ（Kabala）出身のプラットに，幼少期のある記憶が蘇ったという。地形が複雑で人口の少ないカバラでは，農民たちが新鮮な農作物を近隣の町に運ぶのにしばしばバイクを輸送手段として利用していた。このプラットの記憶から，「バイクをタクシーとして用いる」というアイディアが芽生えた。そこで彼らは，早速そのアイディアを警察や陸運局に話して開業の許可を取り付けた。そして，ラジオで新しいタイプの輸送サービスの始まりを宣伝したのである。バイク・タクシーは好評で，彼らは新たに6台のバイクを購入した。また，ラジオでライダーを募集したところ，50人以上の希望者が集まったという[*4]。

フリータウンのバイク・タクシーは，マケニでライダーをしていたサリウ・カマラ（Salieu Kamara）によって2003年にラムリー（Lumley）で始まった（写真6-2参照）。2004年にはサムエル・ラバリー（Samuel Lavalie）という牧師が50台

写真6-2　フリータウン初のバイク・ライダーのサリウ・カマラ(写真中央)。カマラはラムリーにバイク・タクシー協会を創設して，短期間ではあったが会長を務めた(2008年9月，ラムリーのバイク・タクシー協会事務所前で澤良世撮影)

のスクーターを英国から持ち込み，ライダーを集めてタクシー事業を始めた。ラバリーはライダーが運転免許を取得するのを支援したといわれるが，彼がスクーターのオーナーで，ライダーが毎日，収入から一定額をラバリーに支払うという制度は，他の地域のバイク・タクシーと変わらなかった。2005年にはフリータウン地域のバイク・ライダーの組織として「西部地域モーター・バイク・ライダー協会」(Western Area Motor Bike Riders Association: WAMBRA)を結成して，ラバリーはその会長に就いた。ラバリーがフリータウンでバイク・タクシー事業を始めた真意は，必ずしも定かではない。しかし，少なくともWAMBRAの若いリーダーたちは，ラバリーのことを「若者に雇用の機会を与え，人々に交通手段を提供しようとしていた善意の人」とみなし，彼のことをいまも慕っている。当時は内戦が終わってまもないころであり，若者に仕事を与えることが政治的にも優先課題とされていた。このため，シエラレオネ政府もラバリーの起業を当時大変歓迎したという。

　だが，実際にはスクーターはタクシーとして使うには華奢すぎて，まもなくすべてのスクーターがスクラップになってしまった。そうしたこともあって，ラバリーのことを「商売のためにバイク・タクシーに目をつけて一攫千金を

狙った人物」「若者の人気を選挙に利用しようと目論んでいた政治屋」などと批判する者も現れた。事実，ラバリーは2007年の国会議員選挙に出馬したが落選している。その後，彼は母親の病気を理由に英国に移住してしまった。[*5]

(2) バイク・タクシーのしくみ

　シエラレオネのバイク・タクシー事業は，かなり標準化・組織化されている。基本料金は1000レオン（約25円）[*6]であり，大きな荷物を持つ客，遠距離移動の客，交通渋滞のなかを急ぐ客などは適宜追加料金を支払う。バイクのライセンス・プレートには，そのバイクが商業用か自家用であるかが示されている。バイク・タクシーの営業規制が強化さてきたフリータウンでは，登録を商業用から自家用に切り替えて，違法営業を続けるライダーが増えている。また，保険会社がリスクの高い営業用のバイクを扱いたがらないため，自家用として登録したバイクを商業目的で使うケースもめずらしくない。

　シエラレオネのバイク・タクシー事業には，大きく分けてバイクのオーナーとライダーという2種類の当事者がおり，同事業は両者の契約関係によって成立している。オーナーはバイクを商業用車両として登録し，ライダーに貸与する。ライダーは，燃料，オイル交換，洗車，簡単なメンテナンスの費用を支出するとともに，毎日2万5000レオン（約700円）程度をオーナーに支払う。ライダーはこうして週6日間はオーナーのために働くが，日曜日だけは売上金のすべてを自分の収入にすることができる。また，契約によっては，ライダーがオーナーに対して，たとえば400万レオン（約10万円）といった一定額の支払いを終了した段階で，バイクがオーナーからライダーに譲渡されることもある。この場合，ライダーにとっては，自分が将来バイクのオーナーになれることが大きなインセンティブになり，労働意欲が増す。他方，オーナーにとっては，こうした契約を結んでおくと，ライダーがバイクを大切にするので事故や故障による余分な出費を抑えられるというメリットがある。

　ライダーの多くが，「自分もお金ができたらバイクのオーナーになりたい」と考えているが，おそらくオーナー・ライダーはライダー全体の10％にも満たないのが現状である。オーナーの多くは，警察官，公務員，軍人といった，いわば権力をもつ側の人々で占められており，そのなかにはあまり裕福でない

政治家も含まれる。ボーにある陸運局の幹部によれば，警官の30％はバイク・オーナーだという*7。

ライダー全体に占める元戦闘員の比率について，統計資料と呼べるものはない。しかし，内戦終結直後はその比率はかなり高く，おそらく75～80％またはそれ以上であったようである*8。西部地域のウォータールー（Waterloo）にあるWAMBRA支部での聞き取り調査によれば，2009年8月時点でもなお約60％のライダーが元戦闘員によって占められていた*9。

(3) バイク・タクシー協会

バイク・タクシーのライダー組織は，シエラレオネの東部・北部・南部の各州都と西部地域のフリータウンにそれぞれ本部があり，その傘下に複数の支部組織をもつ。会員はそれぞれの所属組織に対して会費を払い，警官との揉めごとや交通事故などの際に必要な支援を仰ぐ。

協会幹部の最大の悩みは，未登録のバイクや無免許のライダーが多く，そのことがバイク・タクシー側と警官・陸運局側の間にさまざまな軋轢や摩擦を生んでいるという点にある。たとえば，南部州を管轄する警察署の責任者は，「バイク・タクシーはそれまでの交通手段の不足と若者の失業という大きな問題を解決した」として，若者のイニシアティブを高く評価するとともに，「小人閑居にして不善をなす」（"Idle mind is devil's workshop"）というシエラレオネ人が好んで口にする諺をあげて，バイク・タクシー事業が犯罪防止につながっていることを歓迎する。しかし，「バイク・タクシーが始まったころはバイクの90％が未登録だったが，最近では50％ぐらいまで改善した。だが，ライダーの80％はまだ無免許だ」と述べて，強い不満感を示した*10。

各バイク・タクシー協会本部とその支部は，独自の定款をもって運営されている。しかし，協会幹部間には横の連携がつくられており，これまでにも米国に本部を置く国際NGO「サーチ・フォー・コモン・グランド」（Search for Common Ground: SfCG）*11の支援をえて，メンバー間の相互学習のための交流（exchange visits）などが実施されてきた。

通常，各協会の役員は10～16人で構成され，会長，副会長，事務局長，財務担当，会計，広報担当，社会組織担当，交通担当などの役職が置かれてい

る。このほか，たとえばボーの協会には事故・安全対策担当がいる。ケネマの協会には，キリスト教の牧師とイスラーム教指導者であるイマームのポストが設けられている。広報担当の主な仕事は警察との折衝や事故の処理などで，社会組織担当は営業活動のほか，結婚式や葬儀の際のバイク手配などをする。交通担当はバイクの管理やライダーの訓練を行い，そのタスクフォースが「コマンダー」と呼ばれる数人の指導者とともにライダーにバイク・タクシーのさまざまな服務規程を守らせている。各地の協会には，ボーの「バイク・ライダー開発協会」(Bike Riders Development Association: BRDA) のように専従役員がいる場合と，前述のWAMBRAのように役員は無給で他の仕事をもっている場合とがある。役員の選出や人事に関しては，それぞれの協会の定款に規定があり，通常は，協会の会長は全会員の直接選挙で選ばれる。任期は2年で，2期以上を務めることは禁じられている。他の役員は会長が任命する。ライダーとしての経験が役員になるための条件になる。どの協会でも会長は高学歴で，少なくとも専門学校卒業の資格をもっている。

2 社会再統合

(1) 地域社会との関係

　バイク・ライダー協会の事務所には，ライダーの規則違反に対する罰則を明記した手書きの紙が貼られていることが多い。罰金の額は協会ごとにいくぶん異なるが，罰則の違いはあまりない。たとえば，筆者が2008年7月にフリータウンのラムリーにあるWAMBRA支部の事務所を訪問した際，同事務所の壁には表6-1のような一覧表が掲示されていた。

　ライダーたちがそうした規則をどこまで守っているかは，地域ごとに異なる。たとえばケネマやフリータウンといった都市部では，ヘルメットの着用や複数の客を乗せないという規則はかなりの程度守られているが，地方に行くとそうした規則はほとんど守られていない。

　交通手段の少ないボーではバイク・タクシーは開業当初からおおいに歓迎されたが，ライダーの運転が未熟であり，また，彼らには交通規則についての知識や交通マナーについての配慮が欠如していた。このため，ライダーと地域社

表6-1 ライダーへの罰則・罰金一覧

罰則項目	罰金（レオン）
ライダーと客がヘルメットを着用していない	5,000
バックミラーがない	5,000
スピード違反	5,000
サンダル履きの運転	5,000
許可されていないルートの走行	10,000
複数の客	10,000
警官などへの暴言	15,000
喧嘩	20,000

会の間ではさまざまな軋轢が生じた。ライダーには元戦闘員が多く，警察も住民も彼らのことを「無法者」とみなし，何かトラブルが生じるたびにその原因をライダーたちの「戦闘員としての過去」に帰そうとした。これに対してライダーたちは，仲間意識を強めて彼らへの批判や圧力に抵抗した。この結果，ボーではライダー側と警官・市民側の関係が悪化していったという。

そこで2003年初め，SfCGはバイク・タクシーをめぐる社会関係の改善を目的とした1時間のラジオ番組をボーで毎週放送するようになった。同番組では，バイク・タクシーについてのさまざまな問題が取り上げられ，リスナーからの電話によるコメントなども放送された。また，SfCGは，バイク・ライダーを主人公とした毎回15分のラジオ・ドラマ番組 *Atunda Ayenda*（「失せものみつかる」）を制作して週5回放送した。このドラマは，主人公のバイク・ライダーが理不尽な警官にいじめられるが，話し合っているうちにそれぞれの生活の苦しさに対する同情が芽生え，最後にはお互いを理解し合うというストーリーであり，放送時は大変な人気を博したという[12]。このほか，SfCGは，ライダー，警官，利用者などの相互理解を図るためにワークショップを開催し，そこから2003年に交通問題に関するタスクフォース（Transport Stakeholders Committee）が生まれた。同タスクフォースの活動はいまも続けられており，警察，消防，保険会社，露天商組合，交通巡査，税関，教員などがSfCGのボー事務所に定期的に集まって，道路利用全般に関する課題を議論し，その解決に取り組んでいる。

このほか，ボーのBRDAは，警察と陸運局の協力をえて定期的にライダーのために交通ルールの講習会を開催したり，ライダーたちによる病院清掃のボランティア活動を行ったり，警官のパトロールに協力して犯罪予防にあたったりしている。さらに刑期を終えた元受刑者のためにバイクのオーナーを斡旋して彼らの自立を支援する活動も展開している。

　地域社会との共生を目指すそうした努力は，ボーのBRDAだけではなく他の協会でも進められている。たとえば，東部州のコノ（Kono）の協会では，広大な土地を借りてライダーが農業を始めた。その目的は，地域社会への安定した食糧供給とライダーの兼業・転業の振興にあるという。*13

写真6-3　ボーの中心街の雑踏を行き交うバイク・タクシーは人々にとってなくてはならない交通手段。四輪車の乗り合いタクシーはほとんどみかけない（2006年7月，澤良世撮影）

　他方，フリータウンを中心とするWAMBRAの場合には，ボーの協会とは大きく事情が異なり，いまだにライダーと警察・陸運当局との対立が絶えない。本章の冒頭でも指摘したとおり，両者の積年の対立はデモ行進といった形で顕在化している。このようにフリータウンでのバイク・タクシーをめぐる社会関係がなかなか改善しないのには，そこでの同事業の生い立ちが地方都市のそれとはかなり異なっていることが関係している。たとえば，ケネマやボーといった地方都市では，他の交通手段がなく，交通渋滞もほぼ皆無の状況のなかでバイク・タクシーが導入されたため，それは人々に歓迎された。ところが，フリータウンでは，タクシーやトラックなどによる交通渋滞がすでに深刻化しているところにバイク・タクシーが参入してきたのである。そこでは，バイク・タクシーは交通渋滞を回避する手段として重宝された反面，ライダーによる乱暴な運転などによって交通事故を引き起こし，交通渋滞をさらに悪化させ

る一因ともなった。また，地方都市の場合とは違って，フリータウンのような大都市では，ライダーの大多数が地方出身者でフリータウンの住民との社会的なつながりが希薄であるうえ，地方にある長老による仲裁の制度などもフリータウンにはなく，ライダーは直接，中央政府関係者と交渉しなければならない場合も少なくない。また，ライダーと政府関係者や地域住民との話し合いの場を設けたり，交流を促進したりすることが難しいことも問題を大きくしている。だが最大の違いは，フリータウンのバイク・タクシー事業では地元の若者のイニシアティブよりも，ラバリーのリーダーシップを優先させてきたという，組織の特殊性にあるのではないかと思われる。

(2) 全国組織結成に向けた動き

　全国各地の協会幹部は，以前からバイク・ライダーの全国組織をつくることを夢みてきた。そうしたなか，2009年5月，各協会から5人ずつの代表がマケニに参集し，6カ月後に「シエラレオネ商業モーター・バイク・ライダー組合」(Sierra Leone Commercial Motor Bike Riders Union: SLCMBRU)という全国組織を創設することが決定され，暫定組織の役員が選出された[14]。

　同組合の定款草案によると，そのモットーは，「団結，奉仕，開発」(Unity, Service and Development)であり，組合の目的は，若者のためによりよい雇用を確保することと，シエラレオネの交通ルールや法規に従って安全かつ迅速で安価な交通手段を提供すること，とされている。また，草案の前文では，バイク・タクシー事業が若者，とくに元戦闘員の自立を促進し，彼らを国家開発の担い手にするうえで重要な役割を果たしてきた点について言及されている。

　定款草案に示された組合役員の構成は，既存の各協会の組織形態をほぼ踏襲している。しかし，同草案では，組合員資格が従来のライダーだけではなく，バイク・オーナーや支援者(Investor)にまで拡大されている。また，組織が全国(National)，地域(Regional)，県(District)，バイク・パーク(Unit/Park)という形で，いわばピラミッド型に整備されている点に大きな特色がある。

　バイク・タクシーをめぐる近年のもうひとつの新しい動きとしては，大統領への称号献上が挙げられる。アーネスト・バイ・コロマ(Ernest Bai Koroma)大統領は，2009年6月にボーを訪問した際にバイク・ライダーたちと面会し，

彼らから「名誉チーフ・ライダー」(Honorary Chief Rider)の称号を献上された。これは，南部州の常駐大臣(Resident Minister)の仲介で実現したものであった。アフマド・テジャン・カバー(Ahmad Tejan Kabbah)前大統領はかつて商業用車両の運転手の組合であるドライバー組合(Motor Drivers and General Transport Workers Union)から「名誉ドライバー」(Honorary Driver)の称号を受けたことがあり，それによって同組合が多くの恩恵を受けたという[*15]。そこでバイク・ライダー協会の幹部は，今度は自分たちが称号をコロマ大統領に献上することで，政府や警察からさまざまな便宜や譲歩を引き出そうと画策したとみられている。しかし，一般にバイク・ライダーは教育レベルが低く，懐柔しやすい存在とみなされており，このためにライダーが大統領を利用したというよりも，逆に大統領をはじめとする政権側が称号授受というイベントを通してライダーの支持を取り付けようとした，という見方がむしろ有力視されている。

むすびに——武力紛争がもたらした社会的な変化——

シエラレオネでは2002年1月，10年余り続いた武力紛争の終結が宣言された。この内戦は，人々に新しく，しかし苦渋に満ちたさまざまな経験を強い，また，深い内的変化をもたらした。DDRプロセスや真実和解委員会(Truth and Reconciliation Commission: TRC)の公聴会は，多くの人々に権利や正義について考える機会を与えた。また，シエラレオネ人は「内戦による社会的学習を通じて『開眼』(eyes are open)した結果，伝統的な権威に従うという態度を放棄しつつある」(Peters 2006: 136)と指摘する研究者もいる。さらに，シエラレオネの「国家復興戦略」(National Recovery Strategy: Sierra Leone 2002-2003)においても，長年にわたる内戦の経験によって若者の政治意識が高まり，その意思決定プロセスへの参画の期待が高まった，との指摘がなされている(Government of Sierra Leone 2002: 14-15)。

他方，カスパー・フィッセンとリチャーズは，反政府勢力であった革命統一戦線(Revolutionary United Front of Sierra Leone: RUF)がシエラレオネ社会に年齢ではなく能力主義にもとづく組織を持ち込んだ点に着目して，紛争がもたらした社会的な変化を次のように分析する。つまり，RUFに戦闘員として加

わった若者が，内戦を遂行するなかで，従来のパトリモニアル（家産的）な権威に反発する態度を身につけ，そのことが紛争後のシエラレオネ社会において「水平的関係」(horizontal association) を築くことに貢献した，というのである。数年前まで敵と味方に分かれて戦っていた元戦闘員が，復興という同じ目的のために「闘う」ことを通して，既存の社会に「順応」(fitting into) するのではなく，新しい社会を創出し，平和を築きつつある，とフィッセンとリチャーズはみる (Fithen and Richards 2005:134-135)。そして，両者がそうした「水平的関係」をもたらしうる新たな可能性として紹介したのが，バイク・タクシー事業にほかならなかった。

　バイク・タクシー事業は，元戦闘員を含む若者が他の人々との接触や学びを通して発展させてきた営為といえる。それはケネマに始まり，その後ボー，マケニ，そしてフリータウンなどへと引き継がれていった。それだけではない。たとえばリベリアでは，ギニアやシエラレオネで難民として生活した経験をもつ若者が両国でのバイク・タクシー事業からヒントをえて，首都モンロビア近郊のカカタ (Kakata) という町でバイク・タクシー事業を始め[*16]，2006年には「リベリア・モーターサイクル組合」(Liberia Motorcycle Transport Union) という全国組織がつくられ，2009年7月にはギニアの「ンゼレコレ・バイク・タクシー協会」(Union Taxi-Moto de N'Zérékoré) との間で国境地帯での相互乗り入れに関する覚書を交わしている。また，国連平和構築基金 (United Nations Peacebuilding Fund) の資金援助を仰いで，リベリア国内の6カ所でバイク・ライダーの研修会を開くこともすでに決まっている。バイク・タクシー事業は，紛争後の西アフリカ諸国において，町から町へ，そして国から国へと，いまなお拡大を続けているのである。

　シエラレオネのバイク・タクシー事業は，若者独自のアイディアで始まった内発的な活動であった。手探りの状態で始まった事業が，関係者の相互学習の過程を通して徐々に組織化されて，現在の形まで発展してきた。そしていまも，さまざまな試行錯誤が続けられ，変容が続いている。たとえば，ボーのライダー協会では近年，無免許ライダーのライセンス取得を支援するためのローン制度が始まった。また，マケニの協会の会長は，オーナーへの依存度を軽減するために協会がライダーにバイクを貸与する制度を導入し，さらに，内戦で教育の

機会を奪われた若者のために協会独自の学習施設を開設したいと考えている。[17]

　2008年の地方選挙では，6人のバイク・ライダーが当選した。BRDA 事務局長のムサ・ヴォヌ（Musa Vonu）もその1人で，県会議員である。ヴォヌは協会の仕事のかたわら大学で高校教員資格を取得した努力家で，立候補の理由を「バイク・ライダーを組織した経験をより広い世界で生かしたいと思った」と説明し，「県会議員になることによって，バイク・ライダーへの社会の評価が変わることを願っている」と付け加えた。[18]

　紛争後のシエラレオネ社会では，バイク・タクシー事業を中心にしてライダー，バイク・オーナー，利用者，警察，陸運局，市民社会，マスコミなどの間に新しい社会関係性が生まれ，洗車グループやバイク販売業者などの関連団体も数多く誕生してきている。その意味でバイク・タクシー事業は，紛争後のシエラレオネ社会において単に元戦闘員の社会再統合を促進するだけではなく，フィッセンとリチャーズのいうところの新たな「水平的関係」を創出することにも少なからず貢献してきたといえよう。

●——注

- [1] 2009年に結成されたバイク・タクシー関係者の暫定的な全国組織「シエラレオネ商業モーター・バイク・ライダー組合」の会長のダニエル・タッカー（Daniel Tucker）へのインタビュー（2009年8月30日）。
- [2] ケネマのバイク・タクシー協会幹部への訪問は2006年8月から毎年行っており，インタビューは，協会事務所で2006〜09年の間に計5回実施した。
- [3] 落合雄彦によれば，ナイジェリアにオカダ・エアー（Okada Air）という航空会社があり，定時運行を守って遅延がなく，国営のナイジェリア航空よりも速かった。そこで，ナイジェリアでは，交通渋滞をぬってスイスイと目的地に着けるバイク・タクシーのことを「オカダ」と呼ぶようになったという（落合，私信）。
- [4] ボーのバイク・タクシーの歴史については，創業に関わったラビー，プラット，ニューステッドに個別に数回インタビューした（2006年8月）。
- [5] フリータウンで最初にバイク・タクシーを始めたサリウ・カマラのほか，WAMBRA 関係者，陸運局の担当者などへのインタビュー（2008年7〜8月と2009年8月に実施）。英国に在住するラバリーへのインタビューは，2008年9月以降，数回電話で行った。
- [6] レオンの円表記は2009年12月の為替レートを用いて概算した。

*7 陸運局南部地域事務所代表のラミン・シェリフ（Lamynn Sheriff）へのインタビュー（2006年8月25日）。
*8 各地のバイク・タクシー協会幹部や警察関係者，ジャーナリストなどの話を総合した数字。
*9 WAMBRAウォータールー支部の幹部たちへのインタビュー（2009年8月27日）。
*10 シエラレオネ警察南部地域事務所副署長のM.S. マディ（M.S. Madhi）へのインタビュー（2006年8月25日）。
*11 SfCGは，紛争が続いている国や紛争が終わったばかりの国において，敵対する集団間の和解を促進し，紛争解決と平和構築を実現するために，地域のラジオ局への番組提供や市民活動への支援を行っている。
*12 ボーでこの番組を話題にすると，だれもが覚えていて笑い出す。実際，番組のテープを聴いただけでも十分楽しめる。
*13 コノの農業計画については，BRDA会長のフェルミ・ラシド（Fermi Rashid）から聞き，コノのバイク・タクシー協会のタンバ・ペシマ（Tamba Pessima）に電話で確認した（ラシドへのインタビューは2008年8月27日に実施）。
*14 2010年2月末現在，まだ組合の正式結成にはいたっていない。
*15 たとえば，暫定的な全国組織の会長のタッカーをはじめ，少なくとも，バイク・タクシー協会の全国組織づくりに熱心な関係者は，そう信じている。
*16 リベリアのバイク・タクシー事業の創設者フォファナ（Fofana）兄弟をはじめとする関係者へのインタビュー（2009年8月）。
*17 マケニのバイク・ライダー協会会長のモハメド・カマラ（Mohamed Kamara）へのインタビュー（2008年8月30日）。
*18 ムサ・ヴォヌへのインタビュー（2009年8月31日）。

●──参考文献

Fithen, Caspar, and Paul Richards (2005) "Making War, Crafting Peace: Militia Soldiers and Demobilisation in Sierra Leone," in Richards, Paul (ed.) *No Peace No War: An Anthropology of Contemporary Armed Conflicts*, Athens: Ohio University Press, Oxford: James Currey, pp.117-136.

Government of Sierra Leone (2002) *National Recovery Strategy: Sierra Leone 2002-2003*, http://www.daco-sl.org/（2006年12月10日アクセス）

Humphreys, Macartan, and Jeremy Weinstein (2009) "Demobilization and reintegration in Sierra Leone," in Muggah, Robert (ed.) *Security and Post-Conflict Reconstruction: Dealing with Fighters in the Aftermath of War*, London and New York: Routledge, pp.47-69.

Mazurana, Dyan, and Khristopher Carlson (2004) "From Combat to Community: Women and Girls of Sierra Leone," Women Waging Peace, Hunt Alternative Fund, http://www.womenwagingpeace.net/ （2006年3月6日アクセス）

Peters, Krijn (2006) "Footpaths to Reintegration: Armed Conflict, Youth and the Rural Crisis in Sierra Leone," Ph.D. dissertation submitted to Wageingen University, The Netherlands, 30 May 2006 (unpublished).

Richards, Paul, et al. (2004) Social Capital and Survival: Prospects for Community-Driven Development in Post-Conflict Sierra Leone, Social Development Papers No.12, World Bank, http://library.wur.nl/ （2009年12月27日アクセス）

Statistics Sierra Leone (2009) *Sierra Leone Demographic Health Survey 2008*, http://www.statistics.sl （2010年9月1日アクセス）

Thomas, Armand, et al. (2006) *2004 Population and Housing Census: Analytical Report on Population Size and Distribution Age and Sex Structure*, Statistics Sierra Leone.

第7章
真実和解委員会と特別裁判所

望月康恵

ボーの郊外で出会った子どもたち（2008年6月，古澤嘉朗撮影）

はじめに

　紛争後の社会において，過去に生じた重大な人権侵害違反の事実を確認し，犯罪行為者を処罰し，人々の和解を促し，法の支配を定着させることは，新しい社会の構築のために必要不可欠な措置と考えられている。これら一連の行為や取り組みは「移行期正義」(transitional justice) として位置づけられてきた。

移行期正義とは，民主的で，正当かつ平和な未来を構築するために，過去に起こった人権侵害，大規模な虐殺，深刻な社会的トラウマに対する社会の取り組みで，裁判所や真実委員会が主に活動する。裁判所は犯罪行為を確認し，個人を訴追，処罰する。また，真実委員会は人々の聞き取りを行い過去事実を確認し，被害者を特定し，報告書を作成する。これによって現地社会に法の支配を定着させ，人々の和解を促す。そして，こうした営みが紛争後の平和構築に貢献するものと考えられている。

　シエラレオネでは，和平合意の締結後，真実和解委員会 (Truth and Reconciliation Commission: TRC) とシエラレオネ特別裁判所 (Special Court for Sierra Leone: SCSL) が設立され，ほぼ同時期に活動を行った。一般的に，真実委員会は和平協定締結後に裁判所の代替として設立されることが多く，シエラレオネのように真実委員会と裁判所が同時に活動する事例は稀である。

　真実委員会や裁判所は，過去に生じた戦争犯罪などに対処することによって，紛争の再発を防ぎ，平和な状態を持続させようとする平和構築[*1]の一環として機能するものとされてきた（篠田 2003: 155-185）。それでは，シエラレオネの場合，移行期正義のメカニズムとしての真実委員会と裁判所は，平和構築において具体的にどのような役割を担ったのか。

　本章では，シエラレオネの真実和解委員会と特別裁判所の活動について，平和構築における課題を提示する。より具体的にいえば，真実和解委員会と特別裁判所の活動とその成果，国連の平和構築活動における移行期正義の意義，さらには移行期正義の遺産をめぐる課題について検討する[*2]。このシエラレオネの事例研究を通じて，真実和解委員会と特別裁判所の活動，両者と平和構築活動の連続性，平和構築における移行期正義の意義とそのさらなる課題などがよりいっそう明らかとなるであろう[*3]。

1 移行期正義のメカニズム

(1) 真実和解委員会

　シエラレオネ紛争の原因をめぐっては，破綻した国家，一党独裁体制，汚職の蔓延，鉱物資源をめぐる争い，民族対立といった諸点が指摘されてきた。そ

れは形式的には国内紛争に分類されるとはいえ，国外からの支援を受けた武装勢力が関与したり，西アフリカ諸国や地域機関が介入したりするなど，地域紛争的な側面も有していた。シエラレオネ紛争は，シエラレオネ政府と反政府武装組織シエラレオネ革命統一戦線（Revolutionary United Front of Sierra Leone: RUF）の対立関係を機軸に展開されたが，そのほかにも市民防衛軍（Civil Defense Forces: CDF）や国軍革命評議会（Armed Forces Revolutionary Council: AFRC）といった武装勢力も戦闘に関わり，そうした武装組織に属する戦闘員によって，重大な人権侵害や残虐行為が広範に行われた。そして，シエラレオネ国軍（Sierra Leone Army: SLA）もまたその例外ではなかった。

　1999年7月，シエラレオネ政府とRUFの間でロメ和平合意が締結され，即時停戦，武装解除・動員解除・社会再統合（Disarmament, Demobilization and Reintegration: DDR），RUFの政党化などが定められた。そして，このロメ和平合意の締結にあたって，RUFからの同意を取り付けるために同合意に盛り込まれたのが，すべての紛争当事者に対する全面的な免責にほかならない（Hayner 2007: 6）。ロメ和平合意は，すべての紛争当事者に対する恩赦を次のように規定する。

1. シエラレオネに永続的な平和をもたらすために，シエラレオネ政府はフォディ・サンコー（Foday Sankoh）伍長に対して完全かつ無条件の恩赦を与えるために適切な法的措置をとる。
2. 本合意署名の後，シエラレオネ政府はまた，本合意署名までの時期にすべての戦闘員および協力者の目的遂行においてなされたあらゆる事項に関して，彼らに対する刑の執行を猶予し，全面的かつ無条件の恩赦を与える。
3. 和平を統合し，国民和解を促進するために，シエラレオネ政府は，1991年3月から本合意署名までの時期に，組織の構成員として彼らの目的遂行においてとられたすべてに関して，RUF/SL，元AFRC，元SLAまたはCDFの構成員に対してあらゆる正式または司法上の措置がとられないことを確実とする。さらに旧戦闘員，国外追放者および他の人々，武力紛争に関連した理由によって国外にいる者に対する不処罰を保証するために，完全に合法な枠組において彼らの再統合を目的として，市民的および政治的権利の完全な実行を確実

とする，必要な立法上の，あるいは他の措置が採用される（ロメ和平合意第IX条）。

　こうしてシエラレオネ紛争が勃発した1991年3月から，ロメ和平合意が署名された1999年7月までの期間を対象として，RUF指導者サンコーをはじめとする紛争当事者すべてに対する恩赦が定められた。
　また，同合意では，紛争当事者への恩赦とともに，真実和解委員会の設立についても定められている。ロメ和平合意は，同委員会の目的と活動を以下のように規定した。

1．真実和解委員会は，真の癒しと和解を促すために，不処罰に対応し，暴力の連鎖を断ち切り，犠牲者と人権侵害の行為者双方にとって経験を伝える場を提供し，過去についての明確な見取り図を描くために設立される。
2．民族和解の精神によって，委員会は1991年初めからのシエラレオネでの人権侵害の問題に対応する（ロメ和平合意第XXVI条）。

　このほかロメ和平合意では，真実和解委員会が活動終了時に大統領に報告書を提出すること，同報告書では，公平な歴史的事実の提供，侵害や濫用の再発防止，不処罰への対応，犠牲者のニーズへの対応，癒しと和解の促進のための勧告を盛り込むこと，さらにはシエラレオネ政府が報告書の勧告を誠実かつタイムリーに履行することなどが定められた。
　真実和解委員会は，ロメ和平合意の署名から90日以内に設定されると規定されていたものの，大幅に遅れ，2000年に真実和解委員会法が成立し，2002年にようやく真実和解委員会が設置された。同委員会は，シエラレオネ人4名と他国からの専門家3名の合計7名によって構成されるハイブリッドな組織であった。同委員会は，約770名から聞き取りを行い，最終報告書『真実の証人──シエラレオネ真実和解委員会報告書──』（*Witness to Truth: Report of the Sierra Leone Truth & Reconciliation Commission*）を2004年10月に大統領に提出した（TRC 2004）。同報告書は翌年に一般に公表された。
　真実和解委員会報告書は，シエラレオネ紛争に関する事項を広範に網羅した

内容となっている。500頁を超える同報告書には，真実和解委員会設立の背景，職務権限，調査結果，勧告，犠牲者への救済，犠牲者のリスト，紛争前の歴史，紛争の特徴，紛争と女性，子ども，若者，真実和解委員会と特別裁判所，和解などの諸項目が含まれる。この報告書は，紛争中の事件や出来事に加えて紛争の根本原因についても分析を行っている。さらに真実和解委員会法にもとづいて，委員会は，歴史的な記録を提供し，人権侵害の再発を防ぎ，不処罰に対応し，犠牲者のニーズに応え，癒しと和解を促すための改革や措置について勧告を行うことが求められていた。委員会からの勧告はまた，民主的な社会を作り出すことを促すものでもあった。それゆえに，シエラレオネ政府に対しては，委員会からの勧告を「誠実かつ時宜にかなって履行する」ことが定められており，委員会は，政府にとって履行ができる形での勧告を提示した (TRC 2004: Vol.2, 117-118)。勧告は，優先度が高い順に，「政府が緊急に行うべきこと」「目指して励むこと」「真剣に検討されるべきこと」「求められるもの」に区分されている。こうした分類は，政府が勧告を実施しやすくするための配慮といえる。

このように真実和解委員会の報告書は，紛争状況や犠牲者の氏名の掲載など過去の事実の記録にとどまらず，人権侵害を引き起こした紛争の社会的，歴史的原因にも触れ，さらには政府に対する勧告を含む内容であった。その意味では，同報告書は，紛争後のシエラレオネの平和構築全体をいわば包括的な射程で捉えた文書となっている。

(2) シエラレオネ特別裁判所

シエラレオネ特別裁判所は，国際社会が設立と活動に関与したハイブリッドな裁判所として，2002年にフリータウンに設立された。

紛争中の犯罪行為を裁く裁判所の設立は，シエラレオネの場合には当初想定されていなかった。シエラレオネでは，紛争の終結が最優先の課題とされていたため，前述のとおりロメ和平合意では，すべての紛争当事者に対する不処罰が定められ，それと同時に真実和解委員会の設置が決められた。こうした紛争当事者の免責と真実和解委員会の設立は，別言すれば，裁判が行われないことを意味した。裁判所での公判と真実和解委員会による真実の追究を同時に行うことは，考えられていなかったのである。

しかし，ロメ和平合意締結後の紛争の再燃によって状況が一変する。とくに2000年5月に，平和維持活動（Peacekeeping Operations: PKO）を行う国連シエラレオネ派遣団（United Nations Mission in Sierra Leone: UNAMSIL）の部隊がRUFによって次々と襲撃され，約500名のPKO要員が拘束されるという衝撃的な事件が生じると，RUFの蛮行に対する非難が国内外で高まった。とりわけ，PKO要員が最終的に解放されるまでの間に，サンコーが政府当局によって身柄を拘束されたことで，その処遇問題が浮上した。ロメ和平合意では，サンコーには無条件の恩赦が与えられていたが，この国連部隊への拘束事件を契機に，その恩赦を取り消して彼を裁くべきであるとの声が強まった。アフマド・テジャン・カバー（Ahmad Tejan Kabbah）大統領は，国内の裁判所でのサンコーの訴追は治安上の理由から困難であると判断し，国際的な裁判所の設立を国連に要請したのである。安全保障理事会（安保理）に宛てた書簡のなかで，カバー大統領は，裁判所の設立に関して，シエラレオネの人々に対する犯罪行為と国連PKO要員を人質とした行為に責任をもつRUF構成員の処罰をその目的に挙げた。さらに大統領は，シエラレオネを含む西アフリカ地域全体に平和と安全をもたらし，それを維持するために，強力な権限をもつ裁判所の設立が必要である，と訴えたのである。[*4] つまり当初から，サンコーをはじめとするRUF構成員が訴追の対象として想定されており，また国連にとっては，PKO要員を人質とした行為者の処罰が一義的に望まれていたのである。

　シエラレオネ政府は，旧ユーゴスラビア国際刑事裁判所（International Criminal Tribunal for the former Yugoslavia: ICTY）やルワンダ国際刑事裁判所（International Criminal Tribunal for Rwanda: ICTR）のような，国連憲章第7章にもとづいた国際的な裁判所の設立を求めていた。しかし，ICTYとICTRをめぐっては，裁判が予想以上に長期に及ぶことや高額な運営費用に対する批判が高まっており，類似の国際裁判所を設立することは困難な状況にあった。そこで，安保理はまず，シエラレオネの状況が平和に対する脅威を構成していると確認した上で，シエラレオネ政府との協定にもとづく特別裁判所の設立に関する交渉権限を事務総長に対して与えた。[*5] そして，2002年1月に国連とシエラレオネ政府との間で設立協定が締結され，特別裁判所が設立されたのである。なお，シエラレオネ特別裁判所の設置にあたっては，ICTYとICTRが紛争発生地以

写真7-1　シエラレオネ特別裁判所（2007年2月，望月康恵撮影）

外に設立されたことが問題視されていたこともあって，その所在地はフリータウンとされた。そうすることで，特別裁判所の存在がシエラレオネ社会への法の支配の定着に貢献することが期待された。

　特別裁判所は，シエラレオネ人と他国出身者によって構成されるハイブリッド裁判所であり，第一審と上訴審により構成される二審制を採用した。2つの第一審は各3名の判事で構成され，1名はシエラレオネ政府，他の2名は国連事務総長によって任命される。上訴審は5名の判事で構成され，2名はシエラレオネ政府，3名は事務総長によって任命される。

　特別裁判所の管轄権は，「1996年11月30日以降，シエラレオネ領域において行われた国際人道法とシエラレオネ法の重大な違反に対して最も責任を有する者を訴追する」（特別裁判所設立協定第1条）と定められた[*6]。特別裁判所の主な目的は犯罪行為者の訴追であるが，それに加えてシエラレオネ司法制度の強化に対する支援も目指されている。フリータウンに設立されたシエラレオネ特別裁判所は，当初から現地社会との関係性を強く念頭に置いていた。虐殺行為の行われた地域に裁判所を設立することで，シエラレオネの主権を尊重しながらも現地社会へのさまざまなインプットをすることが可能になるとみなされた。繰り返しになるが，裁判所の存在が，シエラレオネ国民の間に法の支配への信頼感を醸成するとともに，国内の法制度強化に貢献することが期待されたので

ある (Perriello and Wierda 2006: 12)。

　また，特別裁判所の管轄権内にある犯罪には，人道に対する罪，ジュネーブ諸条約共通第3条の違反，国際人道法上の他の深刻な違反だけではなく，シエラレオネ法の下での犯罪も含まれた。つまり，特別裁判所は，判事がシエラレオネと他国の出身者で構成されていることに加えて，その管轄権内にある犯罪が国際法とシエラレオネ国内法の両方の違反を含むという意味でもハイブリッドであった。そして，このように特別裁判所がシエラレオネ法の違反をその管轄権としたことで，同裁判所と他の国内裁判所との間に密接な関係性が確保された。たとえば，国内裁判所でシエラレオネの国内法上の犯罪が処遇されない場合であっても，それを特別裁判所で処遇することが可能となった。なお，このように特別裁判所とシエラレオネの国内裁判所は，国内法上の犯罪のうち特別裁判所規程が定めるものについてともに管轄権を有するが，特別裁判所は国内裁判所に優越すると定められた。また，特別裁判所は，国内の裁判所に対して，規程および規則に従って特別裁判所の権限に服するように正式に要請できるものとされた（特別裁判所規程第8条）。

　とはいえ，特別裁判所は一応，シエラレオネの政府や既存の司法制度からは独立したものとして設置された。しかし，前述のとおり，特別裁判所はシエラレオネの政府や司法制度と密接に関連しており，そうした両者の協力関係を規定する国内法として，特別裁判所協定2002（批准）法が定められている。そのなかでは，たとえば，個人の逮捕，個人の場所の特定，文書のサービスなどに関する要請が特別裁判所からあった場合，シエラレオネ政府はそれを考慮すべきこと，また，シエラレオネ政府も，特別裁判所に対してさまざまな支援を要請できることが規定された。さらには，捜査活動においても，特別裁判所とシエラレオネ政府の間で協力関係が築かれ，シエラレオネ政府の捜査官が，特別裁判所の捜査活動に携わり，シエラレオネの警察官が特別裁判所の検察室に出向して犯罪捜査や証拠の扱いについて学んだりしてきた (Perriello and Wierda 2006: 22)。

　特別裁判所では，2003年に13の起訴手続が行われ，2件については被告の死亡によって退けられたが，AFRC事件[*7]，CDF事件[*8]，RUF事件[*9]については公判がすべて終了している。2010年3月時点で継続しているのはリベリア元大統領

チャールズ・テイラー（Charles Ghankay Taylor）の公判のみであり，特別裁判所は2011年までにはすべての公判を終了する予定である。[10]

　2003年3月にシエラレオネ特別裁判所は，国際的な刑事裁判所としては史上初めて現職の国家元首であったテイラーを訴追した。8月にテイラーは大統領を辞職し，ナイジェリアに亡命したが，2006年3月にリベリアのエレン・ジョンソン＝サーリーフ（Ellen Johnson-Sirleaf）大統領が，ナイジェリアのオルシェグン・オバサンジョ（Olusegun Obasanjo）大統領に対して，テイラーをリベリアに帰国させるように要請し，オバサンジョもこれに同意した。これに対して，同月末，テイラーはナイジェリアからの逃亡を図るが失敗し，カメルーンとの国境沿いで逮捕された。そして，テイラーの身柄は，リベリア経由でシエラレオネへと移送された。

　テイラーの公判については，当初，フリータウンの特別裁判所で行うことも検討された。しかし，フリータウンでテイラーを拘禁して公判を実施することは，警備体制や治安維持上の問題が少なくなかった。また，たとえ警備体制を強化して治安の問題を解決したとしても，フリータウンでの公判は，西アフリカ地域に政治的な影響を及ぼすことが懸念された。テイラーの公判を現地で行うことは困難との判断が下され，[11]2006年6月に彼の身柄はオランダのハーグに移送された。そして，公判は同地にある国際刑事裁判所の施設で行われることとなったのである。[12]テイラーは人道に対する罪，戦争犯罪，国際人道法の重大な違反など11の訴因について起訴されている。

　テイラーの公判をハーグで実施することについては，賛否両論の意見が聞かれた。前述のとおり，テイラーの裁判をフリータンで実施すれば，シエラレオネのみならず西アフリカ地域全体の不安定化を招来しかねないとの懸念から，国外での裁判を支持する者もいた。[13]これに対して，フリータウンに特別裁判所を設立した主な理由は，現地社会における法の支配の定着や裁判の動向監視であり，テイラーの公判がハーグで実施されることによって，裁判の状況がシエラレオネの社会に十分に伝えられない，と批判する者もいた。また，ハイブリッド裁判所の潜在的な利益，とくに西アフリカ地域への肯定的な影響が，ハーグでの公判によって大きく損なわれた，とする批判的な意見もみられた（Cruvellier 2009: 44）。

(3) 移行期正義と平和構築のジレンマ

　真実和解委員会や特別裁判所は，上述のとおり，紛争後のシエラレオネにおいて，過去の事実を明らかにし，最も重大な犯罪を行った者を裁くことによって，不処罰をくいとめ，これらの働きを通じて安定した社会の構築を目指してきた。ただし，実践を通じて，真実和解委員会，特別裁判所の課題も明らかとなった。

　まず，真実和解委員会については，人々から得られた証言を報告書として公表したことには大きな意義がある一方で，集められた情報に対する課題が明らかとなった。そのひとつは証言者の構成についてである。証言者の大多数は犠牲者であり，犯罪行為者と分類された者は1％にも満たなかった (TRC 2004: Appendix 1, 3)。真実委員会が，不処罰と対応し，癒しや和解を促し，また人権侵害や紛争の再発を防止するためには，犠牲者に加えて，犯罪行為者の参加も重要となる。真実和解委員会が，人権侵害について公正な歴史の記録を作り出すことを目的としながら，集められた証言のほとんどが犠牲者からのものであるとすれば，この調査が委員会の本来の目的を達成したといえるのか，疑問が提示されよう。

　次に，過去の行為に対する人々の認識に関してである。犯罪行為を行った武装集団を特定する聞き取りにおいては，RUFによる犯罪についての証言が最も多く，証言を行った犠牲者の過半数（61.5％）が，犯罪行為はRUFによって行われた，と証言している。しかしこれに対しては，そもそもRUFに対する否定的な先入観が犠牲者の回答に影響を与えていること，また武装集団を服装や行動から特定し区別することは困難であるといわれており，回答の信ぴょう性の問題も指摘される (TRC 2004: Appendix One, 25)。さらに，トンコリリ (Tonkolili) 県の公聴会での分析によれば，真実和解委員会において，犯罪行為者は自身の行為について客観的な事実として伝えるものの，後悔の念を表明し赦しを求めたりすることはなく，紛争中の真実が十分に語られなかった，と論じられた。その主な理由として，公聴会が行われた地域の特殊性，すなわちトンコリリ県は紛争中に武装集団に対して好意的であったことや，真実和解委員会での証言が特別裁判所で証拠として利用されるかもしれないという誤った認

識ゆえに，十分な証言が行われなかった可能性，あるいは真実の告白を通じて赦しを請うという習慣はシエラレオネには定着していないことなどが指摘されている（Kelsall 2005: 380-385）。このような状況は，紛争とその原因について歴史的な記録を生み出すという真実和解委員会の目的とその活動との間のギャップを示している。

　特別裁判所に関しては，管轄権が「最も責任を有する者」に特定され，また特別裁判所の資源の制約上，訴追される者の数も限定された。またテイラーの判決をもって特別裁判所は任務を終了する。さらに政治的な理由によって，犯罪行為を行ったとされる者が裁かれないこともある。カバーが紛争中に防衛大臣でありながら裁かれない一方で，副大臣であったサミュエル・ヒンガ・ノーマン（Samuel Hinga Norman）が訴追されており，裁判への政治的影響を印象づけることになった。(Perriello and Wierda 2006: 29)。

　さらに，真実和解委員会と特別裁判所が2002年から2004年まで同時期に活動を行ったことにより，両者は職務権限をめぐって一時緊張した関係にあった。特別裁判所の設立前は，両者の相互補完的な役割が期待されていた。国連の事務総長も，「特別裁判所と真実和解委員会は，それぞれの関連する機能を十分に尊重しつつ，補完的また相互に支援しあう方法で活動することを確実とするための配慮がなされなければならない」と述べた。[14] また裁判所の設立前には，両者の関係について話し合う会合が開催され，裁判所と真実和解委員会それぞれが独立性を維持しながら補完し合うこと，対立が予想される分野に関しては事前に優先順位を設定することなどが確認されていた。[15]

　このように，相互の関係性について事前に協議されながらも，ノーマンの処遇をめぐり，裁判所と真実和解委員会は対立した。ノーマンは，現職閣僚であった2003年3月，CDFの要職に就いていた当時の役割をめぐって逮捕・拘禁された。彼は逮捕後に，真実和解委員会の公聴会で証言を行うことを希望していたものの，特別裁判所はこれを認めなかった。特別裁判所によれば，ノーマンが真実和解委員会の公聴会で証言することは，いまだ刑が確定していない被疑者を犯罪者として扱うことになり，彼の基本的人権を侵害する行為であると指摘した。また特別裁判所は，ノーマンが，公の場で証言を行うことの政治的影響についても懸念していた。このような特別裁判所の判断に対して，真実和解

委員会は，ノーマンのような重要人物から証言をえられないことは，真実を追究する委員会の機能を損なうものであると述べ，裁判所の判断に否定的であった。またノーマンも自らが真実を語ることが和解に貢献すると主張した。最終的に特別裁判所は，公聴会の形式ではなくインタビューまたは書面によるノーマンの証言を認めたものの，真実和解委員会は，時間の制約を理由としてこの措置をとらなかった。この事件をめぐっては，真実和解委員会の最終報告書のなかでその詳細が論じられている（TRC 2004: Vol.3, 363-430）。複数の移行期正義のメカニズムが同時期に活動する状況では，正義の追求において両者が対立し，それが結果として真実の探求や和解の促進を損なうことにもなりうるのである。

さらにロメ和平合意の恩赦規定は，特別裁判所で扱われる犯罪行為については適用されないことが定められた。これによって最も重大な犯罪を行った者が特別裁判所で訴追され，そのことが法の支配の定着に貢献するとされたのである。しかし，ロメ和平合意で紛争当事者に対して全面的な恩赦が与えられていたにもかかわらず，それが覆されたことによって，ロメ和平合意の信頼性は損なわれた。また，一度定められた恩赦の撤廃によって，恩赦規定を含む和平合意に対する信頼が一般的に失われ，紛争を長期化させることにもつながりかねない。

2 国連による平和構築

(1) 平和構築委員会

平和構築の概念は，ブトロス・ブトロス＝ガーリ（Boutros Boutros-Ghali）国連事務総長による報告書『平和への課題』によって明らかにされた。同報告書のなかでガーリは，予防外交，平和創造，平和維持と並んで，紛争後の活動概念として平和構築を提起した。その後，平和構築は，紛争の再発を防ぐために根本原因に着目し，その解決のために多岐にわたる活動を展開する新しい分野概念として広く認識されていく。紛争後に和平合意が結ばれながらも和平が定着せず，紛争が再燃する状況において，紛争後の平和構築は，平和をまさに持続させるための新たな取り組みとして重視されていった。

2005年に国家元首が集い開催された世界サミットでは，従前の平和構築には包括的かつ戦略的なアプローチや一貫性が欠如しているとの認識が示された。サミット成果文書では，「紛争後の平和構築と和解への，調整され，一貫し，統合されたアプローチの必要性」が認識され，また紛争から復興の段階に移行する国家の特別なニーズに対処するために，持続的な平和を達成し，そのための制度メカニズムの必要性を確認する重要性が共有された。紛争後の地域では，PKOや開発援助機関といった国連諸機関やその要員が，実に多種多様な活動を展開することになる。ところが，平和構築という概念が国際的に定着し始めたとはいえ，そうした紛争後の地域における諸活動を調整し，より効果的な平和構築活動を行う戦略アプローチや一貫性は，まだ明らかに欠如していた。

　様々な問題点が指摘されるなかで，世界サミットの決定に基づいて，安保理と総会は2005年12月，平和構築委員会（Peacebuilding Commission: PBC）を設立した。平和構築委員会は，紛争後の国家の特別なニーズに対応し，その持続的な平和と開発のための基礎づくりを目的とする諮問機関であり，2006年6月より実質的な活動を開始した。

　平和構築委員会の主な目的は，①資源を整理し，紛争後の平和構築と復興に向けて，統合された戦略に助言や提案を行うために，関連主体を参加させること，②紛争から回復するために必要な復興と制度構築の取り組みに着目し，また，持続的な開発の基礎を確立するために統合された戦略の開発を支援すること，③国連内外のすべての関連主体の調整を改善するために勧告と情報を提供し，最もよい実行を発展させ，早期回復活動のための財政確保を支援し，国際社会が紛争後の復興を扱う時期を延長させること，であった。[16]

　そして，こうした諸目的の実現のために平和構築委員会がまず最初に取り組んだのは，特定の国家の状況監視であった。2009年時点で，ブルンジ，シエラレオネ，ギニア・ビサウ，中央アフリカ共和国が平和構築委員会の対象国となっている。

　平和構築委員会の主な活動は，対象国について，統合された平和構築の戦略を発展させることであり，そのために各国毎に優先事項を特定する。シエラレオネについては，若者の雇用問題，司法と治安部門改革，民主的な統合とグッドガバナンス，能力構築，エネルギー問題が優先事項である。また，各対象国

の平和構築を進めるための指針として，「枠組」（Framework）が個別に設定され，定期的に平和構築委員会において審査されている。2007年12月には，「シエラレオネ平和構築協力枠組」（Sierra Leone Peacebuilding Cooperation Framework）が作成され，シエラレオネ政府，平和構築委員会，国連の役割と責任について，またそれぞれのコミットメント，進捗状況，さらに今後の措置が明示されている。

　なお，移行期正義との関係では，こうした平和構築委員会における優先分野の特定や枠組の設定のなかで，シエラレオネの真実和解委員会の勧告が広く取り入れられている。真実和解委員会の報告書は平和構築の内容を含んでおり，シエラレオネを平和が定着する社会へと変革する際に直面する課題を確定し分析しながら，責任あるガバナンスや市民社会の参加の重要性を示している（Lambourne 2008: 51）。また「枠組」の設定以前から，平和構築委員会は，シエラレオネの市民が司法制度にアクセスできない問題や司法の能力不足を指摘するとともに，そうした問題解決のために，真実和解委員会の勧告をタイムリーに履行する必要性を唱えていた[17]。シエラレオネ政府も，真実和解委員会の報告書の勧告を履行するための計画策定を同委員会に対して約束している。さらに，平和構築委員会は，シエラレオネ人権委員会（Human Rights Commission of Sierra Leone: HRCSL）が真実和解委員会の勧告を適切にフォローアップするようにと，シエラレオネ政府に対して勧告した。その後，人権委員会が真実和解委員会の勧告のフォローアップを一応は行ってはいるものの，その進展がかなり遅延していることが指摘されている。

(2) 国連シエラレオネ統合平和構築事務所

　シエラレオネでは，1998年から国連シエラレオネ監視団（United Nations Observer Mission in Sierra Leone: UNOMSIL）が展開し，1999年にはロメ和平合意後には，UNOMSILよりも規模の大きいUNAMSILが派遣された。2005年には，国連の対シエラレオネ支援の基本姿勢が平和維持から平和構築へと転換したことを受けて，国連シエラレオネ統合事務所（United Nations Integrated Office in Sierra Leone: UNIOSIL）がフリータウンに設立された。UNIOSILは，国家制度の能力構築，人権に関する国家計画の策定，グッドガバナンスの強化，

法の支配の強化，治安部門の強化に関してシエラレオネ政府を支援する。[18]そして2008年，UNIOSILに代わって国連シエラレオネ統合平和構築事務所 (United Nations Integrated Peacebuilding Office in Sierra Leone: UNIPSIL) が，紛争後の平和構築を促進する機関として活動するようになった。UNIPSILは，シエラレオネにおける潜在的な紛争の脅威を解消するための支援を提供するとともに，人権，民主的制度，法の支配を監視・促進し，グッドガバナンス改革や地方分権化を支援する。また，UNIPSILは，シエラレオネ政府諸機関や平和構築委員会との間の調整を行い，「枠組」にもとづいて，平和構築基金 (Peacebuilding Fund: PBF) を用いて実施される諸事業を履行する任務を担う。[19]

UNIPSILは平和構築を公的に支援する国連初のミッションであり，とくに人権と法の支配の分野に関して，真実和解委員会の勧告の履行に向けた政策面や技術面での支援を行うことが期待されている。このほかUNIPSILの取り組むべき課題としては，特別裁判所の将来的な跡地利用方針の検討，裁判関連文書の管理・保管などが俎上に載せられている。[20]

(3) 国連の取り組みにおける課題

国連が平和構築委員会やUNIPSILを通じてシエラレオネの平和構築に取り組み，そのなかで移行期正義の活動が考慮されている状況は，平和構築活動の範囲の広さ，関係主体の多様さ，さらには長期的な関与の必要性を示すものである。とくに紛争後の移行期正義の活動を平和構築のプロセスに取り入れることによって，平和な社会を持続させるために重要となる，法の支配の定着や和解の促進がよりいっそうもたらされると考えられている。しかしその一方で，国連の平和構築活動をめぐる実践上の問題点として次の点が指摘される。

まず，国連において平和構築の内容について十分に議論されていないために，共通の認識が確認されず，それが平和構築委員会の活動に影響を与えてきたという点が指摘されてきた。また，平和構築が効果的に行われるためには，そのプロセスのすべての分野に一貫した戦略が必要であり，紛争直後のニーズは，長期的な戦略と，紛争原因となった構造を取り除くための調整にあるにもかかわらず，シエラレオネの場合には，この戦略と構造の除去との調整が明確ではなかった (Curran and Woodhouse 2007: 1062-1063)。平和構築について共通

の認識が欠如しているとすれば，たとえ紛争の根本原因が明らかとされ，それにもとづいて実質的な勧告がなされていたとしても，それらを戦略的に実施する具体的な方策へと結びつけることは困難であろう。

さらに，シエラレオネでは，人材や能力の不足が平和構築の問題点として指摘され続けている。「紛争の根本原因である，バッドガバナンス，腐敗，基本的人権の拒絶，政治的経済的除外については，今なお十分に対応する必要がある。とくに若年者の間で持続し蔓延する失業も，真実和解委員会によって確認されたように，安定に対する重大な脅威を表す。政府の制度は任務を効果的に行い基本的なサービスを提供する能力に欠けており，これらサービスにアクセスできるのは，都市のきわめてわずかの世帯のみである。……とくに司法については……信頼性，専門性，独立性，効率性を確立する必要がある」[21]。シエラレオネの人材不足は慢性的な問題であり，「枠組」においても分野横断的な事項として扱われている。シエラレオネの平和構築に関して理想的な展望が描かれ，「枠組」において具体的な計画が作成され実行が促されたとしても，それらは慢性的な人材不足によって画餅に帰すかもしれない。とくに司法分野に関しては，移行期正義の遺産をシエラレオネ社会に定着させる上でも，専門家の育成は喫緊の課題である。

3 移行期正義の遺産と平和構築の今後の課題

移行期正義をめぐっては，裁判所や真実委員会の取り組みが現地社会に遺産を残す，としばしばいわれる。上述のとおり，シエラレオネにおいて真実和解委員会の勧告はその後の平和構築プロセスに組み込まれているし，また，その履行や定着のための取り組みがさまざまな形で現在もなされている。しかし，一般にこうした移行期正義の遺産は，国際社会の規範や基準にもとづいていることが多く，必ずしも現地社会に定着してはいない。そこで本節では，そうした国際社会の規範に準じた遺産として，死刑廃止と不処罰について，シエラレオネ社会に組み入れようとする場合の課題について考察する。はたして国際社会の規範や基準を導入しようとする試みは，シエラレオネにおいてどのような課題を提起してきたのであろうか。

(1) 死刑廃止をめぐる議論

　死刑廃止を求める国際的な潮流のなかで，今日の国際的な裁判所において，刑罰は拘禁刑であり，シエラレオネ特別裁判所もその例外ではない。他方，シエラレオネの国内法には，いまなお死刑の規定がある。シエラレオネ法が死刑を刑罰として認めていることについて，真実和解委員会は，生命に対する権利にもとづく文明化された社会への侮辱である，と批判する。また，シエラレオネでは，死刑が公正な刑罰としてではなく，実際には政敵排除のための悪しき手段としてしばしば乱用されてきた，と非難する。そして，真実和解委員会は，即座に廃止すべき重要事項として死刑を位置づけ，遅延なく履行するようにシエラレオネ政府に対して勧告した。また，シエラレオネ憲法に生命権の不可侵の原則が挿入されるまでの間，死刑執行を延期するように求めた (TRC 2004: Vol.2, 126)。

　このように真実和解委員会の勧告では，死刑廃止は政府が緊急に行うべき事項とされていたが (TRC 2004: Vol.2, 206)，シエラレオネではその後も死刑が維持された。シエラレオネ政府は，2005年に真実和解委員会の勧告に対する白書を発表し，そのなかで，紛争中に行われた虐殺に鑑みれば，真実和解委員会による死刑廃止の勧告を受け入れることはできない，と指摘している。そしてその際，政府は，死刑執行が，市民的及び政治的権利に関する国際規約第6条(2)の規定に合致していることを強調した (Sierra Leone Government 2005: 5)。同規定は，「死刑を廃止していない国においては，死刑は，犯罪が行われたときに効力を有しており，かつ，この規約の規定及び集団殺害犯罪の防止及び処罰に関する条約の規定に抵触しない法律により，最も重大な犯罪についてのみ科することができる。この刑罰は，権限のある裁判所が言い渡した確定判決によってのみ執行することができる」と定める。つまりシエラレオネ政府は，紛争後という特別な状況において犯罪行為者を処罰する必要性と，死刑が条約に合致しているという観点から，死刑の存続を主張したのである。

　また，2007年には憲法再検討委員会が設立され，憲法改正に関するさまざまな提案がなされたが，そこでも死刑廃止の提案は盛り込まれなかった。しかし，同委員会は，死刑の適用がいっそう制限されるべきこと，現在死刑が適用

されている殺人と反逆罪のうち，後者については生命の喪失を伴わない場合には死刑は廃止されるべきことを提案している。さらに，議会が死刑廃止の問題について5年ごとに検討を行うことも提案した。なお，2007年12月と2008年12月の国連総会では，死刑執行停止を呼びかける決議がそれぞれ採決されたが，シエラレオネはいずれも棄権した。

　真実和解委員会の死刑廃止の勧告や特別裁判所での死刑を除いた拘禁刑の採用にもかかわらず，そうした移行期正義がシエラレオネに遺産となって受容されているようにはみえない。しかし，特別裁判所や真実和解委員会の影響によって，死刑廃止をめぐる意識の高まりが，まだわずかではあるものの着実に芽生えつつある。シエラレオネ社会のなかに移行期正義の遺産として死刑廃止が定着するかどうか，今後の展開が注視される。

(2) 不処罰をめぐる議論

　ロメ和平合意では，すべての紛争当事者への恩赦が定められた。しかし，国連事務総長特別代表は，同合意への署名にあたって，ジェノサイド，人道に対する罪，戦争犯罪，国際人道法のその他の重大な違反については恩赦規定を適用しない旨の発言を行っている。当時のアナン国連事務総長も，不処罰の阻止がアドホックな特別裁判所の設立を促したこと，また，恩赦は不処罰を阻止するという目的とは合致せず，それゆえにロメ和平合意の署名に際して留保する意見を述べるように特別代表に対して指示した，と述べている。[*22]特別裁判所の設立を促した安保理決議1315においても同様の内容が再確認されており，特別裁判所規程も，人道に対する罪，ジュネーブ諸条約共通第3条，国際人道法の他の重大な違反に関しては，訴追を免れないと定めている（特別裁判所規程第10条）。つまり，「国際法上の重大な違反に対しては恩赦が適用されることはない」という国際社会の基準が，シエラレオネにおいて確認されているのである。

　そして，特別裁判所は，ロメ和平合意で規定された不処罰が認められないという立場から，2004年5月，テイラーから出されていた，起訴の有効性に対する異議申し立てを退けている。しかしその一方で特別裁判所は，ロメ和平合意の恩赦を国内の裁判に適用することについてはシエラレオネ政府の同意が認め

られるとして[*23]，恩赦をめぐる特別裁判所との適用の違いを示した。そしてこうした認識にもとづいて，特別裁判所で訴追されなかった多数の犯罪行為者は，シエラレオネの恩赦法によって不処罰となった。

　このほか国内の裁判所では，裁判所の能力や資源の限界から，犯罪行為者が裁かれない状況にある点もしばしば問題視されてきた。政府の対応や司法制度が脆弱であるために，性暴力などに対する不処罰が頻繁に行われていること，裁判の過度な延期，再拘留，公判前の長期に及ぶ拘留について進展がみられないことも懸念されている[*24]。特別裁判所では不処罰が認められず，また，重大な犯罪行為を行ったとはいえ，ごく少数の者のみが国際的な基準によって裁かれている。その一方で，国内の裁判所においては，たとえ相対的に軽微とはいえ犯罪を行った，しかし圧倒的に多数の者が裁かれずに不処罰となる状況がある。このことは，裁かれる者が裁判所の種類によって選別されてしまうということ，そして，司法が必ずしも中立かつ公平な制度ではないということを現地社会に示す，まさに「負の遺産」ともなりかねないのである。

むすびに

　移行期正義は，紛争後の社会において過去の犯罪行為を明らかにし，行為者を確定し，正義を追求する取り組みとされているが，本章では，そのうちシエラレオネにおける真実和解委員会と特別裁判所に注目して両者の活動を検討するとともに，平和構築委員会など国連によって推進される平和構築活動のなかに両者を位置づけ，その役割を検討した。また，移行期正義の遺産という観点から，シエラレオネにおける死刑をめぐる動向と不処罰への対応という2つの問題を取り上げた。

　平和構築には，国際社会からの支援や現地の能力構築に加えて，移行期正義の遺産をも取り込んだ新しい司法制度の構築が必要となろう。そのためには，移行期正義と平和構築の相互作用をめぐる実践だけではなく，それをふまえた理論化が求められている。シエラレオネの真実和解委員会は2004年に活動を終了し，特別裁判所も2011年までにはその役割を終える。その一方，シエラレオネでは平和構築をめぐる新たな試みが進展しつつある。真実和解委員会と

特別裁判所の遺産が，シエラレオネの平和構築を促進するのか，あるいはそれを阻害するものとなるのか。いまはその動向を注視しなければならない。

● ── 注
* 1 平和構築（活動）はさまざまな内容を含むが，本章では，紛争の勃発・再発を防ぎ，永続的な平和を作り出すための活動と定義づける（篠田 2003: 21）。篠田が指摘するように，平和構築はそれ自身として活動の指針となるものではなく，平和を構築することに関連する諸活動を範疇化したものであり，それら諸活動を効果的に運営するための戦略である。
* 2 遺産（legacy）は移行期正義の議論で用いられる。移行期正義のメカニズムが社会にもたらす様々な成果や影響のことである。
* 3 アフリカにおける紛争後の司法介入については望月（2008）を参照。
* 4 Annex to the letter dated 9 August 2000 from the Permanent Representative of Sierra Leone to the United Nations addressed to the President of the Security Council, S/2000/786.
* 5 S/RES/1315 (2000), 14 August 2000.
* 6 シエラレオネの紛争は1991年より始まったと考えられているが，特別裁判所は，1996年以降の事項を扱うこととなった。その主な理由としては，1996年にはアビジャン和平合意が締結されたこと，1991年以降の犯罪を特別裁判所が扱う場合には，訴追に必要な十分な証拠を提示できないこと，また特別裁判所が，当初想定されていた3年の期間内に任務を完了できないことなどが挙げられた（Perriello and Wierda 2006: 16）。
* 7 被告はアレックス・タンバ・ブリマ（Alex Tamba Brima），ブリマ・バズィ・カマラ（Brima Bazzy Kamara），サンティジ・ボーバー・カヌ（Santigie Borbor Kanu）である。指導者ジョニー・ポール・コロマ（Johnny-Paul Koroma）も訴追されたが，身柄を拘束されておらず，また彼はすでに死亡したと考えられている。3名は2003年に逮捕され，人道に対する罪，戦争犯罪および国際人道法の重大な違反の14の訴因で起訴された。公判は2005年3月7日に第一審が始まり，2007年6月20日に判断が下された。3名はいずれも有罪となり，ブリマとカヌは50年の拘禁刑，カマラは45年の拘禁刑となった。検察，弁護いずれも上告をしたが，2008年2月の上訴審において有罪判決および刑が確定した。
* 8 被告のサミュエル・ヒンガ・ノーマン，アリュ・フォファナ（Allieu Fofana），モイニナ・コンデワ（Moinina Kondewa）は，2003年に逮捕された。第一審が2004年6月に開始し，3名は8つの訴因で訴えられた。2007年2月にノーマンは拘禁施設

で死亡した。他の2名については2007年8月2日に有罪の判断が下され，フォファナは6年，コンデワには8年の拘禁刑が科された。上訴審は，殺人に関する人道に対する罪，および他の非人道的な行為をも有罪判決に組み入れ，2008年5月の上訴審の判断では，フォファナの禁固刑を15年に，またコンデワの刑を20年に変更した。

* 9 RUF事件の容疑者イッサ・ハッサン・セセイ（Issa Hassan Sesay），モリス・カロン（Moris Kallon），アウグスティン・バオ（Augustine Gbao）は，2003年3月10日に逮捕された。第一審が2004年7月5日に始まり，2009年2月25日に3名の有罪が確定した。2009年10月の上訴審においてセセイは禁固52年，カロンは40年，バオは25年となった。
* 10 Special Court for Sierra Leone, Completion Strategy, June 2009.
* 11 S/RES/1688 (2006), 16 June 2006.
* 12 特別裁判所の所在地はシエラレオネと定められているが，裁判所の機能の効果的な実施のために必要な場合には所在地以外でも開廷できる（シエラレオネ特別裁判所設立に関する国連とシエラレオネの間の協定第10条）。また，特別裁判所の裁判所長は，裁判所の所在地以外の場所で裁判を行うように裁判部に許可を与える権限を有する（証拠および手続規則第4条）。
* 13 "Special Court President Requests Charles Taylor be Tried in the Hague," *Press Release*, Special Court for Sierra Leone, Freetown, Sierra Leone, 30 March 2006.
* 14 S/2001/40, January 12 January 2001, para.9.
* 15 Report of the Planning Mission on the Establishment of the Special Court for Sierra Leone, S/2002/246, Annex, 8 March 2002, para.53.
* 16 S/RES/1645, 20 December 2005, A/RES/60/180, 30 December 2005.
* 17 Report of the Peacebuilding Commission on its first session, A/62/137-S/2007/458, 25 July 2007, para.21.
* 18 S/RES/1620 (2005), 31 August 2005.
* 19 S/RES/1829 (2008), 4 August 2008.
* 20 S/2009/59, 30 January 2009.
* 21 United Nations, *Priority Plan for Peacebuilding Fund (PBF) Sierra Leone*, Revised October 2008, p.1.
* 22 S/1999/836, 30 July 1999, paras.7, 54.
* 23 Prosecutor v. Morris Kallon, Brima Bazzy Kamara, SCSL-2004-15-AR72 (E), SCSL-2004-16-AR72 (E), Decision on Challenge to Jurisdiction: Lome Accord Amnesty, 13 March 2004, para.83.
* 24 S/2008/281, 29 April, 2008, para.42.

●——参考文献

篠田英朗（2003）『平和構築と法の支配——国際平和活動の理論的・機能的分析——』創文社。

望月康恵（2008）「紛争後の社会への司法介入——ルワンダとシエラレオネ——」武内進一編『戦争と平和の間——紛争勃発後のアフリカと国際社会——』アジア経済研究所, pp.281-316。

Cruvellier, Thierry (2009) *From the Taylor Trial to a Lasting Legacy: Putting the Special Court Model to the Test*, International Center for Transitional Justice and Sierra Leone Court Monitoring Programme, http://ictj.org/static/（2009年11月3日アクセス）

Curran, David, and Tom Woodhouse (2007) "Cosmopolitan Peacekeeping and Peacebuilding in Sierra Leone: What can Africa Contribute?" *International Affairs*, 83, pp.1055-1070.

Hayner, Priscilla B. (2001) *Unspeakable Truths: Facing the Challenge of Truth Commissions*, New York: Routledge.

—— (2007) *Negotiating peace in Sierra Leone: Confronting the justice challenge*, Herry Dunant Centre for Humanitarian Dialogue, http://www.ictj.org/（2009年11月3日アクセス）

Kelsall, Tim (2005) "Truth, Lies, Ritual: Preliminary Reflections on the Truth and Reconciliation Commission in Sierra Leone," *Human Rights Quarterly*, 27, pp.361-391.

Lambourne, Wendy (2008), "Towards Sustainable Peace and Development in Sierra Leone: Civil Society and the Peacebuilding Commission," *Journal of Peacebuilding & Development*, 4, pp.47-59.

Perriello, Tom, and Marieke Wierda (2006) *The Special Court for Sierra Leone Under Scrutiny*, for the International Center for Transitional Justice, http://www.ictj.org/（2009年11月3日アクセス）

Sierra Leone Government (2005) *White Paper on the Report of the Truth and Reconciliation Commission*, http://witness.typepad.com/（2009年11月3日アクセス）

Truth and Reconciliation Commission, Sierra Leone (TRC) (2004) *Witness to Truth: Report of the Sierra Leone Truth and Reconciliation Commission*, http://www.sierra-leone.org/（2007年2月16日アクセス）

第8章
国連平和構築委員会

藤重博美

カイラフン県ジュジュマで。町の市場の一角、コメやトウガラシなど日常の食糧を売っている
(2009年11月、岡野英之撮影)

はじめに

　シエラレオネにおける平和構築を考察する際、とくに注視すべき重要な特徴のひとつに、国連平和構築委員会 (United Nations Peacebuilding Commission: PBC) の関与がある。2005年、「多くのポスト紛争国の平和構築ニーズの高まりとともに、そのニーズに応える制度改革の結果として設立」されることに

なったPBCは，国際社会の大きな注目を集めた（星野 2008）。そのなかで，シエラレオネは，PBCの最初の支援対象国として選ばれたのである[*1]。

　数多くの紛争後国のなかで，PBCからの支援を最初に享受する権利を手にしたことは，シエラレオネにとって大きな僥倖であったといってよい。2007年には，新大統領に就任したアーネスト・コロマ（Ernest Bai Koroma）が「新設のPBCによって提供される機会を最大限活かしたい」と抱負を述べるなど，シエラレオネ側の期待も高い[*2]。しかし，PBCの対象国となったことは，実際には，どのようにシエラレオネの平和への取り組みに役立ってきたのであろうか。シエラレオネに対するPBCの支援はいまだ継続中であり，現時点で最終的な判断を下すことはできないが，それでもなお，これまでの動きを振り返りつつ暫定的な評価を行うことは，今後の動きを見据える上で一定の意義をもとう。

　このような問題意識にもとづき，本章は，PBCがシエラレオネの平和構築に与えた影響について論じ，その有用性と課題を明らかにしてみたい。本章では，まず，PBCの目的や組織を概観し，その後，PBCがシエラレオネに関与するようになった過程を検討する。最後には，同委員会による関与の評価を行うこととする。

1 PBCの設立過程とその役割

（1）設立過程と背景[*3]

　PBCについて検討する際，まず念頭に入れる必要があるのは，同委員会は国連をめぐる2つの改革——「国連の平和維持活動（PKO）改革」と「国連機構改革（国連改革）」——が交錯するなかで設立されたことである（篠田 2007）。

　まずPKO改革は，冷戦後，紛争の主要形態が内戦となるなかで，国連の制度や組織が必ずしもその変化に適応していないことへの危機感を背景とし，1990年代を通じて進められた。その成果は，冷戦終結直後の国連を率いたブトロス・ブトロス＝ガーリ（Boutros Boutros-Ghali）国連事務総長（当時）が著した2つの報告書——『平和への課題』（*An Agenda for Peace*）（1992年），『平和への課題への追補』（*Supplement to an Agenda for Peace*）（1995年）——，そし

て，1997年にブトロス＝ガーリの後を継いだコフィ・アナン (Kofi Annan) 事務総長（当時）の諮問機関による『ブラヒミ・レポート』(*Report of the Panel on United Nations Peace Operations*) (2000年) ―― これら3つの報告書によって集約された。[*4]

　この3つの報告書は，PKO改革に向けた野心的な提言を数多く行ったが，PBCの観点からとくに注目すべきことは，これらの報告書を通じ，紛争解決の一過程として，「平和構築」という概念――単に「戦闘が行われていない」というだけでなく，より長期的で確固とした平和の礎を強化し，紛争の再発を防ぐための諸活動――が新しく提出され，定着へと導かれていったことである。『平和への課題』で提唱された当時は，まだ目新しい概念であった「平和構築」も，国際社会が内戦後の国家再建に苦慮する経験を積み重ねるなかで，その重要性は広く認識されるようになり，『ブラヒミ・レポート』では，国連の平和構築機能の強化が強く訴えられることとなった。

　しかし，国連の平和構築機能の強化を真剣に追求しようとすれば，そのための機構改革も必然的に求められる。そのため，PKO改革の動きは，より大きな国連改革の一環として取り込まれ，PBCの設立へとつながっていくことになった。国連改革というと，わが国では国連安全保障理事会（安保理）改革に関心が集まるが，実際には，国連事務局改革，財政改革，人権関連改革，国連議会会議の新設など，きわめて多岐にわたる国連機構改革の総称である。アナン前国連事務総長は，その就任以来，きわめて意欲的に国連改革に取り組み，その成果の一端は，国連の安全保障機能の強化を訴えた報告書『より安全な世界』(*A More Secure World*)（2004年）として発表された。[*5] 同報告書は，国連の平和構築機能の強化（とくに国際金融機関を含むさまざまな諸組織間の連携強化）の必要性にも言及し，その要として「平和構築のための単一の政府間機関」であるPBCの青写真を初めて明確に提示したのであった。

　さらに，『より安全な世界』の4カ月後（2005年3月）には，アナン前事務総長自らが国連改革に向けての報告書『より大きな自由を求めて』(*In Larger Freedom*) を発表し，PBCの設置を強く勧告した。[*6] その半年後（2005年9月），世界各国の首脳が一堂に会した世界サミットが開催された際には，その『成果文書』(*World Summit Outcome*) において国連改革の方向性が再度確認され，「統

合的な平和構築のアプローチ」を達成すべく，2005年末までにPBCが設立されることが求められた。[*7] この際，平和構築を開始するにあたって速やかに資金を拠出するための組織として平和構築基金（United Nations Peacebuilding Fund: PBF）を設置すること，また，PBCをサポートするために国連事務局内に平和構築支援事務局（Peacebuilding Support Office: PBSO）という小規模な行政組織を新設することもあわせて勧告された。これを受け，2005年12月20日，国連安保理および同総会で，PBC設立決議が同時に採択された。[*8] こうしてPBCの設置構想は，2つの改革の潮流が交わるなか，2004年から2005年にかけて一気に現実のものとなったのである。

　以上でみたように，PBCは国連に関わる2つの改革の交錯点において設立されたわけであるが，このことによりその活動は，二重の意味で国連の威信をかけた，失敗の許されない事業となっていく。というのもそれは，一方では，平和構築を専門に扱う組織を国連内に初めて設置することで，国連の平和維持機能の向上をアピールするという意味をもち，他方では，大々的な掛け声とは裏腹になかなか進展しない国連改革において，一定の成果を期待できる数少ない活動となったからである。したがって，PBCの活動には，大きな期待とともに，早期かつ確実に成果を出すことを求める政治的圧力がかけられることになり，皮肉にもこのことがPBCの活動に対する重要な制約要因となっていく（Biersteker 2007; Iro 2009）。

（2）組織・機能と活動目的

　PBCの組織的特徴について特筆すべきは，同委員会が，PBFおよびPBSOに補完され，三位一体となって初めて「国連平和構築構造」（UN Peacebuilding Architecture）として有効に機能しうるという点にある（Iro 2009: 23-26）。したがって，ここでは，PBCに加えてPBFとPBSO，そしてそれら三者の相互関係を視野に入れつつ，その組織・機能・目的の検討を進めたい。

　まず，PBCであるが，主に，①（国際金融機関を含む）関係諸機関における調整の向上，②平和構築に必要な（とくに財政的）資源の集約，③平和構築のための統合的な戦略の形成，という3つの役割を果たすことが想定されている。[*9] PBCは，国連加盟国によって構成される政治的フォーラムであり，平和構築

に対する「持続的な国際社会の注目と援助」を確保するための政治的コミットメント形成の場という性質が色濃い。[*10]

　PBCは3つの下部組織——すなわち，①PBCの運営上の事務的事項を取り扱う「組織委員会」（Organizational Committee），②支援対象国の状況を個別に検討する「国別会合」（Country Specific Meetings），③平和構築の改善策を検討する「得られた教訓についての作業部会」（Working Group on Lesson Learned）——から成る。[*11] このなかでは，国別会合こそがPBCの中核的存在であり，最も重要性が高い。では，どのような国がPBCの支援対象国に選ばれ，国別会合で検討されるかであるが，PBCは「和平協定が結ばれ，最低限の治安が存在するようになったばかりの，紛争から立ち直りつつある国」を対象とするものとされており，紛争直後の国々に対する平和構築の初期段階での支援に主眼を置いている。[*12]

　次にPBFは，平和構築に必要な資金を提供するための財政的枠組みであり，その資金の拠出は「紛争から立ち直りつつある国々の緊急の必要性」に対応し，「平和構築プロセスの最初期」に資金提供を行うものとされる。[*13] これは，PBCの目的と合致したものだといえよう。PBFの主目的は，PBCの対象国に資金提供を行うことであるが，対象国以外でも，必要な条件を満たせばPBFの支援を受けられることがあり，2010年8月時点では，PBCの対象4カ国以外に11の国々が資金援助を受けている。[*14]

　最後に，PBSOであるが，これは国連事務局内に新設された小規模の実務組織である。その主な役割は，①PBCへの支援，②PBFの運営，③平和構築に関わる国連諸機関の関係の調整支援，である。[*15]

　以上を整理すると，PBCの役割とは，紛争直後の国々を対象とし，PBFとPBSOと緊密に連携しつつ，平和構築に関わる関係諸機関の連携を向上させ，統合的な平和構築のあり方を目指すとともに，各組織から平和構築に必要な（とくに財政的）資源を集結し，効率的・効果的に用いることだといえよう。

　さて，PBCの活動は，PBFとPBSOと密接に関連しながら，2006年6月に始動したが，そのあり方についてはこれまで多くの問題点が指摘されてきた。主な批判点としては，たとえば，PBCの意味する「平和構築」の定義が曖昧であり，混乱や恣意的な拡大解釈の危険があることや，人員・予算規模の小ささや

陣容の薄さによるPBSOの力不足，国連事務総長の関与不足，現地と意思疎通するためのパイプの弱さ，現地でのPBCに対する理解不足，市民社会との連携不足などが挙げられる（中満 2006; Biersteker 2007; 篠田 2007; ICG 2008, CIC & IPI 2007; Iro 2009）。とくに，PBCを効果的に進めるための統合的なアプローチの形成や関係諸機関の連携・調整強化については，それらを政治的協議の場であるPBCで行うことは必ずしも適切ではなく，他方，実務機関であるPBSOは小規模に過ぎ，そのために必要な能力をもっていない（篠田 2007）。そのため，実質的にPBCが果たしうる最大の役割は，平和構築を進める上での国際社会の政治的意思と資金調達をより効率的に連携させるためのメカニズム構築である，と考えるべきであろう（CIC & IPI 2007）。

　以上のような問題点を抱えつつ，PBCはシエラレオネの平和構築にいかに関与してきたのか。その関与をどのように評価すればよいのか。本章の後半部では，とくにシエラレオネのケースに焦点をあてながら，同国におけるPBCの関与について検討していこう。

2 PBCのシエラレオネに対する関与──その概要──

　2006年6月，シエラレオネは，ブルンジとともにPBCの最初の支援対象国に選ばれ，同年10月にはシエラレオネを対象とした第1回公式国別会合が開かれた。同会合では，シエラレオネに対する平和構築支援のなかで，4つの優先分野──①若者の能力強化と雇用，②民主主義とグッド・ガバナンスの強化，③司法・治安部門改革，④能力構築──が決定された。

　これに続き，PBCがシエラレオネに支援を行う上での基盤となる「統合平和構築戦略」（Integrated Peacebuilding Strategy）の策定が2007年初頭から開始された。[*16] 同文書は当初，同年6月の完成が予定されていたが，その後完成が遅れ，結局2007年12月，『シエラレオネ平和構築協力枠組』（Sierra Leone Peacebuilding Cooperation Framework）（以下，『協力枠組』と略称）として公表された。[*17] また，この間2007年9月には，シエラレオネ大統領選挙が行われ，野党の全人民会議（All People's Congress: APC）のコロマが新大統領に就任した。その結果，それまでのシエラレオネ人民党（Sierra Leone People's Party: SLPP）のアフマド・テ

ジャン・カバー（Ahmad Tejan Kabbah）政権の方針が軌道修正され，5つめの優先分野としてエネルギー分野が新たに支援対象に加えられた。その一方，『協力枠組』の策定に先立って2007年3月には，PBFはシエラレオネに対する資金提供を決定している。

上述のように，PBFによる援助は，PBCでの支援方針決定よりも先に開始されていた。2006年10月，PBCは，シエラレオネを対象とした第1回公式国別会合において，PBFが同国に対して資金提供を行うことを正式に表明した。[18] 同年12月，第2回公式国別会合においては，シエラレオネの平和構築プログラム推進のため，2500万米ドルの資金拠出が勧告された。[19] これを受け，PBFからの資金の使途についての『優先事項計画』（Priority Plan）の策定がシエラレオネ政府と国連シエラレオネ統合事務所（United Nations Integrated Office for Sierra Leone: UNIOSIL）によって進められ，PBSOによる承認を受けた後，2007年3月，潘基文国連事務総長が正式にPBFからシエラレオネに対する資金援助（総額3500万米ドル）を決定したのであった。[20]

さらに，2007年5月，PBFから提供を受けた資金を管理するため，「シエラレオネPBF運営委員会」（Sierra Leone PBF Steering Committee）が設立された。[21] それとほぼ同時に，PBFの支援による最初の2つのプロジェクトが決定され，その後，2009年12月までに合計23個のプロジェクトが承認されている。これらに対して支出が決定された資金の合計は約3480万米ドルに上っており，拠出予定総額（3500万米ドル）の大部分が，すでになんらかのプロジェクトに割り振られたことになる。

プロジェクトの実例をいくつかあげると，シエラレオネ警察に対する訓練や教育，装備や給与の提供，刑務所の設備改善（司法・治安改革の分野），若者に対する資金や仕事の提供（若者対策の分野），人権委員会や反汚職戦略事務局の活動支援（民主化とグッド・ガヴァナンスの分野），市民社会を対象とした能力向上支援（能力向上支援分野），都市部での電力供給に対する支援（エネルギーの分野）など，5つの優先分野に関わるさまざまな目的に対し，支援が行われている。[22] その他にも，2009年3月に政治対立に起因する暴動が発生した後の事態収拾のためにも緊急プロジェクトが立ち上げられ，PBFより資金が提供された。[23]

第8章 国連平和構築委員会　*147*

3 シエラレオネに対するPBC関与の評価

(1) PBCの関与によりもたらされた効果

　本節では，PBCの関与により，シエラレオネにおける平和構築がどのような影響を受けたかを検証し，その意義を考えていきたい。

　まず，PBCの関与によりもたらされた効果については，国際社会の関心をシエラレオネに引きつける役割を果たしたことや，PBFによる多額の経済援助を同国にもたらしたことを評価する見解がある (Street et al. 2007; Iro 2009)。たしかに，PBC（国別会合）がシエラレオネの平和構築の進捗状況を折に触れて検証してきたことは，国際社会からの継続的な政治的関与をシエラレオネに留めておく上で，少なからぬ意義があるものと思われる。さらに，平和構築は，国際社会の関心低下とともに資金不足に陥ることが少なくないため，シエラレオネがPBFを通じ，3500万米ドルにおよぶ平和構築資金を確保できたことは，特筆すべき利点であろう。PBFからの3500万米ドルの拠出額は，これまでPBFから行われた資金提供のなかで，ブルンジへの支援と並んで最大のものであり，また支援対象となったプロジェクト数（23個）は単独1位である（2位はブルンジの18プロジェクト）[24]。また，同じPBC対象国であっても，ギニア・ビサウのようにかなり支援額が少ない場合（600万米ドル）があることや，PBC非対象国に対するPBFの資金提供も，2000万米ドル（コンゴ民主共和国）から500万米ドル（コートジボワール）程度に留まっていることからみて，PBFの資金援助額は，シエラレオネにとってかなり有利なものであったといってよい。

(2) 改善の余地があると思われる点①──PBC関与のタイミング──

　一方，シエラレオネへのPBCの関与については，必ずしも円滑に進まず，そのやり方や効果の程度に関し，疑問の声が上がった点もある。そのなかで，最も重要な論点のひとつは，PBCによるシエラレオネへの関与開始のタイミングが適切でなく，その結果，十分な支援効果が出ていないというものである。シエラレオネの場合，PBCが関与を決定した2006年の時点で，紛争終結からすでに約4年の月日が過ぎていた。そのため，紛争後の復興段階としては

すでに終盤であり，開発段階へ移行しているという見方もあった (Street et al. 2007)。それゆえ，シエラレオネが置かれている状況は，PBCが本来想定する支援のあり方にそぐわないのではないかという批判が寄せられることになったのである。

　この問題は，先にも指摘したとおり，PBCがその根幹となる「平和構築」という概念の定義を明確にしていないことと相まって，PBCとPBFの支援によりシエラレオネで行われているプロジェクトは，本当に「平和構築」を目的としたものなのか，実質的には「開発支援」ではないのかとの懐疑を呼ぶことになった (Biersteker 2007; Street et al. 2007; Iro 2009)。シエラレオネのような紛争後の国では，「なにもかもが紛争と結び付けられ」，「すべてが平和構築になってしまう危険性」がつきまとう (Iro 2009: 61, 76)。このように，「平和構築」と「開発」の線引きが曖昧なまま，PBC本来の目的（平和構築に対する支援）に必ずしも適さない活動（開発）が支援対象となり，その結果，十分な効果が上がっていないのではないかとの疑問を招くこととなったのである。

　かかる批判は，とくに，コロマ新政権の主張により，PBC支援の優先分野にエネルギー分野が追加されたことに対して向けられた。エネルギー分野の支援プロジェクト概要によると，同プロジェクトは，「（都市部）に対する電力供給の増加・定期化に向けた政府の努力を支援することで，国の平和と安全保障に寄与することを目指す」ものであり，政府の歳入を増加したり，電力供給の不備による政府への不満を軽減したりするものとされている[25]。確かに，長期的にみれば電力供給がシエラレオネの安定化に資する面もあるかもしれない。また，エネルギー部門をPBCの支援範囲に加えたことには，経済の問題が安全保障や政治上のリスクになることを示すという一定の意義も認められよう (CIC & IPI 2007)。しかし，電力供給状態の改善が，国民の「福利厚生」だけではなく，「平和と安全保障」にも寄与するものであり，それゆえ平和構築の一環だという主張には，どうしても，なにがしかの違和感がつきまとう。このように，「電気を通すことで平和を達成しようとする」試みは，エネルギー部門への支援を平和構築の一部とみなすことは適当なのかという疑念を生み出したのであった (Iro 2009: 61)。

　これらの活動が，「平和構築」か，それとも「開発」なのかということが問題

第8章 国連平和構築委員会　*149*

になるのは，それが開発であった場合，平和構築を目的とするPBCやPBFの活動に必ずしも適さない可能性があるためである。前述のとおり，PBC（およびPBF）の活動は，基本的に紛争終結直後・紛争後の初期段階を対象としており，主に想定されているのは短期間で"即効的効果"（quick impact）をもたらす活動への支援である。したがって，長期的に取り組む必要のある開発課題の場合とは，おのずから活動の目的や手法が異なってくる。カバー政権下で副大統領を務めたソロモン・ベレワ（Solomon Berewa）は，PBCとPBFの支援に対し，「（シエラレオネが）自立できるようになるまで国民の短期的ニーズに対応するため支援が必要」だと述べた（Street et al. 2007: 12）。実際，紛争直後に必要とされた活動——たとえば，旧戦闘員の武装解除・動員解除・社会再統合（Disarmament, Demobilization and Reintegration: DDR）——であれば比較的短期間に実施することも可能であり，そうした場合，PBFの資金を有効に用いる可能性も十分にあったかもしれない。しかし，実際にPBCとPBFが介入した時点では，前述のとおり，シエラレオネはすでに平和構築の末期あるいは開発の早期段階に入っており，必要とされていたのは効果が出るまでに時間がかかる中長期的な開発課題への取り組みと支援であった。この観点からすると，PBCとPBFのシエラレオネへの関与は，適切な時機を逸したものであったというべきであろう。シエラレオネの置かれた状態が，PBC（およびPBF）の趣旨に必ずしも合致していなかったため，支援体制と実際のニーズの間に齟齬を来す事態となったのであった。

　さらに，紛争終結から数年を経たシエラレオネの場合，国際社会による支援体制がすでにひととおり整備されており，後発組として参入したPBCには，自己裁量の余地があまり残されていなかったという問題もあった（CIC & IPI 2007; Street et al. 2007）。たとえば，PBCがシエラレオネへの支援対象として当初定めた4つの優先分野についても，もともと開発課題として挙げられていたものをPBCが採用したものだったことが指摘されている（Street et al. 2007）。以上のように，PBCのシエラレオネに対する関与のタイミングは必ずしも適切ではなく，その支援の効果は限定的なものに留まってきたといえよう。

(3) 改善の余地があると思われる点②──PBCとPBFの連携不足──

　上記以外の問題点としては，PBCとPBFの連携不備を指摘する声もあり，その結果，PBFの資金が必ずしもシエラレオネの平和構築に資する形で用いられてこなかったのではないかとの批判もある (Street et al. 2007)。これは，PBCに期待された役割に，平和構築に必要な資金提供機関との連携改善という一面があったことを考えると，きわめて深刻な問題だといってよい。この問題は，PBCが定めたシエラレオネでの支援方針である『協力枠組』とPBFによる資金提供との関係が不明確であり，両者が有機的に関連づけられていないことに起因するものである。

　上でみたように，PBCによるシエラレオネ支援のあり方を定めた『協力枠組』は2007年12月に策定されたが，PBFからシエラレオネへの資金拠出は，『協力枠組』策定より9カ月も早く（同年3月）決定され，さらにPBF資金の主な使途を定めた『優先事項計画』は，それ以前に決められていた。つまり，PBCによるシエラレオネ支援の全体像が決まる前に，PBFからの資金提供やその使用目的は，おおむね決められていたわけである。これは，PBCやPBFの設立趣旨からすれば本末転倒ともいえよう。とくに，シエラレオネではPBFの活動開始が先行したため，PBCよりもPBFの活動に焦点があたる傾向が強くなり，その結果，支援のあり方は，1年程度の短期的プロジェクトが中心となり，支援体制全体を貫く戦略は適切に形成されてこなかったといえる (CIC & IPI 2007)。

　その他，PBFの資金提供決定が早すぎたことで，資金の提供を梃子に，シエラレオネ政府の協力的姿勢を引き出す可能性を損なったという問題もあった (Street et al. 2007)。シエラレオネ政府は，たとえば真実和解委員会の活動のような政治的にデリケートな問題について，必ずしも積極的に取り組んできたわけでない。PBFからの資金提供は，こうした難しい問題について政府側の協力を引き出すための手段となりうる可能性があった。しかし，実際には，性急に資金提供が決定されたため，その機会も失われてしまったのである。「PBFには多くの資金はあるが分析がなく，『協力枠組』には分析はあるが資金がない」と批判されるとおり (Street et al. 2007)，シエラレオネにおける平和構築の

第8章 国連平和構築委員会　*151*

指針となる『協力枠組』とPBFによる資金提供との連携の不足により，せっかくの国際支援の有効性は大きく損なわれることとなった。

　さらに，PBFからの資金提供が2007年に実施された大統領選挙の直前に行われたため，選挙対策の"ばらまき"的な性質をもったという批判もある（ICG 2008）。その他にも，PBFの意義が不明確であり，既存の資金提供システムとの関係がよくわからない，現場ではPBCとPBFの違いがよく理解されていないなど，多くの問題点が指摘されてきた（ICG 2007; Iro 2009）。鳴り物入りで投入されたPBFの大規模な資金も，実際に，どの程度シエラレオネの平和構築に寄与したかということになると，その効果は限定的なものに留まらざるをえないようである。

(4) PBCをめぐる国際社会の政治力学とその制約

　ここまでみてきたように，PBCのシエラレオネへの関与については，とくに介入の時期の妥当性やPBFとの連携不備等を問う声が上がり，そもそも同国をPBCの支援対象として選んだことは適当だったのかという疑義も呈されている。ここで，シエラレオネをPBCの支援対象国として選ぶ過程を振り返る必要があろう。

　PBCの支援対象国の選定について，PBSOの初代事務局長を務めたキャロリン・マッカスキー（Carolyn McAskie）は，対象国の選定はそれぞれの国の志願に基づくものであり，PBC側が指名するわけではない，と述べている（Martinetti 2007）。確かに，シエラレオネの場合，2006年2月，同国政府側からPBCの関与に対する要請がまず行われた上で，対象国に選ばれた[*26]。しかし，実際には，最初の対象国決定時，コンゴ民主共和国，ハイチ，アフガニスタン，東ティモール，スーダン・ダルフール地方なども名乗りを上げていたのであり，そのなかから，シエラレオネとブルンジのみが選ばれたのであるから，実質的には，PBC側が支援対象国を選ぶ権限を保持していたとみるべきであろう。では，PBCは，いかなる基準でシエラレオネを選んだのか。これについて，PBC設立当時，国連での動きを間近に見ていた日本政府・国連代表部の元職員は，「（シエラレオネとブルンジは）状況が比較的落ち着いており，PBCにとって相対的に扱いやすい案件であるとみなされていたことから，この2つの事案

の成功を通じて国際社会からの信用を得ることが重視された」と述べている(山内 2006: 52)。

　このように，シエラレオネの状況は比較的安定しているがゆえに，PBCの支援対象国に選ばれたわけであるが，ここに大きな陥穽があった。PBC設立は，国連改革の"旗艦"的存在かつ国連PKOへの信頼回復がかかった一大事業として，是が非でも成功させる必要があり，しかも早期に目に見える成果を出さなければならないという国際社会からの政治的圧力がかけられていた(Iro 2009)。こうした圧力の下，比較的情勢の安定したシエラレオネが選ばれることとなった。その結果，同国に対するPBCの支援は，その本来の目的や役割と本質的に相いれないという矛盾に陥り，PBFとの連携体制も十分に整備されないまま支援を開始することになったのである。PBC設立のタイミングと状況自体が，シエラレオネに対するPBCの支援を大きく制約する要因となったといえよう(Biersteker 2007)。

　PBCは，さまざまな重要アジェンダがひしめきあう国際政治の場で，時間の経過とともに関心が薄れがちな平和構築の分野に，国際社会の政治的コミットメントを引き付け続けることを期待して設立された。シエラレオネの場合，この目的はある程度達せられてはいるが，一方，PBCが本質的にもつ高度の政治性ゆえに，同国に対するPBCの支援は，国際社会の政治的意思に翻弄されるという矛盾をも生み出すことになったのである。

むすびに

　本章では，シエラレオネの平和構築に対するPBCの関与について，PBFやPBSOとの関連も視座に入れて検討した。その結果，残念ながら，PBCの支援がこれまで同国の平和構築に寄与した役割は，限定的に評価せざるをえないようである。PBCの関与が，シエラレオネに対し，国際社会の関心を引き付け，多額の資金援助をもたらしたのだとしても，実際に同国の平和構築に十分に資するような形で，その支援が活かされてこなかったのであれば，それは支援を受けた側——シエラレオネ——にとっても，支援を行った側——PBC，さらにその背後にある国際社会——にとっても，望ましいことではない。

しかし，いずれにせよ，PBCのシエラレオネに対する支援はまだ継続しており，現時点で最終的に評価することは早計にすぎよう。また，今後の重要な課題としては，PBCの関与を，いつ，どのように終わらせるかという難問もあり，引き続き，その進展を慎重に見守らなければならない。さらに，2010年中に予定されているPBC見直しの成果も注目されるところである。PBCによる支援は，シエラレオネの平和構築に寄与することができたのか。この問いに対する最終的な解を求めるには，いましばらく時間がかかるものと思われる。

●──注

* 1　厳密には，PBC（国別会合）で検討される対象（検討対象国）となったという方が正確であるが，ここでは，PBCで検討された結果，その国に対する支援が重点的に行われることも勘案し，「支援対象国」という表現を用いることとする。
* 2　Address by President Earnet Bai Koroma on the Occasion of the State Opening of the Third Parliament of the Second Repulic of Sierra Leone, 5 October 2007, http://news.sl/drwebsite/（2010年8月29日アクセス）
* 3　PBCについては，本書第7章も参照のこと。
* 4　A/47/277-S/24111, 17 June 1992; A/50/60-S/1995/1, 3 January 1995; A/55/305-S/2000/809, 21 August 20001.
* 5　A/59/565, 2 December 2004.
* 6　A/59/2005, 21 March 2005.
* 7　A/RES/60/1, 24 October 2005.
* 8　S/RES/1645, 20 December 2005; A/RES/60/180, 30 December 2005.
* 9　PBC, http://www.un.org/peace/peacebuilding/（2010年8月17日アクセス）
* 10　S/RES/1645, 20 December 2005; A/RES/60/180, 30 December 2005, op.cit.
* 11　PBC, "Membership and Configurations," http://www.un.org/peace/peacebuilding/（2010年8月17日アクセス）
* 12　PBC, "Peacebuilding Commission Agenda," http://www.un.org/peace/peacebuilding/pbso（2010年8月17日アクセス）
* 13　PBF, "PBF Mission," http://www.unpbf.org/（2010年8月17日アクセス）
* 14　シエラレオネ，ブルンジに続き，その後，ギニア・ビサウ，中央アフリカ共和国がPBC支援対象国に加えられた。
* 15　PBSO, "Peacebuilding Support Office," http://www.un.org/peace/peacebuilding/

　　　　pbso（2010年8月17日アクセス）
＊16　PBC, "Draft Outline of a Country-Specific Workplan for Sierra Leone," Draft, 1 February 2007.
＊17　PBC/2/SLE/1, 2 December 2007.
＊18　PBF, "Chairman's Summary, Sierra Leone Country-Specific Meeting, Peacebuilding Commission," 12 October 2006, http://www.unpbf.org/（2010年8月17日アクセス）
＊19　PBF, "Chairman's Summary, Sierra Leone Country-Specific Meeting, Peacebuilding Commission," 13 December 2006, http://www.unpbf.org/（2010年8月17日アクセス）
＊20　Republic of Sierra Leone and United Nations Sierra Leone, "Priority Plan for Peacebuilding Fund (PBF), Sierra Leone," Revised in October 2008.
＊21　Sierra Leone PBF Steering Committee, "Terms of Reference Rules of Procedure for the Sierra Leone Peacebuilding Fund Steering Committee," 11 May 2007, http://www.unpbf.org/（2010年8月19日アクセス）
＊22　PBF, "Sierra Leone Peacebuilding Fund Approved Projects and Progress Update," http://www.unpbf.org/（2010年8月17日アクセス）
＊23　2009年3月，前回の大統領選（2007年9月）後から続いていた与野党間の政治的対立が高まり，暴動に発展した。結局，当事者間で事態収拾を図るための「共同声明」が出され，暴動は一応の収束をみた。
＊24　PBF, "UN Peacebuilding Fund: Preventing a Relapse into Violent Conflict," http://www.unpbf.org/（2010年8月17日アクセス）
＊25　PBF, "Project Summary (PBF/SLE/I-1, Emergency Support to the Energy Sector)," 15 August 2008, http://www.unpbf.org/（2010年8月19日アクセス）
＊26　Permanent Mission of the Republic of Sierra Leone to the United Nations, "Invitation to the Peace Building Commission to Operation in Sierra Leone," February 27, 2006.

● ──参考文献
篠田英朗（2007）「国連平和構築委員会の設立──新しい国際社会像をめぐる葛藤──」『国際法外交雑誌』105（4），pp.564-589。
中満泉（2006）「平和構築と国連改革──有効な戦略の確立へ向けて──」『国際安全保障』34（2），pp.13-34。
星野俊也（2008）「紛争予防と国連──国連平和構築委員会の役割を中心として──」『国

際協力研究』24 (1), pp.52-58。

山内麻里 (2006)「国連平和構築委員会の光と影」『外交フォーラム』19 (11), pp.49-53。

Biersteker, T. (2007) "Prospects for the UN Peacebuilding Commission," *Disarmament Forum*, 2, pp.38-44.

Center on International Cooperation & the International Peace Institute (CIC & IPI) (2007), "Taking Stock, Looking Forward: A Strategic Review of the Peacebuilding Commission," An Independent Analysis by CIC & IPI (2008), commissioned by the Permanent Mission of Denmark to the UN, http://www.cic.nyu.edu/ （2010年8月17日アクセス）

International Crisis Group (ICG) (2008), "Sierra Leone: A New Era of Reform?," Africa 31 July 2008, http://www.observatori.org/ （2010年8月17日アクセス）

Iro, A. (2009) *The UN Peacekeeping Commission: Lessons from Sierra Leone*, Potsdam: Universitätsverlag Potsdam, http://www.reliefweb.int/rw/lib.nsf/ （2010年8月17日アクセス）

Martinetti, I. (2007), "The Peacebuilding Commission: A Year in Review [An Interview with Assistant Secretary-General Carolyne McAskie]," 4 June 2007, Interview no.10, Center for UN Reform Education, http://www.centerforunreform.org/ （2010年8月17日アクセス）

Street, A., J. Smith and H. Mollett (2007) *Consolidating the Peace?: Views from Sierra Leone and Burundi on the United Nations Peacebuilding Commission*, A Study by Action Aid, CAFOD and Care International (June 2007), http://www.cafod.org.uk/ （2010年8月17日アクセス）

第9章
警察改革支援
―― 1998〜2005年 ――

古澤嘉朗

交通整理をする警察官（2010年7月，古澤嘉朗撮影）

はじめに

　1990年代に内戦を経験したシエラレオネでは，2002年1月に国家非常事態宣言が解除され，その2年後の2004年9月には国土全体の治安権限が国連シエラレオネ派遣団（United Nations Mission in Sierra Leone: UNAMSIL）からシエラレオネ警察（Sierra Leone Police: SLP）へと返還された。そして，2005年12月には

UNAMSILの撤退が完了し，シエラレオネの治安は現在，少なくとも名目上は SLPによって維持されている。本章の目的は，成功例といわれるこのUNAM-SILからSLPへの移行を可能にした国際社会によるシエラレオネの警察改革支援を検討することにある。

　発展途上国に対する警察改革支援は，一般に冷戦期においては人権侵害に繋がりやすいものとして問題視され，開発支援の対象からは除外される傾向が強かった。たとえばアメリカは，同国公安局（Office of Public Safety）によるラテンアメリカ諸国などへの警察改革支援が人権侵害に繋がったという反省から，1974年の対外援助法改正にともなって同支援を廃止している。[*1] しかし冷戦後，それまで研究者の間でわずかに使われていた「平和構築」（peacebuilding）という言葉がブトロス・ブトロス＝ガーリ（Boutros Boutros-Ghali）の『平和への課題』（1992年）を契機に政策用語として定着し，[*2] この平和構築の主流化にともなって，警察を含む治安部門がそれまでのように「問題のひとつ」としてではなく，むしろ「解決策のひとつ」として認識されるようになっていく。[*3] そして，「いま問われるべきは国際社会が被支援国の警察に対して支援をするか否かではなく，どのように支援すればよいのかということである」という指摘にも端的に示されているように（Bayley 2006: 13-14），平和構築の主流化と時を同じくして，警察改革支援が開発支援の重要な柱のひとつとして（再）認識されるようになったのである。これにともない警察改革支援とは，警察自身を対象とする捜査技術向上に資するオペレーション能力強化支援だけではなく，警察と関連諸機関（たとえば，議会や外部監査組織など）を対象とした説明責任向上に資する制度支援も包含するようになったのである（古澤 2010）。本章で扱うシエラレオネの警察改革支援もこの流れのなかに位置づけることができる。

　本章では以下，1998年から2005年にかけて国際社会が実施したシエラレオネ警察改革支援を第1期（1998～2002年）と第2期（2002～05年）に分けて概観する。[*4] 第1期においては英連邦（コモンウェルス），とくにイギリスが，第2期においてはイギリスに加えてUNAMSILがシエラレオネ警察改革支援においてそれぞれ中心的な役割を果たした。

　なお，本論に入る前に指摘しておきたいことが1点ある。本章ではSLPに焦点をあて，チーフダム警察（Chiefdom Police）については詳細な検討を行わない。

これら2つの組織について簡単に整理すると，植民地期のシエラレオネは直轄植民地（Crown Colony）と保護領（Protectorate）に区別されており，現在のSLPが直轄植民地を，そして現在のチーフダム警察が保護領を担当していたのである[5]。植民地期に成立し，1954年にSLPが全国展開して以来，今日なおシエラレオネ農村部で活動を展開するチーフダム警察は，たしかにシエラレオネ社会全体の秩序維持を考える上で看過できない重要な存在ではある。だが，本章の射程である，国際社会による1998〜2005年に行われた支援の対象ではなかったことから，その詳細な考察については別の機会に譲ることにしたい。

1 第1期（1998〜2002年）——イギリス主導の警察改革支援[6]——

シエラレオネの警察改革は，1996年のアフマド・テジャン・カバー（Ahmad Tejan Kabbah）の大統領就任をひとつの契機として開始された。同年6月，カバー大統領はサマ・バンヤ（Sama Banya）元外相を座長とする委員会を設置し，同委員会に対してSLPの現状把握とその改革案の策定を命じた（Republic of Sierra Leone 1996）。しかし，1997年5月の軍事クーデタによってカバー政権がいったん転覆されたことで，その警察改革の試みは一時頓挫してしまう。その後，軍事政権がナイジェリア軍を中心とするECOWAS停戦監視団（Economic Community of West African States Ceasefire Monitoring Group: ECOMOG）によって打倒され，カバー政権が復帰を果たすと，1998年7月，イギリスの拠出財源をもとに英連邦がSLPの再建計画策定を主な任務とする英連邦警察開発タスクフォース（Commonwealth Police Development Task Force: CPDTF）をシエラレオネに対して派遣し，これがその後の警察改革の本格的な嚆矢となった[7]。

CPDTFはまず「警察憲章」（Police Charter）とSLPの「使命表明」（Mission Statement）の策定をシエラレオネ側に促した。「警察憲章」と「使命表明」は，警察が過去の抑圧的で腐敗した組織から，市民生活を守り，人権を尊重する「良いことをするための組織」（A Force for Good）へと変容を遂げることを内外に宣言するとともに，その後の改革の方向性を示した公式文書として社会的に高く評価されている[8]。また，1998年12月に行われたSLP幹部を対象とする会議では，「良いことをするための組織」を実現する政策として「ローカル・ニー

写真9-1　シエラレオネ警察本部（2010年7月，フリータウンで古澤嘉朗撮影）

ズ・ポリシング」（Local Needs Policing）が位置づけられた[*9]。こうした政策レベルの警察改革に加えて，目に見える具体的な改革にも次々と着手していった[*10]。CPDTFは警察活動用の自転車，車両，通信用ラジオなどの購入資金として90万米ドルをシエラレオネ政府に対して供与している（Horn et al. 2006: 114）。

　しかし，1999年に入ってCPDTFの活動は突如休止してしまう。同年1月6日，反政府勢力であるシエラレオネ革命統一戦線（Revolutionary United Front of Sierra Leone: RUF）が首都フリータウンへの侵攻を開始し，同地に駐留するECOMOGとの間で激しい戦闘状態に突入したのである。この戦闘でフリータウンの多くの警察関連施設が破壊され，250人以上の警察官が犠牲となり，CPDTFメンバーは国外退去を余儀なくされた。事態が収拾されてCPDTFのメンバー全員がシエラレオネに戻ることができたのは1999年7月のことであるが，そこにあったのは，「SLPは機能しておらず，警察改革が後退してしまった感が否めない……シエラレオネ政府や多くのシエラレオネ人の希望とは裏腹に，SLPは法秩序を維持することができておらず，近い未来にその任務を軍や民兵から引き継ぐことは難しそうである」という現実にほかならなかった（Horn et al. 2006: 115）。

　こうした状況下でカバー大統領は，警察改革の立て直しのためにSLPのトッ

プである警察長官を外部から迎え入れることを決め，1999年11月，CPDTFの当時のチームリーダーであったイギリス人キース・ビドル (Keith Biddle) が大統領により警察長官に任命されることになった。[*11] そして，2000年10月にはCPDTFの業務を引き継ぐ形で英連邦地域安全・治安プロジェクト (Commonwealth Community Safety and Security Project: CCSSP) が活動を開始した。

2000年以降はビドル警察長官の指揮下，過去との決別という意味を込めたローカル・ニーズ・ポリシングを掲げた警察改革がCCSSPの支援を受けて着実に実施されていった。具体的には，現地社会と警察の関係改善を図る「地域対策部」(Community Relations Department)，市民からの警察に対する苦情受付窓口であり同時に組織内の監査の役割をも果たす「苦情・規律・内部監査部」(Complaint, Discipline and Internal Investigation Department)，ドメスティック・バイオレンスなどに対応する「家族支援ユニット」(Family Support Unit) といった，それまでにない部署がSLP内に次々と設けられた。また，SLPと地域社会が情報交換を行う場と位置づけられたローカル・ポリシング連携委員会 (Local Policing Partnership Board: LPPB) が全国各地で導入されたのもこの時期であった。[*12]

さらには，こうしたSLPの制度改革だけではなく，その能力強化のために教育訓練も実施された。2001年からの3年間，計60名のSLP幹部がイギリスのブラムシル警察学校 (International Academy Bramshill) に派遣され，組織運営などに関する10週間の国際指揮官プログラム (International Commander's Program) を受講している (Baker 2006: 37)。

そして2003年6月，イギリス人のビドルに代わってシエラレオネ人の

写真9-2　ローカル・ポリシング連携委員会の会合
（2010年7月，フリータウンで古澤嘉朗撮影）

第9章　警察改革支援　*161*

ブリマ・アチャ・カマラ (Brima Acha Kamara) が警察長官に就任した。カマラはブラムシル警察学校で訓練を受けた新世代のシエラレオネ人警察幹部のひとりであり，彼の就任を境にCCSSPの存在も変化していくこととなる[*13]。政策判断をCCSSPが下すということは事実上ほとんどなくなり，CCSSPは可能なかぎりSLPの支援にまわるようになった (Horn et al. 2006: 118)。そして次節で触れるように，シエラレオネを取り巻く国際環境の変化に伴い，警察改革の支援実施主体も，それまでの10名弱のCCSSPから，より大規模な国連警察要員 (United Nations Police: UNPOL) へと移行していくことになる[*14]。

2 第2期 (2002～05年)
―― 国連による出口戦略としての警察改革支援 ――

シエラレオネの警察改革支援における国連の役割は，従来限定的なものにすぎなかった。1998年7月から1999年10月にかけて展開された国連シエラレオネ監視団 (United Nations Observer Mission in Sierra Leone: UNOMSIL) の時代にもUNPOLは派遣されていたが，その活動は総じて限られていた。また，ロメ和平合意のなかに警察改革支援が含まれていなかったこともあり，UNPOLは選挙の後方支援に従事したが，警察改革自体には正面から取り組んではいなかった[*15]。しかし，2002年をひとつの境にして，国連，とくにUNAMSIL／UNPOLがシエラレオネ警察改革の主要な支援主体として台頭することになった。

武装解除完了宣言 (1月)，国家非常事態の終了宣言 (1月)，そして大統領・議会選挙の実施 (5月) など，2002年はシエラレオネにとってひとつの大きな転機となった年である。そしてそれは，警察改革についても同様のことがいえた。2002年に内戦終結が最終的に宣言され，大統領・議会選挙が平和裡に実施されると，それまでシエラレオネの治安維持にあたっていたUNAMSILの撤退が俎上に載るようになったからである。

それまでのイギリス主導の警察改革支援は，紛争下において実施されていたことも関係し，必然的にフリータウンとその周辺地域に支援の対象が偏っていた。しかし，内戦の終結に伴いUNAMSILの撤退が現実味を帯びるようにな

ると，全国規模でのSLP強化が急務となったのである。実際，当時のコフィ・アナン（Kofi Annan）国連事務総長はUNAMSIL撤退条件のひとつとしてSLPの能力向上を挙げている[16]。

SLPの全国展開が喫緊の課題として浮上したことを受けて，国連安全保障理事会は決議1436（2002年9月）を採択した。それはUNPOLを最大170人まで増員することを認め，かつUNPOLに対してSLPを「助言・指導」（advice and assist）する任務を明確に付与したものである。これに伴ってUNPOLは，SLPの採用人事，基礎訓練，特殊訓練（国境警備，空港警備など），教官育成，日常業務などに関する助言や指導を展開するようになった（UN 2002: 7）。

UNPOLは，シエラレオネにおいて3500人以上の現地警察官の採用と訓練に携わり，SLPの規模を紛争前の9500人の水準に戻すことに貢献した（表9-1参照）。また，国連開発計画（United Nations Development Program: UNDP）とイギリス国際開発省（Department for International Development: DFID）の資金提供によって，フリータウン郊外のヘースティング（Hasting）にある警察学校の収容能力拡大が図られ，その年間訓練可能人員は600人から1800人へと3倍に増大した。さらには，内戦中に閉鎖されたボー（Bo），マケニ（Makeni），ケネマ（Kenema）の警察学校分校も2004年7月には活動を再開している。こうした9500人という数値目標を達成したことを受けて，UNAMSILは2005年12月にシエラレオネから撤収したのであった[17]。

2005年以降の警察改革支援は，司法部門を対象にしている司法部門開発プログラム（Justice Sector Development Program: JSDP）や治安部門を対象にしているシエラレオネ治安部門改革プログラム（Sierra Leone Security Sector Re-

表9-1 行政区別のSLP要員数（2008年6月2日時点）

	男性(人)	女性(人)	合計(人)	割合(%)
西部地域	4,599	1,117	5,716	60
北部州	1,220	153	1,373	15
南部州	948	125	1,073	14
東部州	1,247	153	1,400	11
合計	8,014	1,548	9,562	100

出所：African Human Security Initiative（2009）をもとに筆者作成。

form Program: SILSEP）のように，個別の機関ではなくて部門全体を対象とするプログラムへと引き継がれることになった。これは「（シエラレオネにおける）警察の発展はその他の司法部門の犠牲のもとに成り立っていた」という認識を少なからず反映したものであり（Howlett-Bolton 2008: 5），それは同時に警察という単体組織の改革とそれへの国際社会による支援がひとつの区切りを迎えたことを意味していた。[18]

むすびに

　冒頭で述べたように，シエラレオネでは2002年1月に国家非常事態宣言が解除され，2004年9月には国土全体の治安権限がSLPに返還され，2005年12月には内戦終結後の治安維持に多大な貢献を果たしたUNAMSILの撤退が完了した。そして，その背景には，警察憲章制定に象徴されるような政策・機構レベルの改革と，イギリスの警察学校における幹部研修のような主にSLP上層部の質的な能力向上を特徴とするイギリス主導の警察改革支援，そしてカマラの警察長官就任に象徴されるようなSLPのシエラレオネ人化，そして9500人という全国展開に必要とされる数値目標を達成するための警察官の訓練が急速に進められた，出口戦略としての国連主導の警察改革支援が存在したのであった。

　警察改革支援が始まった当初，SLPの規模が内戦の影響により戦前と比べて30％減の6600人程度であったということを考えると，「達成できた結果は評価できるものである」という評価も存在する（Horn et al. 2006: 121）。だが，当然のことながら，それは何も課題がないということを意味しない。SLPの中間管理職の育成や地方要員の増員などオペレーション能力強化に関する課題は依然として存在するが，同時にローカル・ポリシング連携委員会の普及や外部監査組織の設立をはじめとする警察組織の説明責任向上に直結する中長期的な制度改革は手つかずのままである。[19]国家安全保障局（Office of National Security）のキャリー・コンテ（Kellie Conteh）も，「（シエラレオネ政府は治安について）2003年の時点では気にかけていたが，2004年，2005年と時間が経つに伴い治安情勢の改善に気をよくし……2007年の時点では関心がなくなってしまった」と中長期的な課題が取り組まれないことに対して懸念を示している（Albrecht and

写真9-3　市内を巡回する警察官（2010年7月，フリータウンで古澤嘉朗撮影）

Jackson 2009: 128)。これは国連主導であった第2期（2002～05年）以降，イギリス主導であった第1期（1998～2002年）と比較して警察組織の説明責任に資する制度改革が着目されてこなかったことを物語っている。

　また，別の視点からも課題は指摘されている。これは警察改革支援に限定したものではなく平和構築全般に対する指摘であるが，近年，「実体のない平和」（Virtual Peace）という言葉が提唱されるようになっている。それは，介入する国際社会側の意図と介入される側が目の当たりにする日常の間に隔たりが生じて，支援を受ける国に住む人々が日々の生活を通して平和の配当を実感することができない「平和」が築かれているのではないかという問題提起である。つまり，「（平和構築は）市民と国家の間の社会契約に注意を払わずに，『国家という空の殻』（Empty Shell of a State）を築くことに専念し，国家の内部からではなく外部からどのようにみえるのかということを気にかけている」という主張である（Richmond 2008: 112）。これは平和とは間主観的（intersubjective）に築き上げられるものという立場から，介入する側と介入される側の認識する「平和」の距離を指摘したものといえる。

　こうした議論に鑑みると，1998年から2005年までの間にシエラレオネで行われた警察改革支援は9500人という数値目標を達成することには成功したも

のの，それは「実体のない平和」なのではないか，またそこでは人々が望む持続可能な秩序はまだもたらされていないのではないか，という批判的な評価に行きつくことになる。実際に警察の活動に改善はみられるものの，「シエラレオネ政府はまだ全国において警察の力を維持することができていない」という指摘もあれば（Baker 2006: 44），人口の7割が警察をはじめとする公式な司法部門にアクセスできていないという現実もシエラレオネには存在する（Republic of Sierra Leone 2008: 4）。果たして警察のみに支援を特化していてよかったのか，そしてこれからどうすればよいのかという今後の支援の方向性を左右する問いに行きつくことになるのである。[20]

　シエラレオネの警察改革に対して，今後とも国際社会からどれほどの規模の財政的あるいは技術的な支援が提供されるかは定かではない。また，「委任統治下の治安部門改革」(Security Sector Reform under International Tutelage) と揶揄されているように，国際社会が警察改革支援に過度に関与することは，主体性確保の観点からも問題がないわけではない（Gbla 2006: 78）。しかし，国際社会からの支援の規模はともかくも，「実体のある平和」の構築を目指すシエラレオネ政府・社会の取り組みは今後とも継続されていかなければならないだろう。そして，その取り組みに国際社会が建設的に関与するためには，過去の教訓から学び，そして批判的な評価とも真摯に向き合うことが求められている。いまはその動向を注視したい。

●——注

*1　警察改革支援は開発支援の一環としてはタブー視されていたが，警察に対する技術支援は冷戦期も行われていた。シエラレオネの場合，1973年，内戦後には活動支援課（Operational Support Division）と呼ばれることになる国内治安部（Internal Security Unit: ISU）がキューバ政府の支援のもとでSLP内に設置されている（Gberie 2005: 29）。このISUは，1977年にフーラベイコレッジ（Fourah Bay College）で学生による反政府デモが行われた際にその鎮圧にあたるなど，当時与党であったシエラレオネ全人民会議（All People's Congress: APC）の政治的ツールとして機能していた。また，当時の大統領と同郷のリンバ人によって構成されていたことからも「シアカ・スティーブンスの番犬」（Siaka Stevens' Dogs）とも呼ばれていた。

*2　北欧の平和学者であるヨハン・ガルトゥング（Johan Galtung）が最初に「平和構築」

（Peacebuilding）という言葉を使ったといわれているが（Galtung 1975），本章では
　　　平和構築を「冷戦の終焉後に新しく加わった紛争解決の手法のひとつ」と理解する
　　　こととする（Bercovitch and Jackson 2009: 168）。
＊3　この発想の転換の背景には，1990年代に政策立案者，研究者そして実務家の間で共
　　　有されることとなった「効果的，かつ公平な法と秩序によりもたらされる治安と秩
　　　序が社会開発や人権擁護の必要条件」と考える「治安第一アプローチ」（Security
　　　First Approach）が存在している（Cooper and Pugh 2002: 14）。それは教育，公衆
　　　衛生などと同様に治安も公共財のひとつであるという冷戦後国際社会の認識の変化
　　　を表している。だが，Tschirgi（2003）が警鐘を発しているように，ポスト9.11以
　　　降，治安に比重が置かれすぎてしまい対テロ戦争の文脈においては「開発の安全保
　　　障化」（Securitization of Development）が起きているという問題提起も最近の「治
　　　安と開発の関係」（Security-Development Nexus）の議論のなかではなされている。
＊4　本文中で後述するが，警察改革の萌芽はすでに1996年にみられたが，国際社会が
　　　関与し始めたのは1998年からのことである。また，2005年にシエラレオネの警察
　　　改革支援は一区切りを迎えたということができる。ゆえに本章では，1998～2005
　　　年の期間に焦点をあてる。
＊5　SLPの起源は直轄植民地が誕生した1808年にまで遡ることができる。「シエラレオ
　　　ネ警察」という名称は1894年から正式に使われており，1964年の警察法の施行に
　　　より現在のSLPが誕生している。直轄植民地を管轄していた初期のSLPにとって
　　　1896年以後に保護領と呼ばれることになる内陸部は管轄外であった。SLPが保護
　　　領と呼ばれる地域に進出するには第二次世界大戦後の1954年まで待たなければな
　　　らなかったのである（Foray 1977: 200）。内陸部に関しては，フロンティア警察隊
　　　（Frontier Police）とコート・メッセンジャー（Court Messenger）が同様の活動
　　　を担った。植民地政府のプレゼンスを内陸部において維持する必要に迫られ，内陸
　　　部の安全確保を担当する準軍事組織であるフロンティア警察隊が1890年に設置さ
　　　れているが，植民地行政府の脱軍事化路線により，フロンティア警察は1901年に
　　　西アフリカ・フロンティア軍（West Africa Frontier Force）に統合されることと
　　　なった。その空白を埋めるべくコート・メッセンジャーが1907年に設置されてい
　　　る（Abrahams 1978: 185）。1952年にコート・メッセンジャーはチーフダム・メッ
　　　センジャー（Chiefdom Messenger）へ，そして1960年に現在のチーフダム警察へ
　　　と名称を変えて現在にいたっている。また，このような歴史経緯があることから元
　　　直轄植民地である西部地域にはチーフダム警察は存在しない。
＊6　イギリスは1998年以前にもSLPに対して技術支援を行っているが，不安定な政治
　　　情勢によりその効果は限られていた（DFID 1998）。本節では1998年以降のみを扱

うこととする。

*7　CPDTFは1997年に派遣される予定だったが，クーデタによる影響で，1998年に派遣された。キース・ビドル（元シエラレオネ警察長官）への電話インタビュー（2010年4月6日）。

*8　「警察憲章」は，CPDTF側がシエラレオネの警視総監との意見交換をもとにその原案を作成したのに対して，「使命表明」は，CPDTFがファシリテーターとして同文書作成のためのワークショップや会議を主導したとはいえ，最終的にはSLP側がその原案をまとめたという違いがある（Horn et al. 2006: 114）。

*9　他の国では「地域型警察活動」（Community-Based Policing: CBP）とも呼ばれている。シエラレオネではローカル・ニーズ・ポリシングと呼ばれ，「国家が設定した一定の基準に基づいた，地域社会の需要や期待に応える警察運営に関する考え方」と定義されている（Baker 2008: 31）。1998年以降，ローカル・ニーズ・ポリシングは主に過去との決別という意味合いで使われている。

*10　CPDTFは1996年にバンヤ委員会がまとめた報告書を参考に改革を進めたが，バンヤ委員会の報告書については「課題をたくさん挙げているが，どのように警察改革を進めればよいのかという解決策の提示に関しては最低限のものしか行われておらず，またどこからその財源を持ってくるのかという重要な点についても指摘がなかった」という評価がある（Horn et al. 2006: 113）。

*11　1997年5月のクーデタ以来，在職中の警察長官が国外に亡命，ビドルが着任するまでは副長官が長官代理を務めていた。キース・ビドル（元シエラレオネ警察長官）への電話インタビュー（2010年4月6日）。

*12　LPPBは管轄する警察署長によりその活動の幅，そして地域からの認知度に大きくばらつきがあるという指摘がなされている（Baker 2008）。2005年以後，国際社会はLPPBに対する支援を行ってはいるが，それは1998～2005年という本章の射程を超えてしまうことから，詳細な考察は別の機会に譲ることとしたい。

*13　同じ時期に，CPDTF時代からシエラレオネの警察改革に尽力してきたCCSSPのチームリーダーであるエイドリアン・ホーン（Adrian Horn）がシエラレオネを離れている。ホーンの離任もSLPとCCSSPの関係の変化に少なからず影響を与えたといえる。

*14　以前は「文民警察要員」（Civilian Police: CIVPOL）という表現が使われていたが，近年は国連の警察要員のなかに「武装警察隊」（Formed Police Unit: FPU）が含まれることから，「国連警察要員」（UNPOL）という表現が使われるようになっている（藤重 2009）。

*15　警察改革についてはロメ和平合意のなかでは言及されていないが，1996年11月30

日に締結されたアビジャン和平協定の第25条では「法の支配をシエラレオネ全土において確立するためにも警察を強化する」と言及がなされている。

*16 その他には軍の能力向上，元戦闘員の社会への再統合プロセスの完了，全土に政府のプレゼンスを確立すること，そしてダイヤモンド鉱山の管理体制を確立することをUNAMSIL撤退の条件としてあげている（UN 2002）。

*17 CCSSPは，2005年6月，司法部門開発プログラム（Justice Sector Development Program: JSDP）へとその活動が引き継がれている。

*18 UNAMSILが撤退した2005年以降も国連シエラレオネ統合事務所（United Nations Integrated Mission in Sierra Leone: UNIOSIL），その後は国連シエラレオネ統合平和構築事務所（United Nations Integrated Peacebuilding Office in Sierra Leone: UNIPSIL）が，それぞれシエラレオネ警察のオペレーション能力開発に取り組んでいる。

*19 評者によっては内部監査組織のひとつである警察評議会（Police Council）の改革が必要であると指摘する者もいる。だが，警察評議会の改革には住民投票が必要であることから手つかずのまま現在にいたる。キース・ビドル（元シエラレオネ警察長官）への電話インタビュー（2010年4月6日）。

*20 警察が国内の秩序を維持し，軍は国外からの脅威から国内社会を守るという警察と軍の分業は，「国内社会において暴力が独占され，国際関係においては暴力が拡散している」という認識が前提として存在することにより成り立っている（藤原 2005: 32）。警察改革支援はこの分業を前提としているので，警察に対する支援は自明視される傾向がある。

● ──参考文献

藤重博美（2009）「国連平和活動における国連警察の現状と課題──『FPU（武装警察隊）』の役割の検討を中心に──」2009年11月6日報告，日本国際政治学会・国連研究分科会（神戸国際会議場）。

藤原帰一（2005）「軍と警察」山口厚・中谷和弘編『安全保障と国際犯罪』東京大学出版会，pp.27-44。

古澤嘉朗（2010）「平和構築と警察改革支援──『法の支配』の基本的方向性と『質的転換』──」上杉勇司・長谷川晋編『平和構築と治安部門改革（SSR）──開発と安全保障の視点から──』広島大学平和科学研究センター，pp.79-90。

Abrahams, A. (1978) *Mende Government and Politics under Colonial Rule*, Freetown: Sierra Leone University Press.

African Human Security Initiative (2009) *Sierra Leone: A Country Review of Crime and*

Criminal Justice, 2008, Monograph 160, Addis Ababa, Ethiopia: ISS.

Albrecht, P., and P. Jackson (2009) *Security System Transformation in Sierra Leone, 1997-2007*, Birmingham, UK: University of Birmingham.

Baker, B. (2006) "The African Post-Conflict Policing Agenda in Sierra Leone," *Conflict, Security & Development*, 6(1), pp.25-49.

—— (2008) "Community Policing in Freetown, Sierra Leone: Foreign Import or Local Solution?" *Journal of Intervention and Statebuilding*, 2(1), pp.23-42.

Bayley, D.H. (2006) *Changing the Guard: Developing Democratic Police Abroad*, Oxford: Oxford University Press.

Bercovitch, J., and R. Jackson (2009) *Conflict Resolution in the Twenty-First Century: Principles, Methods, and Approaches*, Ann Arbor, MI: University of Michigan Press.

Cooper, N., and M. Pugh (2002) *Security Sector Transformation in Post-Conflict Societies*, London: King's College London, The Conflict, Security & Development Group Working Paper No.5.

Department for International Development (DFID) (1998) *Evaluation of ODA/ DFID Support to the Police in Developing Countries: Synthesis Study*, London: DFID.

Foray, C.P. (1977) *Historical Dictionary of Sierra Leone*, London: Scarecrow Press.

Galtung, J. (1975) *Peace, War and Defense: Essays in Peace Research, Vol.II*, Copenhagen: Christian Ejlers.

Gberie, L. (2005) *A Dirty War in West Africa: The RUF and the Destruction of Sierra Leone*, Bloomington, IN: Indiana University Press.

Gbla, O. (2006) "Security Sector Reform under International Tutelage in Sierra Leone," *International Peacekeeping*, 13(1), pp.78-93.

Horn, A., and 'F. Olonisakin with G. Peake (2006) "United Kingdom-led Security Sector Reform in Sierra Leone," *Civil Wars*, 8(2), pp.109-23.

Howlett-Bolton, A.C. (2008) *Aiming for Holistic Approaches to Justice Sector Development*, Security System Transformation in Sierra Leone 1997-2007 Working Paper No.7, Birmingham, UK: Global Facilitation Network for Security Sector Reform.

Republic of Sierra Leone (1996) *Report of the Dr. Banya Committee on the Republic of Sierra Leone Police Force*, Freetown: Republic of Sierra Leone.

—— (2008) *Government of Sierra Leone Justice Sector Reform Strategy and Investment Plan 2008-2010*, Freetown: Republic of Sierra Leone.

Richmond, O.P. (2008) *Peace in International Relations*, London: Routledge.

Tschirgi, N. (2003) *Peacebuilding as the Link between Security and Development: Is the*

Window of Opportunity Closing? New York: IPA.

United Nations (2002) *Fifteenth Report of the Secretary General on the United Nations Mission in Sierra Leone*, S/2002/987.

第10章 2007年選挙と若者
―― 元戦闘員の再動員とポリトリックス ――

マヤ・クリステンセン，マッツ・ウタス（落合雄彦訳）

フリータウン市中心部で出会った若者たち（2010年3月，落合雄彦撮影）

「戦争の時期」は「政治の時期」とそれほど違わない。[*1]
奴らの頭のなかにあるのはポリトリックスさ。[*2]

はじめに

「奴は小さなトラックを2台も手に入れやがった。おかげでいまは結構稼い

でいる。俺の方が奴より年上なのに，いまの俺に何があるっていうんだ？　もし俺たちがこの選挙で勝ったら，今度こそ俺も何か分け前をもらわなきゃいけない」。2007年の選挙期間中にシエラレオネ人民党（Sierra Leone People's Party: SLPP）の非公式の警備員をしていた30代前半の元戦闘員が，そう呟いた。それは，筆者が同警備員に対して，彼がシエラレオネ紛争末期に仲間の戦闘員とともに逮捕・投獄されたのに，なぜ，彼らを逮捕したのとまったく同じ政治家たちを紛争後になって支援し，よりにもよってSLPPの選挙キャンペーンに協力したりするのか，とちょうど問いただしている最中のことだった。

　シエラレオネでは，同国を紛争へと導いたのとほとんど同じ人々が紛争後の民主政治を牛耳ってしまっている。シエラレオネの多くの若者たちは，そうした状況を「ポリトリックス」（politricks：後述）と「デモクレイジー」（democrazy）のゲームと揶揄し，まさにストリートの声ともいうべきポピュラー・ミュージシャンたちは，そうしたゲームをテーマとした社会風刺的な楽曲をほぼ絶え間なく発表し続けている。

　本章では，シエラレオネの2007年選挙をめぐって，政治家がいかに元戦闘員や他の周辺化された若者を自らの選挙キャンペーンへと戦略的に再動員していったのか，また逆に，民主政治に関する基本知識をしばしば欠くそうした元戦闘員の若者が，いかに選挙を個人的な処世や利益獲得のために巧みに利用しようとしたのか，を検討していく。

1 若者と暴力

(1) 若者とは何か

　シエラレオネ社会の文脈における「若者（青年）」（youth）とは，アフリカの他の多くの地域でもそうであるように，単なる若年層の人々というよりも，むしろ政治的主張や社会的位置づけと深く関わる政治的なラベルにほかならない（Christiansen, Utas and Vigh 2006）。

　たとえば，シエラレオネを代表するナショナリストであるI.T.A. ウォレス＝ジョンソン（I.T.A. Wallace-Johnson）と西アフリカ青年連盟（West African Youth League: WAYL）に関するレオ・スピッツァーとララィ・デンツァー（Spitzer and Denzer 1973a, 1973b) の論考では，若者は政治的かつ革命的な存在として描かれ，植民地権力から自立的であるばかりか，社会変革をももたらす存在として位置づけられている。しかし独立後，そうしたアフリカ・ナショナリズム期の政治的な若者は，主に政権与党系の青年組織によって次第に飼い慣らされ，権力側に取り込まれていった。また，その過程のなかでアフリカでは，かなりの年長者までもが「若者」という範疇のなかに含まれるようになった（Dorman 2004; Kriger 2005）。

このように独立後のアフリカでは，一方で政治的存在としての若者が権力側に取り込まれてしまったが，他方では，忠誠心を欠いた流動的なまったく新しいタイプの若者グループの存在をみかけるようにもなった。その多くは男性であり，彼らは独立後のアフリカ諸国の紛争や選挙で重要な政治的役割を果たしてきた。たとえばピーター・カグワンジャ（Kagwanja 2005）は，現代ケニアの政治分裂や政情不安を理解するためには，従来から支配的であった「エスニック」な枠組みよりも，むしろ世代対立や周辺化された若者の政治化といった視点の方がより有用になりつつある，と指摘している。同様に，ポール・ヌゲント（Nugent 2001）は，ガーナの2000年選挙に関する研究成果のなかで，同国の政治展開においては，エスニシティや地域主義よりも若者の存在がより中心的な役割を果たしつつある，と述べている。

アフリカに関する近年の著作からも明らかなとおり，「若者」というのは実に文脈依存的かつ流動的な用語である。とはいえ，本章におけるその用法は，あくまでも西アフリカにおけるごく一般的なそれを反映したものであり，本章では「若者」という表現を，ある年齢層に属するすべての人々というよりも，むしろ周辺化された（多くの場合はそれほど若年ではない）人々のラベル，として用いることにしたい。したがって，たとえば本章の文脈に即して「若者の潜在的危険性をめぐる問題」というとき，それは通常考えられているような「若年層の人口増加とそこから派生する諸問題」を意味しない。むしろそれは，「社会経済的な周辺化と無力化を経験している，かなり広範な年齢層の人々の規模とそれに関わる諸問題」といった意味合いのものにほかならない。

(2) 先兵であり，先導者でもある若者

　シエラレオネでは，政治と暴力は相互に密接に結びついており，とくに選挙は，政治的な緊張が高まり，それがときに暴力事件にまで発展する典型的な契機となってきた (Nunley 1987: 209-215; Rosen 2005: 76-82; Banton 1957: 176-178)。なかでも，かつてシエラレオネ都市部で「ラーライ・ボーイ」(*rarray boy*)[*3]と呼ばれ，今日では単に「若者」というラベルを貼られている人々は，独立以来，シエラレオネ社会において政治的暴力の主要なアクターとして機能してきたのである (Abdullah 2002: 24)。

　シエラレオネの若者が「与党支持の暴徒として選挙に大規模参加した」のは1967年選挙が最初の事例であり，その背景には「ラーライ・ボーイ文化がもつ暴力的な性格のゆえに，彼らが政治家による選挙運動のための武器として利用された」という側面があった，とイブラヒム・アブドゥッラー (Abdullah 2002: 24-25) は指摘している。また，デイヴィッド・ローセンは，周辺化された若者の政治行動への関与という意味で，1967年選挙は重要な意味合いをもつとした上で，同選挙では，「有権者を脅迫するために，SLPPが，白いバンダナとベストを着用し，SLPPのシンボルであるヤシの木を掲げた10代の男性集団から成る「行動グループ」を利用した」と述べている (Rosen 2005: 77)。

　他方，のちにシアカ・スティーブンス (Siaka Probyn Stevens) と彼が率いる全人民会議 (All People's Congress: APC) という別の政党もまた，周辺化された若者をSLPPと同様の方法で政治動員するようになった。とくに，一党制国家への移行を模索していたスティーブンスは，「アナーキーと恐怖の雰囲気」(Rosen 2005: 77) を醸成するために若者の暴力を積極的に利用しようとした。同じAPCのS.I. コロマ (S.I. Koroma) は1971年に副大統領の地位にまで登りつめた人物であるが，彼もまた若者グループ，とくにオデレイ (*odelay*) と呼ばれる結社[*4]をひとつの支持基盤とし，そこに集う若者の暴力性を政治利用した (Rosen 2005: 77-78)。そして，フリータウンと地方の両方で，そうしたスティーブンスとコロマ配下のAPC支持の若者が，「人々に火をつけ，その家を焼き払い，子どもを銃撃し，市民を行進させるとともに暴行し，敵対者を自分たちの主宰するリンチ裁判の前に引きずり出して，鉈で男女を惨殺した」(Rosen

2005: 78) という。このように指摘した上でローゼンは,「シエラレオネにおける現代的な子ども兵の鋳型は,そうしたAPC政権のもとで鍛造された」(Rosen 2005: 79) とまで結論づけているのである。

　このように1990年代のシエラレオネ紛争中にみられた軍事的な暴力とは,実は1980年代までの紛争前の政治的な暴力の必然的な延長線上に位置づけられるものであった。そして,後述するとおり,紛争後の2007年選挙キャンペーンにおける政治的な暴力もまた,そうした紛争前から紛争中へと連綿と続く暴力の,外観を変えた継続であったといえる。

　しかし,周辺化された若者は,政治家によって常に利用されるだけの単に客体的な存在であったわけではけっしてなかった。周辺化された若者は,政党や政治家によって取り込まれて政治目的のために利用される一方で,そうした政治動員を自らの地位向上のための数少ない好機として捉え,それを積極的に活用してもきたのである。その意味で,周辺化された若者は,シエラレオネ社会における政治ゲームの単なる「先兵」(pawn)ではなく,いわばその「先導者」(navigator)でもあったといえよう (Christiansen, Utas and Vigh 2006)。

2　2007年選挙と元戦闘員

(1) 選挙の評価と若者の中心性

　2007年9月17日,国家選挙管理委員会(National Electoral Commission: NEC)は,大統領選決選投票においてAPCのアーネスト・バイ・コロマ(Ernest Bai Koroma)候補が54%を得票し,45%を得票したSLPPのソロモン・ベレワ(Solomon Belewa)候補に勝利した,と発表した。2007年選挙は,国連が平和維持部隊の大半をシエラレオネから撤収させて以来初となる大統領・国会議員選挙であり,シエラレオネ国民だけではなく国際的なドナーも,不安と期待の入り混じった複雑な心境でその行方を見守っていた。

　2007年選挙をめぐる不安は,これまでの選挙がほぼ常に暴力と混乱を伴ってきた,というシエラレオネ政治史の史実にのみ起因するものではなかった。2007年選挙キャンペーンが始まると,政党党員間での暴力事件や衝突が頻繁に発生するようになり,選挙戦の動向や政情全般に対する不安感が全国的に醸

成されるようになったのである。

　他方，大統領選決選投票日の数日前，SLPPのベレワ候補は，自由公平な選挙を実施する上でのNECの能力に対して疑義を唱える訴訟を，最高裁判所において起こしている。また，APCのコロマ候補の勝利がNECによって発表されたのとほぼ同時に，477カ所の投票所の集計結果を無効とする判決が裁判所によって下されてもいる。これらの投票所では，集計投票数が登録有権者数を上回っており，そのために投票結果の無効が言い渡されたのであった。

　このように2007年選挙をめぐっては，さまざまな不安や不正が広く認められ，そのうちのいくつかは深刻な事態にまで発展したにもかかわらず，最終的に同選挙に対しては，「総じて秩序があって平和的」[*5]というプラスの評価が国内外の選挙監視団などによって与えられた。

　ところで，2007年の選挙戦において最も注目を集めたテーマのひとつが若者であった。SLPPは，そのマニフェストのなかで，数多くの失業中の若者の存在を「平和定着のために適切な対策が講じられるべき治安上の課題」として位置づけていたし，APCのコロマ大統領候補もまた，「若者の問題は慢性化しており，やがて爆発する危険性を孕んでいる」[*6]との認識を示していた。

　しかし，若者の存在が2007年選挙戦でとくに注目されるようになった背景には，若者の失業問題などが政策課題やアジェンダとして俎上に載せられるようになったことに加えて，若者，なかでもその一部のグループが選挙の動向に実に大きな直接的影響を与えるようになったことが関係していた。そして，同選挙戦に大きな直接的影響を及ぼすようになったその若者グループこそが，本章のテーマである「再動員された元戦闘員」にほかならない。

(2) 元戦闘員の再動員

　シエラレオネ革命統一戦線（Revolutionary United Front of Sierra Leone: RUF）とウェスト・サイド・ボーイズ（West Side Boys: WSB）は，1991年に勃発したシエラレオネ紛争のプロセスのなかで，激しく対立したライバル武装組織であった。そして2006年2月から3月にかけて，両組織の元戦闘員が大量にフリータウン市内のパデンバロード刑務所から釈放された。彼らの多くは紛争末期に逮捕され，約6年間の獄中生活を送った服役囚たちであった。[*7]しかし，もとも

写真10-1　APCとSLPPの党本部。上の写真の右手にある3階建てのビルがAPC本部。外壁は同党のシンボルカラーである赤色が縞状に塗られている。正面奥には中国の援助で建設されたシエラレオネ政府合同庁舎の建物がみえる。他方、SLPP本部は下の写真の中央部奥にある四角い建物。建物の外壁はその全体が同党のシンボルカラーである緑色で塗られている（2009年2月、落合雄彦撮影）

と彼らの逮捕は，2000年5月の公共非常事態令にもとづくものであり，逮捕容疑の多くが殺人罪や殺人共謀罪などであったため，2006年の釈放はその賛否をめぐって物議をかもした[8]。

他方，釈放された元囚人たちの間では，彼らの釈放は政治家による動員や特定の大統領候補者への支持確保を目的としたものにちがいない，とする見方が有力であったという。

たとえば，ヴィクター（Victor）[9]という元戦闘員は，2006年2月の釈放から数日後に筆者のインタビューに応じ，そのなかで，「俺たちがビッグヤード（刑務所）から出られたのは，今回の選挙ビジネスのために俺たちが必要とされていたからさ」と述べている。

また，元RUF司令官のジョゼフ（Joseph）は，元戦闘員が釈放後に政治へと再動員されれば，再び投獄されてしまう危険性が高くなるのではないかと警戒した上で，次のように証言している。

> すべての注目がいま俺たちに集中しているんだ。この政治ゲームで，もし俺たちが一歩でもヤバイ方向に進んでしまったら，奴ら（政治家）はすぐに俺たちを捕まえて再投獄するだろう。そうなったら，俺たちはもう二度と娑婆に出てこられないにちがいない。そして，俺たちのブラザーに対してしたように，奴らは毒薬で俺たちを密かに抹殺するだろうよ。政治家は自分勝手な目的のために俺たちを利用したいだけなのさ。だからこそ，奴らは俺たちを釈放したんだ。でも最終的には，奴らは俺たちに死んでもらいたいのさ。だって，奴らは俺たちのパワーにビビっているからね[10]。

選挙をにらんで元戦闘員の政治動員が始まったのは，2006年夏のことだった。当初，SLPPとAPCの各大統領候補者が旧武装勢力のRUFとWSBの一部の司令官に接近し，選挙戦への協力を要請してきたという。これに対して，RUFとWSBの双方が，紛争中に形成された指揮命令系統を活用して元戦闘員の動員を進めた。たとえば，一部の元RUF司令官らは，APC大統領候補のコロマから，彼らを特別警備隊として雇用したい旨の提案をすでに服役中に受けていた，と証言している。そして，このようにAPCのコロマ側がまず先に

RUFの元戦闘員の動員と囲い込みを開始してしまったため，その対立候補であるSLPPのベレワ側は結果としてWSBの動員を進めることになったという。

政治家が元戦闘員の動員を進めた真の動機は，少なくとも公的には明らかにされていない。が，警察や国軍に対する政治家の不信感が，選挙期間中の身辺警護などのために「退役兵」——つまり，ゲリラ組織の元戦闘員——を活用する方向へと政治家を駆り立てた主因であった，と元戦闘員たちは主張する。

また，ある元戦闘員は，政治家が彼らを動員した背景には，逆にまったく動員しなかったときに生じてしまう事態への恐怖心があった，とも述べている。たとえば，SLPPの「タスクフォース」（task force）——元戦闘員は，それを一般に「スクワッド」（squad）と呼ぶ——に入った元WSB戦闘員のイブラヒム（Ibrahim）は，次のように語る。

> 政治家は俺たちのことを心底怖がってやがるんだ。俺たちがこの国の強力なメンバーだってことを知っているからこそ，奴らは俺たちをけっしてぞんざいには扱わない。俺たちにいったい何ができて，俺たちがどこから来ているのかを，奴らはよく知っている。もし，俺たち（元戦闘員）が力を合わせれば，この国なんていちころさ。こんな感じでね。だから奴らは俺たちと手を組もうとするんだ。奴らは，自分たちが対峙している人間たちのことをよく知っているのさ。[*12]

別のSLPPタスクフォース・メンバーであるイドリッサ（Idrissa）は，以下のように分析する。

> もし，奴ら（政治家）が俺たちを除けものにしたら，奴らには権力を取れるチャンスなんてないさ。だって，俺たちは奴ら以上だからな。奴らは無理矢理にでも俺たちと手を組まなきゃならないんだ。好むと好まざるとにかかわらずだ。無理矢理にでもね。[*13]

しかし，もし仮に，政治家が元戦闘員に対する恐怖心からその動員を進めたとすれば，そうした政治家の恐怖心は，皮肉なことに動員によって軽減されるどころか，WSBとRUFの間の紛争中の確執を選挙戦のなかに取り込んでしま

うことで逆に増幅されていった。

　たとえば，APCのコロマ候補の特別警護員として雇われた元RUF司令官のフォデイ（Foday）は，事実関係はともかくも，敵対するSLPPタスクフォースの組織化こそが，APC側のタスクフォース設置を正当化する役割を果たした，とした上で次のように述べている。

　　　　俺たち（APC）には，もともとタスクフォースなんて作るつもりはなかったんだ。でも，いまとなってはもう他の選択肢はない。SLPP，奴らはこの選挙を滅茶苦茶にしようとしている。アーネスト・コロマが大統領になることを受け入れたくないんだ。だから，奴らはラーライ・ボーイやごろつき（WSB）と手を組んでこの国にパニックを起こそうとしているんだ。奴らは俺たちのリーダー（コロマ）に死んでもらいたいんだ。俺たちを皆殺しにしたいんだ。[14]

　逆に元WSB戦闘員を中心とするSLPPタスクフォース側も同様の論理を展開し，元RUF戦闘員から主に構成されるAPCタスクフォースの存在こそが脅威であり，それがSLPPタスクフォース設置・拡大の最大の原因である，と強調する。また，選挙期間中，APCとSLPPの双方では，敵対するタスクフォース・メンバーを対象にした「殺害対象者リスト」が作成され，回覧されているという噂さえ聞かれたという。[15]そして，こうした旧武装組織間の根深い確執や怨恨が，元戦闘員に対する政治家の恐怖心を緩和するどころか逆にいっそう煽り，政党間の対立感情を先鋭化させ，選挙期間中の暴力事件発生を強く促す結果となった。

　2007年9月3日，当時のアフマド・テジャン・カバー（Ahmad Tejan Kabbah）大統領は，タスクフォース間で暴力的な衝突事件を起こしていたSLPPとAPCの関係者を招集し，事態収拾のための会合を開催している。そしてその席上，SLPPのベレワ候補とAPCのコロマ候補は，選挙戦の妨害となるような行為を元戦闘員に対していっさい扇動しないとの約束を交わした。また，SLPPとAPC双方がタスクフォースへの元戦闘員のさらなる動員をしないことにも合意している。にもかかわらず，両候補はその後も元戦闘員の政治動員を公然と継続したのであり，その結果，選挙戦をめぐる暴力事件が全国各地で発生する

ようになった。

　他方，前述のとおり，一部の元戦闘員の間では当初，選挙戦への参加によって政治に巻き込まれていくことへの強い警戒感がみられたが，選挙戦が実際に始まると，そうした状況は大きく変化していった。そして，政党間の対立が激化し，暴力事件が各地で頻発するなかで，さらに多くの元戦闘員が選挙戦という政治ゲームのなかへと大量に流れ込み，政党のタスクフォースに参加するようになっていったのである。

　このようにして政治動員された元戦闘員は，前述の2006年に釈放された元服役囚だけではなかった。2006年前半に選挙戦に向けた動きが始まると，収監されずに武装解除されて一般市民として生活していた元戦闘員の間でも，自分たちが熾烈な政治闘争に巻き込まれていくであろうことが察知されるようになっていた。一般市民として暮らしていた彼らにとって，2007年選挙は，単に有権者として選挙権を行使するだけの機会ではなく，彼らの社会的地位や将来への期待を向上させるための千載一遇の好機，しかも「ラスト・チャンス」として映ったのである。

(3) 元戦闘員の政治参加の動機

①ラスト・チャンス

　元戦闘員が2007年選挙をめぐって政治動員に応じた理由はさまざまだが，その重要な要因のひとつがこの「ラスト・チャンス」という認識であった。「俺たちにとっては，今回の選挙こそが分け前をえられるラスト・チャンスなんだ」という発言は，2007年選挙に参加した元戦闘員の常套句であった。そして，この「ラスト・チャンス」という認識がもつ意味合いをより正確に理解するためには，まずシエラレオネ紛争を「若者の危機」(crisis of youth) (Richards 1995, 2005) という文脈のなかで捉えることが肝要である。

　若者が，貧困や不義によって周辺化され，上方向への世代間移動もできず，常に社会の底辺で滞留するような閉塞状況に置かれる場合，彼らにとっての戦争参加は，社会的および経済的な可能性を増大させる数少ない手段のひとつとして機能する (Keen 1998, 2003, 2005; Richards 1996; Utas 2003)。シエラレオネ紛争とは，そうした社会の底辺で閉塞状況に喘ぐ若者が参加した反乱であり，

その意味でそれは「若者の危機」であった。

　したがって，紛争中に戦闘員となった一部の若者にとっては，シエラレオネ紛争の終結は必ずしも歓迎すべきものではなかったのである。なぜならばそれは，紛争前の閉塞的な周辺化状況への逆戻り，あるいは「再」周辺化の始まりとして捉えられたからである（Utas 2005）。とくに，紛争後に都市部のゲットー（マリファナなどが売買される場所，あるいはその周辺の貧困者居住地域）での生活を強いられるようになった元戦闘員の若者のなかには，紛争終結によって自己実現手段を喪失したという意味で自分たちのことを「平和の犠牲者」（victims of peace）と位置づけ（Utas 2005），2007年選挙を社会的に「何者」かになるための「ラスト・チャンス」とみなす者がけっして少なくなかった。

　SLPPタスクフォース・メンバーのサミー（Sammy）は，以下のように語る。

　　　俺たちは戦争から何もえられなかった。そして，この腐った政治家どもは，俺たちのために何をしてくれたというんだ？　奴らは俺たちを刑務所にぶち込みやがった！　それも丸6年間もだ。そうさ，俺たちがシエラレオネの国家と国民のために戦った歳月，その結果がこのありさまさ！　ところがいま，奴らは俺たちのところにお願いに来て，謝罪し始めている，どうぞ過去のことはすべて水に流してください，だとよ。……俺たちは，奴らのお世辞に乗せられているわけじゃないが，奴らの謝罪を受け入れることにするよ。だってこれが，これまでの長い苦しみの歳月のあとにようやくやって来た，分け前と償いをえるための，俺たちにとってのラスト・チャンスになるんだから。[*16]

　ところで，紛争末期に一部の戦闘員を逮捕したのは当時のSLPP政権であり，その意味では，本章冒頭でも指摘したとおり，逮捕・投獄された元戦闘員のなかに2006年の釈放後にSLPP支持に傾いた者が少なからずいたことは，やや奇妙なことのようにみえるかもしれない。しかし，自分たちを逮捕したSLPPを釈放後に支持した元戦闘員の間では，自分たちから自由を剥奪したのはSLPPなのだから，自分たちの将来を保障するのもSLPPでなければならない，という独特の論理や理解がみられた。また，SLPPを支持した元戦闘員のなかには，国家財政を掌握する当時の政権与党であるSLPPだけが，元戦闘員への補償や

報償を提供できる唯一の政党だとみなす者が少なくなかった。

②身の安全

　元戦闘員が政治動員に応じた第二の動機としては，身の安全という側面を指摘できる。あるSLPP支持の元戦闘員は，自らの戦争体験と選挙戦を重ね合わせながら次のように語っている。

　　　俺たちは生き残るためにどこかに所属しなければならない。戦争でも選挙でも，怨恨は同じようなものさ。俺たちは一人でいたら生き残れないんだ。俺たちの党員証は，身の安全の保障なのさ。[*17]

また，前述したSLPP支持者のイブラヒムは次のように述べている。

　　　参加しなければ，俺たちなんてゼロだ。俺たちは刑務所から出てきたラーライ・ボーイでしかない。この選挙戦がなかったら，俺たちはゼロなんだ。……俺の目的は自分の身の安全さ。だから俺は奴ら（SLPP）と一緒にいるんだ。いまの政府だけが安全を与えてくれるんだ。奴らは俺たちに安全を完全に保障してくれた。奴らは悪党だから，もしお前さんが一人でいたら，奴らにやられちまうぜ。注意しなかったら，刑務所に連れ戻されちまうのさ。[*18]

　イブラヒムの証言にも垣間見られるとおり，とくに当時の政権与党SLPPを支持することは，元戦闘員の間に強い安心感をもたらした。政権の敵になり，その標的にされてしまうのではなく，過去を水に流して逆に政権与党の支持者になることで，元戦闘員は身の安全を確保しようとしたのである。

　他方，当時野党であったAPCの場合，与党SLPPほどには元戦闘員に対して安全を提供することも，それを保障することもできなかったにちがいない。しかし，やはりAPC支持の元戦闘員の間でも，政治参加の動機として自分の身の安全の確保を挙げた者が多かった。選挙戦に加わり，自分の支持政党を明確にしておく方が，たった一人でいるよりもはるかに安全だ，と彼らは言う。また，SLPPであろうとAPCであろうと，元戦闘員は，その党員やタスクフォー

ス・メンバーになることでさまざまな庇護を獲得することが可能となり，とくに警察による逮捕や暴行の危険性を最小限にすることができた。

たとえば，選挙期間中に多くのタスクフォース・メンバーが，傷害，窃盗，麻薬所持などの容疑で逮捕されたが，多くの場合，彼らは大統領候補や「ビッグマン」からの圧力のおかげですぐに釈放された。一例を挙げれば，SLPPタスクフォース・メンバーのアルハジ（Alhaji）は，フリータウン市内中心部のバーで売春婦への支払いをめぐって喧嘩となり，警察に逮捕された。そのとき，彼は銃，ナイフ，そして硫酸まで所持していたが，結局数時間後には釈放されたという。彼は後日，次のように証言している。

> 俺はタスクフォースの有力メンバーで，党事務所は俺を必要としていたんだ。俺が何をしたところで，ソロB（SLPPの大統領候補者ソロモン・ベレワのこと）は俺が監獄のなかにいる状態を受け入れたりはしないぜ。奴には俺が必要なんだ。もし俺がたった一人でいたら，警察は俺をパデンバロード（刑務所）にぶち込んでいたかもしれない。でもソロBは警察なんかより強いんだ。俺はいま完全に安全なんだ。それが，SLPPを俺の党とする理由だよ。もう誰も俺に指一本触れられないのさ。[*19]

③人間関係

元戦闘員による2007年選挙戦への参加の主要な動機としては，ラスト・チャンスの認識や身の安全の確保のほかにも，紛争中に形成された人間関係の影響という側面を指摘できる。

元戦闘員のなかには，かつて所属していた武装組織の戦友や上官からの圧力で政治動員に応じたという者が少なくなかった。たとえば，「レザーブーツ」（Leatherboot）の呼び名で知られる元RUF司令官のイドリス・カマラ（Idriss Kamara）はコロマの誘いを受け入れてAPC側につき，元WSB司令官のボムブラスト（Bomblast）はSLPPのベレワと手を組んだ。そして，多くの元戦闘員が，紛争中の指揮命令系統を利用したこの2人の呼びかけに応じて各タスクフォースに参加したといわれている。かつての司令官が選挙戦への参加を呼びかけたときに，その誘いを断ることができる元部下はけっして多くなかったの

である。

　また，前述の身の安全という要因とやや関連するが，女性の元戦闘員の場合には，自分の生活を支えたり，安全を守ってくれたりするボーイフレンドや夫と一緒にいたいという理由を政治参加の動機として挙げる者もいた。

　APCとSLPPは，フリータウン市中心部の離れた場所にそれぞれ党本部事務所を構えていた。選挙期間を通じて，両党事務所とその周辺では，支援者が集まっては政治談議をしたり，選挙結果の予想をしたりするなど，大変賑やかな光景がみられた。なかでもタスクフォース・メンバーは，党事務所の裏に自分たちの「陣地」を持っており，そこで寝泊りする者が少なくなかった。[20] このために党事務所とその周辺は，女性の元戦闘員にとっても，タスクフォース・メンバーのボーイフレンドなどによって守られた安全な場所として映った。また，男性たちから小遣や食べ物をもらえる可能性のある場所でもあったのである。

　たとえば，ボーイフレンドがSLPP党本部の警備担当のタスクフォース・メンバーであったアダマ（Adama）は，身の安全と金銭をえるために党本部裏に寝泊まりしていた。彼女は次のように語る。

　　　みんな，私たちのことを見ているのよ。夜に選挙運動をすると，警察が来て私たちの邪魔をするの。……もし，この人たち（SLPP警備員）と一緒にいないと，誰も守ってくれない。男たちが私たちの面倒をみてくれるのよ。すごく頼めば，男たちはカルテル（コカインなどのハードドラッグを売買する場所）でドラッグをやるお金だって私たちにくれるんだから。[21]

　また，自分自身がかつてWSBの戦闘員であり，そのボーイフレンドがSLPP支援者であるアミナタ（Aminata）も，やはりボーイフレンドが守ってくれるという理由でSLPP党本部周辺で暮らしていた。

　　　私は政治家じゃないし，いまはもう政治のビジネスからは離れたの。だけど，ボーイフレンドも友だち（WSB）もここにいるから，みんなと一緒にいたいだけなの。私たちはいつも一緒よ。[22]

④金銭，食事，住居

多くの元戦闘員には，金銭，食事，住居といった直接的あるいは物質的な利益もまた政治参加の重要な動機づけとなった。そうした利益の質や量は，タスクフォースの幹部か一般メンバーかによって大きく異なるが，ほとんどの元戦闘員が，政党への参加にあたってそうした金銭的あるいは物質的利益の有無を考慮した，と証言してくれた。とくに与党SLPPの支援者の場合には，野党APCの支援者よりも金銭的あるいは物質的な利益を多く，かつ定期的に享受することができた。たとえば，SLPPタスクフォースでは，すべてのメンバーが「タバコ代」(cigarette money)と呼ばれる5000レオンから1万レオン程度の金銭を毎日受け取り，また，勤務シフトで党事務所に来るたびに食事を提供された[23]。正式に党員登録をしていないSLPP支援者は，そうした恩恵には必ずしも浴することはできなかったが，それでも党事務所での寝泊まりについては許可され，そのことが事務所周辺に恒常的にたむろする主要な動機となっていた[24]。

他方，かつて国家暫定統治評議会(National Provisional Ruling Council: NPRC)のメンバーであったトム・ニュマ(Tom Nyuma)や1996年クーデタで政権を奪取したマーダ・ビオ(Maada Bio)といった，タスクフォースのトップクラスの元司令官たちは，一般の元戦闘員よりもはるかに多くの利益を享受することができた[25]。彼らがえた金銭的あるいは物質的な利益を詳細に記述することはできないが，そこにはいくつかの共通する特徴を見出すことができる。第一に，有力政治家の警護をした上級の元司令官は，携帯電話や他の通信手段を与えられた。第二に，大半の元司令官は，地方での選挙戦においてジープを利用することができた。第三に，直接的な金銭的利益としては，元司令官には米ドルで資金がときどき提供され，彼らはそれを部下に配分した。そうした元司令官を含むほとんどの元戦闘員は，選挙戦以前よりも生活水準が向上した，と証言している。

⑤将来への期待

元戦闘員の多くにとって将来への期待は，政治参加の最も重要な動機のひとつであった。筆者が調査したほぼすべてのインフォーマントが，金銭や食事といった直接的な利益もたしかに重要ではあるが，政治参加の動機としてそれ以

上に重要なのは将来への期待感である，と述べている。

　選挙期間中，APCとSLPP双方の大統領候補が，選挙後に元戦闘員のために雇用を保障すると公約している。とくにコロマは，選挙中に自分の警護員になった元戦闘員については選挙後も雇用を継続すること，さらにはその家族に対してもさまざまな支援を惜しまないことを約束した。他方，ベレワは，シエラレオネ国軍の元兵士については国軍に復帰する機会を与えること，WSBのような武装組織の元戦闘員には警備会社などへの就職を斡旋することをそれぞれ約束している。

　こうした将来への期待感という点に関して，SLPP支援者のサリウ（Saliue）は次のように述べている。

> （SLPPに参加することにしたのは）別にカネのためではないよ。カネなんてちっぽけなことさ。俺たちのいまの生活をみてくれよ。わずかの米を食い，地べたで寝ているんだ。これじゃあまるで動物の生活じゃないか。そんな生活をしているのは，もしSLPPが権力を取ってくれれば，仕事にありつけるからなんだ。だから俺はSLPPを支援している。俺が家を離れてこうして床に寝ているのは，この連中には俺たちのために何をすればいいかがわかっている，そう思うからさ。連中は俺たちのために何かをしてくれる，と俺は信じている。そしてそれは，俺たちの努力次第なのさ。[*26]

　サリウのようなタスクフォースの一般メンバーは，選挙に勝利さえすれば，SLPPが彼らのために何かをしてくれるにちがいない，と単純かつ漠然と考えていたのであり，そのことが政治参加の重要な動機づけとなっていた。

　他方，タスクフォース幹部の場合は，将来への期待といっても，それはより高いレベルの個別具体的なものであることが多かった。とくに彼らの多くは，留学や就労のために国外に脱出できることを期待していたのであり，なかには選挙後に政府の要職を与えてもらえると考えていた者もいた。

⑥政治課題

　シエラレオネにおいて政治は，周辺化された若者にとっての主要な関心事で

ある。しかし，選挙戦にその命さえ賭しているにもかかわらず，ほとんどの元戦闘員は，イデオロギー的あるいは政治的な目的を政治参加の理由としては重視していなかった。後述するとおり，ある特定の政党や大統領候補者を支援するということは，必ずしもその政党や候補者の政治信条や政策に共感したり，それらに対して忠誠心をもったりすることを意味しない。そうした傾向は，とくにSLPP支持者の間で顕著にみられた。

たしかに，SLPP支持者のなかにも，ベレワ候補を好きだという者や，「奴は規律に厳しい人間だから」支援に値すると語る者もいた。しかし，総じてSLPP支持者の場合，質問をしてもその政治的な主張や立場は曖昧模糊としていることが多かった。たとえば，「SLPPの政治目標は何ですか」という質問に対して，多くのSLPP支援者は，「ひとつの国家，ひとつの人民」("one nation, one people")という同党のスローガンをただ繰り返すだけで，それ以上の言及をしなかった。彼らは，SLPPはこれまで選挙に勝ってきた政権与党だから最良の政党だ，といった単純な説明しかできず，なかには「実は自分は政治にあまり関心がないんだ」と率直に証言してくれる者もいた。

SLPP支持者のイブラヒムは次のように語る。

> 俺は政治のことなんて何も知らないさ。政治なんて全然気にしていないよ。だってどれでもみな同じだろう。PMDCに投票する，APCに投票する，SLPPに投票する，これはただのゲームさ。サッカーの試合みたいなもんだよ。今日の政権が明日の政権なんだ。SLPPは政権与党さ。だから俺は支持するんだ。[*27]

しかし，政治意識が希薄なSLPP支援者とは対照的に，民主的変革のための人民運動（People's Movement for Democratic Change: PMDC）という第三政党やAPCの支援者のなかには，政治変革の必要性を心から信じ，指導者を個人的に強く支持する者が数多くみられた。たとえば，多くのAPC支援者が，コロマ候補を好きだと語り，周辺化された若者にとって必要な変革をもたらしてくれるのはコロマしかいないと信じていた。

あるコロマ支持者は，次のように述べている。

俺は，アーネスト（コロマのこと）のことが心底好きだ。だって，奴はこの国をいい方向に変えたいと本当に望んでいるんだ。刑務所に入れられているとき，俺は奴のことがだんだん好きになった。APCこそが俺の政党だ。カネなんてどうでもいいし，高級車もどうでもいいんだ。シエラレオネの人々のことが大切なんだ。この国の人間には変革が必要なんだ。だから俺はアーネストを支持する。いまこそ政治システムを変えるときなんだよ。[*28]

3 ウォーターメロン政治とポリトリックス

　シエラレオネ人アーティストであるダディ・サジ（Daddy SAJ）のヒット曲「ウォーターメロン政治」（*Watermelon Politics*）は，選挙期間中の2007年に発表された。この曲のなかでサジは，シエラレオネの若者の巧みな政治的な権謀術数をウォーターメロン（スイカ）に譬えている。表皮がSLPPのシンボルカラーのように緑色で，中身がAPCのシンボルカラーのように赤色であるウォーターメロンは，表面的にはSLPP（ベレワ）支持を表明しながらも，実際にはAPC（コロマ）に投票するという若者の巧みな政治行動を象徴的に示している（Utas 2007）——むろん，その逆もなかったわけではないが，それはあまり一般的ではなかった——。そして，「ウォーターメロン政治をする」とは，政治家に一方的に操作されているようにしか見えなかった若者が，実は逆に複数の政党の党員証を入手して必要に応じて使い分けたり，日によって異なる政党の事務所に顔を出したりすることで，異なる出所からさまざまな直接的利益を最大限に引き出そうとする営みを意味していた。
　しかし，ウォーターメロン政治は，若者が自分の支持政党を状況に応じて巧みに変更したりするといったソフトな戦略だけを意味するものではない。とくに，若者のなかでも元戦闘員によるウォーターメロン政治の場合には，より深刻な，そしてしばしば危険で暴力的な形態をとったのである。
　パデンバロード刑務所の囚人の間で最も影響力が大きかった元RUF司令官のサミュエル（Samuel）は，「俺は本当のウォーターメロン人間さ」と自負する。選挙キャンペーンが始まると，彼は，APCのコロマ候補，SLPPのベレワ候補，

そしてPMDCのチャールズ・マルガイ（Charles Margai）候補から働きかけを受け，それぞれの警護を依頼された。しかし，彼はそうした誘いのすべてを断ったという。

> 俺の血のなかに流れているのはAPCだし，この選挙ではアーネスト・コロマに勝ってほしいが，おかしな状況に自分を置きたくはないんだ。ナンセンスは嫌だからね。自由がほしいんだ。自分の行動は自分で決める必要がある。とにかくウォーターメロン政治は儲かるんだよ。[*29]

サミュエルにとっては，ある特定の政党に所属してしまうことは，自分がもつ自由や権力の制約を意味し，また，ある特定の政治家のためだけに働くということは，受け入れがたいルールや労働条件への服従とほぼ同義であった。
とはいえ，選挙が政治家から利益を引き出すための絶好の機会であるということ自体は，他の元戦闘員と同様にサミュエルにもよくわかっていた。

> 俺も，何か分け前が必要だし，それを自分なりのやり方でいま手にしているんだ。俺には俺なりのやり方があるんだ。カネのあるところに俺はいる。権力のあるところに俺はいる。俺が見回りをしているとき，俺のことを馬鹿にする奴なんていないさ。俺には俺のやりたいことがあって，誰も俺を止められないのさ。いまこそ，俺の方が政治家に一泡吹かせてやるのさ。[*30]

サミュエルは，ある特定の支持政党を決めてしまうのではなく，異なる政治家や政党に対して「見回り」（patrol）をすることで利益を獲得していた。その際にサミュエルは，フリータウン市内のあるゲットーをまず先に訪れる。そこは，周辺化された無職の若者のたまり場であり，サミュエルは，そこで別の元RUF司令官であるパトリック（Patrick）に手伝ってもらいながら，「政治家見回り」（politician patrol）に連れていくための「厄介な若者」（troublesome boys）を集めるのだという。

サミュエルの友人のパトリックは，次のように語る。

俺たちは一緒に政治家を騙すのさ。あっちに行ったかと思えば，その次にはこっち，って感じでね。俺の本心を理解するのは容易じゃない。俺たちは行って，奴ら（政治家）を手玉に取るんだ。後ろにいる連中にはしゃべらせない。ただ俺が命令するだけだ。だが，俺がでかい声で攻撃的に話すと，ああ，こいつらは元戦闘員たちだ，と政治家連中はすぐに気づく。奴らはビビる。そして，それでもカネを出さないならば，こっちから脅すだけさ。[*31]

　また，政治家から金銭を引き出すためにどのように脅迫をするのかと筆者が尋ねたところ，パトリックは以下のように答えた。

　俺たちはこういうふうに言うんだ。「気を付けな」「俺たちは兵士だ」「もし何かあったら，あんたと戦ってもいいんだぜ」「あんたの頭を切り取らせてもらうぜ」「命はないと思いなよ」ってな感じでね。あるいは，「夜にあんたの車をみつけたら，襲撃させてもらうからな」とかね。そうすると，何人かはビビる。そして，カネを取り出してきて俺たちに渡すのさ。この前，APCの国会議員候補のオショ・ウィリアムズ (Osho Williams) のところに行ったんだ。意気のいい連中を15人以上も連れて行ったら，奴らは俺たちをみるなりビビっていたぜ。俺たちの眼をみることができない始末さ。俺たちは乱暴な反乱兵さ。俺たちをみたときの奴らの反応ときたら。なんといっても俺たちは普通の格好をしてないからな。外見的には俺たちは，誰のことも気にしない愚連隊，いつでも喧嘩の準備ができている荒くれ者，くらいにしかみえないだろうよ。この国の政治家は，長い間たくさんのことを約束してきたのに，いまだに何にもよこしやしない……。でも，俺たちにはそんな政治家を扱う技巧があるんだ。奴らに接触し，俺たちなりのスタイルでやらせてもらうのよ。この前，国家民主同盟党 (National Democratic Alliance Party) に行ったときも，外見の服装を変え，いろんな技巧を使わせてもらったよ。奴らはビビってカネをくれたぜ。それもウォーターメロン政治のひとつさ。外見を変えて動くのさ。そして，俺たちにはそのための技術があるんだ。[*32]

　そうした政治家見回りとそこでの脅迫は，ウォーターメロン政治のいわば

第 10 章　2007 年選挙と若者　　193

「ハードコア」な一面といえよう。つまり，ウォーターメロン政治には，若者による政党支持をめぐる巧みな操作といったソフトな面だけではなく，元戦闘員による政治家のかなり技巧的な利（乱）用というハードで，しばしば暴力的な側面もまた含まれていたのである。

多くの元戦闘員は，政治家のことを，「俺たちを利用し，乱用し，その後に廃棄する」存在とみなしてきた。そのために元戦闘員は，彼らを利（乱）用してきた政治家を逆に利（乱）用するために，「政治ゲーム」と呼ばれる政治状況のなかで自己流のポリトリックスを開発し，それを駆使してきた。ある者は，異なる政治家のもとに集まり，あたかも彼らを支援しているかのように振る舞っては利益を引き出し，ある者は，政治家を巡回しては脅迫によって金銭を巻き上げてきたのである。

そうしたウォーターメロン政治の背景には，シエラレオネでは政党が政治的目的や主張を基盤に形成されてこなかったという点が深く関わっている。シエラレオネの政党は，イデオロギーや政治信条ではなく，金銭的あるいは物質的な利益の獲得や身の安全の確保を主な目的として形成されてきたのであり，そのために，たとえば2007年の大統領選決選投票の際にSLPPのベレワの劣勢が噂されると，多くのSLPP支援者がAPCへと一挙に鞍替えをしてしまったのである。

こうしたウォーターメロン政治的な状況に対して，SLPPとAPC双方のタスクフォースは，「偵察兵」(recce soldiers)と呼ばれる情報収集員を使ってウォーターメロン人間の洗い出しを進めるとともに，裏切り者やスパイが政党のなかに紛れ込んでいないかどうかを監視する体制を強化した。そして，その過程のなかで，複数政党間の往来を疑われた一部の者が摘発されてタスクフォースから暴力的な制裁を受け，少なくとも1名が殺害されている。

4 暴力と重なる民主主義の言説

2007年選挙をめぐっては多くの暴力事件が発生したが，とくに衝撃的であったのが同年7月23日に起きたコロマ暗殺未遂事件であった。同事件現場にいたコロマ側警護員の証言によれば，前述したニュマが率いる元WSB戦闘員の一

団がコロマの滞在するホテルの部屋に侵入し，コロマらの殺害を図ったという[*33]。これに対して，やはりその場にいたSLPP側のタスクフォース・メンバーは，逆にAPCのコロマ側の警護員が先にニュマに対して危害を加えてきた，と主張する。

同事件の真相は必ずしも明らかではないが，その後も両党間で衝突が繰り返され，ついに9月1日，2007年選挙期間中で最悪の衝突事件がフリータウン市中心部で発生した。その日，棍棒，ナイフ，短剣で武装したSLPPとAPCの支援者が，旧政府埠頭地区にあるSLPP党本部周辺で衝突したのである。衝突の噂を聞きつけた両党支援者が市内各地から次々に集まってきたことで，乱闘はさらにエスカレートし，市中心部は一時パニック状態に陥った。警察が派遣され，催涙ガスや威嚇射撃を用いたが，混乱状態は容易には収拾されず，乱闘は数時間にわたって続き，双方に多数の負傷者が出た。

ところで，そうした一連の暴力事件発生の背景にあるのが，シエラレオネの場合，皮肉なことに民主主義の言説にほかならない。2007年選挙の期間中，再動員された元戦闘員の間では，民主主義とは何か，市民としての権利とは何か，シティズンシップとは何か，といったテーマがときどき議論されたという。そしてそのなかで，たとえばシティズンシップという概念は，差別なく政党に所属する権利や自分の支持する政党や政治家に対して自由に投票できる権利といったものとして理解されることが多かったという。

SLPPタスクフォース・メンバーであったアリ（Ali）は，次のように述べている。

　　俺には俺のアイデンティティがある。俺はこの国の市民だし，俺には自分の意見を表現する権利がある。APCのごろつき連中やラーライ・ボーイに邪魔されずにSLPPに所属する権利があるし，SLPPに投票する権利だってある。この国の市民なんだから，俺を邪魔する者は誰もいない。俺には自由と庇護があるんだ。自分で自分を守るのは自己責任だし，それは自己義務でもある。そのために何をしてもいい権利が俺にはあるのさ。だから俺は，日没後はいつも長剣を持ち歩くようにしているんだ……[*34]。

このアリの語りに示されているように，元戦闘員の間では，シティズンシップは支持政党を自由に選択して投票する権利といったものとして認識されていた。しかし，彼の語りのなかで何よりも興味深いのは，そうした市民としての権利やシティズンシップといったものが暴力とけっして矛盾せず，むしろそれと親和的に理解され語られている，という点であろう。元WSB戦闘員のアリは，選挙期間中，南部のボー（Bo）という町で襲撃された経験があり，その後彼は，ライバルの元RUF戦闘員が自分の殺害を企てているのではないかと常に恐れるようになった。そうしたこともあってアリは，自分が市民としてもつ権利とは自由に政党を支持する権利であり，その権利を行使するためには何よりもまず自衛をしなければならず，そのためには武器の携行や暴力の使用も認められる，といわば拡大解釈的に考えるようになったのである。
　しかし，そうしたアリの思考や証言はけっして特殊なものではなく，むしろそれは権利やシティズンシップをめぐる元戦闘員の一般的な理解を代弁するものであったといえる。すなわち，元戦闘員の間では，正式に党員登録をした自分たちには，その社会的および法的な権利を守るために「やりたいことは何でもできるはずだ」という考え方が，広く共有されていたのである。
　そして，そのように市民としての権利やシティズンシップを暴力と親和的なものとして捉える認識は，単に言説レベルだけではなく実践においてもみられた。たとえば，2007年9月8日に実施された大統領選決選投票の際，元戦闘員は「自分たちの票を確保する」ために驚くべき行動を実行に移した。つまり元戦闘員は，自分たちの市民としての責務とは，シエラレオネの人々が正しい候補者に投票するように導くことであると唱え，その責務遂行のためになんと武装をして投票所を巡回したのである。
　SLPPタスクフォースのあるメンバーは，この巡回行動について以下のように述べている。

　　第1回目の投票のとき，俺たちは自分たちの投票が終わったあとに投票所を離れるという過ちを犯してしまった。でも，今回は俺たちの票を逃さなかったよ。みんなが自分の権利を行使できるようにするのが俺たちの責任だからさ。もし，俺たちが引き下がっていたら，みんなは投票するのを怖がるだろうよ。だから

俺たちはすべきことをしているだけさ。俺たちがAPC支援者を外出させず，投票に行けないようにしているとかいう噂は真実ではないし，俺たちが武器を持っていることはそんなに重要なことではないんだ。これはショーの一部なのさ。武器がなければ，権利なんてないも同じことさ。俺たちはこの国の市民なんだから，自分たちの仕事をするまでだよ。俺たちは強制によって票を集めているんだ。*35

　また，あるAPCタスクフォース・メンバーは，選挙戦をめぐる暴力的な「啓発活動」について次のように語っている。

　　俺たちは，どうやって投票するかを奴らに理解させなければならないんだ。読み書きができない連中がたくさんいるし，奴らは政治のことを何も知らないし，自分たちの権利についても知らない。奴らは理解するのがのろいんだ。だから，俺たちが奴らにどうやって投票するかを教えてやっているんだ。……啓発活動みたいなもんさ。もし俺たちがそれを強制的にやらないと，奴らにはわからないんだ。俺は暴力にはうんざりだが，いまはそれ以外の方法がない。もし奴らがAPCに投票しないなら，最終的に権利もないのさ。奴らはこれからも二級市民のままだ。*36

　こうした語りが示すとおり，選挙戦に参加した元戦闘員は，市民，権利，シティズンシップ，啓発活動といった，本来は民主的な言辞や言説を用いて自らの暴力使用を正当化していたのである。

5 選挙後の明暗

　大統領選決選投票の最終結果発表が遅れるなか，元戦闘員のもっぱらの関心事は自分たちの将来に対する期待や不安で占められるようになった。政治家は本当に約束を守ってくれるのか，もし，自分たちの支援してきた候補者が負けたらどうなるのか，武装勢力間の怨恨が新たな紛争に発展するのか，それとも平和が維持されるのか。前述のアリは，最終結果公表前の不安な心境を以下の

ように筆者に吐露してくれた。

　　いま選挙結果の発表を待っているが，俺たちはみんな怯えている。俺たちは，影響力をえたり，身の安全を確保したりするために悪党の政治家に加担したが，いまの俺たちをみてみろ。町のなかを自由に歩くこともできないし，仲間と一緒に武器をもっていなければ怖くて仕方がない。まるで戦場で罠にはまってしまったときのようだ。身の安全がないんだ。いま町のなかは無法な混乱状態だから，俺たちは自分たちの望むものをえるために全力を尽くすだけさ。俺は自分のことで精一杯だし，何にでも備えはできている。それが俺のスローガンさ。平和にも備えができているし，戦争にも備えができている。俺は誰も信用しないし，誰のことも気にしてはいない。いまほしいのは自分の取り分だけさ。たとえそれを力づくで獲得するしかないとしても，俺はそれをもらうぜ。[*37]

　大統領選挙の最終結果が発表されると，APC支援者が支配的なフリータウン市内では，お祝いムードが盛り上がり，人々がストリートで歌い踊った。しかし，SLPP支援者には，結果発表はまず衝撃をもって受け止められ，次いですぐに恐怖感をもたらした。そうしたなか，まずAPC勝利を祝う群衆がSLPP党本部に詰めかけ，同党タスクフォース・メンバーを襲撃して略奪を始めた。警察が駆けつけて催涙ガスを使用したために，SLPPタスクフォース・メンバーの多くは運よく難を逃れることができたが，その一部はSLPP党本部の裏手にある水辺からボートで逃げたり，赤いTシャツを着てAPC支持の群衆のなかに紛れ込んだりしなければならなかった。選挙結果発表後しばらくの間，敗北したSLPP支援者側は外出を控え，APC支援者のお祝いムードが一段落つくのを待つしかなかった。

　選挙後，SLPPからAPCへの政権交代が実現したのにともなって，再動員された元戦闘員の生活も大きくその明暗が分かれた。敗北したSLPPタスクフォース・メンバーは，約束された取り分をえることなく政権中枢からの撤退を余儀なくされた。なかには，なんらかの仕事をみつけてフリータウン市内に留まり続ける者もいた。しかし，SLPP支援者のなかには，選挙後に地方や隣国へと移住する者が少なくなかった。

他方，勝利したAPCタスクフォース・メンバー，とくにその幹部メンバーは，多くの取り分をえた。SLPP支援者のなかには，勝者の仲間に入れてもらうために，SLPPの緑色のTシャツを赤色のものに着替えてAPC支持を表明する者もいたが，大きな利益を享受したのは選挙期間中を通じてAPC支持を貫いた者たちであった。とくにAPCタスクフォースの幹部には，選挙結果が発表されると高額の報酬が支給されただけではなく[*38]，車や住居が提供された。ある者は土地を購入し，ある者は鉱物採掘分野で利権を獲得した。しかし，選挙協力に対するAPCタスクフォース幹部への見返りとしてとくに注目しておきたいのは，近年，彼らがシエラレオネ警察の機動部隊へと次々に採用・登用されているという点である。

　2008年1月初め，コロマの個人警護隊のレザーブーツと他のメンバーはモロッコのカサブランカに派遣され，要人身辺警護に関する特別訓練を受けた。そして，3カ月間の訓練ののち，彼らは大統領護衛警察班（Presidential Guard Police Unit）で勤務するためにシエラレオネ警察に雇用された。とくに，元RUF司令官のレザーブーツが同班の長に採用されると，同人事に対する批判や不安の声が上がった。しかし，レザーブーツは，メディアへの対応のなかで，かつてのRUF幹部を紛争後に警察幹部として登用することは「望ましい社会復帰」のあり方であり，元戦闘員のまさに誇るべき「社会への再統合」であると主張している[*39]。

むすびに──暴力の家畜化としての政治──

　ローセン（Rosen 2005: 79）は，「紛争前の政治的暴力は，戦争の訓練場であった」と述べている。本章では，紛争中の戦術や戦略あるいは人的ネットワークが，元戦闘員によって，2007年選挙戦のなかでいかに再活用されたのか，を論じてきた。そして，紛争後の選挙における元戦闘員の再動員プロセスに焦点をあてることで，シエラレオネの紛争前・中・後を通じて，暴力の政治的な利用が明確な継続性をもっていることを示すことができた。

　紛争中にみられた暴力の激化や武装組織への若者の広範な動員は，しばしば「特異な現象」とみなされがちである。しかし，2007年選挙に再動員された元

戦闘員のさまざまなポリトリックスの事例にも端的に示されているように，平和と戦争の区別というのは意外と曖昧なものといえる。タスクフォース・メンバーは，暴力正当化のためにシティズンシップの言説を援用する一方，常に戦時の力学を選挙戦に投影してきた。大統領候補は政治キャンペーンのために暴力を助長しないと公約しておきながら，実際には，2007年選挙でも暴力的な動員がシエラレオネの「民主政治における「通常」の営み」(Ferme 1998) を特徴づけるものとなってしまった。そこでは，暴力が否定されるのではなくいわば昇華され，家畜化され，正当化されてきたのである。

　私たちは，アフリカ諸国における紛争後の平和構築や民主化を考察する際，シエラレオネの2007年選挙の事例でみられた，再動員された元戦闘員のような「民主主義の傭兵」(mercenaries of democracy) ともいうべき存在や，彼らによる暴力の昇華／家畜化現象について深く留意しておかなければならない。

● ── 付記

　本章は，Christensen, Maya M., and Mats Utas (2008) "Mercenaries of Democracy: The 'politricks' of Remobilized Combatants in the 2007 General Elections, Sierra Leone," *African Affairs*, 107(429), pp.515-539を大幅に加筆修正したものである。

● ── 注

* 1　Mbembe (2006: 300) からの引用。
* 2　シエラレオネ人ミュージシャンであるカオ・デネロ (Kao Denero) の2004年発表のアルバム「フリータウン王」(*King of Freetown*) に収録されていた楽曲「ポリトリックス」(*Politricks*) の歌詞より。
* 3　ラーライ・ボーイとは，インフォーマルな都市生活におけるさまざまな困難を巧みに生き抜く自由奔放な若者を指すクリオ語である。
* 4　オデレイ結社は今日なお，フリータウン都市生活の大きな特徴のひとつといえる。同結社の詳細については，Nunley (1981, 1988) を参照されたい。
* 5　潘基文国連事務総長の発言 ("UN chief welcomes 'generally' peaceful presidential election in Sierra Leone," *People's Daily Online*, 11 September, 2007)。
* 6　"Sierra Leone: election campaign focuses on youth," *Reuters Alertnet*, 8 August, 2007.
* 7　筆者は，このときに釈放されたRUFとWSBの元戦闘員に対して聞き取り調査を実

施した。したがって本章では，RUFとWSBの元戦闘員がAPCとSLPPの選挙活動へと再動員されるプロセスを考察する。しかし，このほかにもカマジョーに代表される市民防衛軍（Civil Defence Forces: CDF）という民兵組織の元戦闘員が，民主的変革のための人民運動（PMDC）に再動員されている。しかし本章では，そうした元CDF戦闘員のPMDCへの動員については，資料的な制約から取り扱わない。

*8 RUFとWSBの戦闘員が逮捕・投獄されるにいたった経緯についてはUtas and Jörgel（2008）を参照されたい。
*9 情報提供者の安全を確保するために，本章で取り上げる元戦闘員のインフォーマントについてはすべて仮名を用いる。
*10 2006年4月12日にフリータウン市中心部で実施したインタビュー。
*11 本章でいうところの「タスクフォース」とは，選挙期間中に政治家や党事務所の警備のために組織化された，元戦闘員（あるいは周辺化された若者）から成る暫定的な集合体を指す。タスクフォースは，安全を提供するとともに「パニック」を引き起こすために雇われており，そうした意味で複雑な役割を担う集団であったといえる。
*12 2007年8月3日にフリータウン市中心部で実施したインタビュー。
*13 2007年7月29日にフリータウン市中心部で実施したインタビュー。
*14 2007年8月13日にフリータウン市中心部で実施したインタビュー。
*15 選挙戦に動員された元戦闘員の間では，そうした殺害対象者リストは今日なお回覧されていると信じられている。そして彼らの多くは，自分の名前が同リストに掲載され，暗殺の標的にされてしまうことを恐れている。
*16 2007年9月3日にフリータウン市中心部で実施したインタビュー。
*17 2007年8月28日にフリータウン市中心部で実施したインタビュー。
*18 2007年7月24日にフリータウン市中心部で実施したインタビュー。
*19 2007年8月24日にフリータウン市中心部で実施したインタビュー。
*20 選挙中，多くの元戦闘員が自分たちの家を離れて党事務所に寝泊まりをしていた。党事務所で生活をすれば，家賃を支払う必要がないだけでなく，食事も無償で提供されたからである。
*21 2007年7月30日にフリータウン市中心部で実施した，女性を対象としたフォーカスグループディスカッションによる。
*22 2007年7月30日にフリータウン市中心部で実施したインタビュー。
*23 当時の為替レート（1米ドル＝3000レオン）で計算すると，5000～1万レオンは日本円で約200～400円に相当する。
*24 SLPPタスクフォースの場合，1日に3つのシフトが設けられていた。しかし，多く

のメンバーは自分のシフト時間が終わっても事務所周辺にたむろしていた。
* 25 ニュマとビオというこの影響力の強い2人の人物は，選挙中にSLPPに参加してベレワ候補の警護隊チーフを務め，NPRCと，WSBを含む元軍事政権の両方の元戦闘員を動員してSLPPタスクフォースを整備した。
* 26 2007年8月27日にフリータウン市中心部で実施したインタビュー。
* 27 2007年7月24日にフリータウン市中心部で実施したインタビュー。
* 28 2007年8月13日にフリータウン市中心部で実施したインタビュー。
* 29 2007年7月28日にフリータウン市中心部で実施したインタビュー。
* 30 2007年7月28日にフリータウン市中心部で実施したインタビュー。
* 31 2007年8月2日にフリータウン市中心部で実施したインタビュー。
* 32 2007年8月2日にフリータウン市中心部で実施したインタビュー。
* 33 "Statement issued by the All People's Congress of Sierra Leone," *Awareness Times* [Freetown], 24 July, 2007.
* 34 2007年8月17日にフリータウン市中心部で実施したインタビュー。
* 35 2007年9月7日にフリータウン市中心部で実施したインタビュー。
* 36 2007年8月30日にフリータウン市中心部で実施したインタビュー。
* 37 2007年9月10日にフリータウン市中心部で実施したインタビュー。
* 38 PMDCタスクフォース・メンバーやAPCの下位のメンバーによれば，レザーブーツにはタスクフォース配分用に4万5000米ドルの資金が支払われたという。しかし，レザーブーツはこの点を認めておらず，真偽のほどは定かではない。
* 39 *Awareness Times* [Freetown], 18 January, 2008.

●──参考文献

Abdullah, Ibrahim (2002) "Youth Culture and Rebellion: Understanding Sierra Leone's Wasted Decade," *Critical Arts*, 16(2), pp.19-37.

Banton, Michael P. (1957) *West African City: A Study of Tribal Life in Freetown*, London: Oxford University Press.

Christensen, Maya M., and Mats Utas (2008) "Mercenaries of Democracy: The 'Politricks' of Remobilized Combatants in the 2007 General Elections, Sierra Leone," *African Affairs*, 107(429), pp.515-539.

Christiansen, Catrine, Mats Utas and Henrik Vigh (2006) "Youth (e)scapes," in Christiansen, Catrine, Mats Utas and Henrik Vigh (eds.) *Navigating Youth, Generating Adulthood: Social Becoming in an African Context*, Uppsala: Nordic Africa Institute, pp.9-28.

Dorman, Sara Rich (2004) "Past the Kalashnikov: Youth, Politics and the State in Eritrea," *Edinburgh Research Archive*, http://hdl.handle.net/1842/536（2008年1月21日アクセス）

Ferme, Mariane (1998) "The Violence of Numbers: Consensus, Competition, and the Negotiation of Disputes in Sierra Leone," *Cahiers d'Études Africaines*, 150-152 (XXXVII 2-4), pp.555-580.

Kagwanja, Pter Mwangi (2005) " 'Power to Uhuru' : Youth Identity and Generational Politics in Keniya's 2002 Elections," *African Affairs*, 105(418), pp.51-75.

Keen, David (1998) *The Economic Functions of Violence in Civil Wars*, Oxford: Oxford University Press.

—— (2003) "Greedy Elites, Dwindling Resources, Alienated Youth: The Anatomy of Protracted Violence in Sierra Leone," *Internationale Politik und Gesellschaft*, 2, pp.67-94.

—— (2005) *Conflict and Collusion in Sierra Leone*, Oxford: James Currey.

Kriger, Norma (2005) "ZANU (PF) Strategies in General Elections, 1980-2000: Discourse and Coercion," *African Affairs*, 104(414), pp.1-34.

Mbembe, Achille (2006) "On Politics as a Form of Expenditure," in Comaroff, Jean, and John L. Comaroff (eds.) *Law and Disorder in the Postcolony*, Chicago: Chicago University Press, pp.299-335.

Nugent, Paul (2001) "Winners, Losers and Also Rans: Money, Moral Authority and Voting Patterns in the Ghana 2000 Election," *African Affairs*, 100(400), pp.405-428.

Nunley, John (1981) "The Fancy and the Fierce: Yoruba Masking Traditions of Sierra Leone," *African Arts*, 14(2), pp.52-58.

—— (1987) *Moving with the Face of the Devil: Art and Politics in Urban West Africa*, Urbana, IL: University of Illinois Press.

—— (1988) "Purity and Pollution in Freetown Masked Performance," *Drama Review*, 32(2), pp.102-122.

Richards, Paul (1995) "Rebellion in Liberia and Sierra Leone: A Crisis of Youth?" in Furley, Oliver (ed.) *Conflict in Africa*, London: Tauris, pp.134-170.

—— (1996) *Fighting for the Rain Forest: War, Youth and Resources in Sierra Leone*, Oxford: James Currey.

—— (2005) "New War: An Ethnographic Approach," in Richards, Paul (ed.) *No Peace, No War: An Anthropology of Contemporary Armed Conflicts*, Oxford: James Currey, pp.1-21.

Rosen, David M. (2005) *Armies of the Young: Child Soldiers in War and Terrorism*, New Brunswick, NJ: Rutgers University Press.

Spitzer, Leo, and LaRay Denzer (1973a) "I.T.A. Wallace-Johnson and the West African Youth League," *International Journal of African Historical Studies*, 6(3), pp.413-452.

―― (1973b) "I.T.A. Wallace-Johnson and the West African Youth League, part II: The Sierra Leone Period, 1938-1945," *International Journal of African Historical Studies*, 6(4), pp.565-601.

Utas, Mats (2003) *Sweet Battlefields: Youth and the Liberian Civil War*, Uppsala University, PhD dissertation published in DiCA.

―― (2005) "Building a Future? The Reintegration and Remarginalization of Youth in Liberia," in Richards, Paul (ed.) *No Peace, No War: An Anthropology of Contemporary Armed Conflicts*, Oxford: James Currey, pp.137-154.

―― (2007) "Watermelon Politics in Sierra Leone: Hope Amidst Vote Buying and Remobilized Militias," *African Renaissance*, 4(3-4), pp.62-66.

Utas, Mats, and Magnus Jörgel (2008) "The West Side Boys: Military Navigation in the Sierra Leone Civil War," *Journal of Modern African Studies*, 46(3), pp.487-511.

【資料】

紛争関連年表

落合雄彦

　本資料は，シエラレオネ紛争に関連する事件や出来事を年表としてまとめたものである。その作成にあたっては，多くの学術専門書，新聞，雑誌，国際機関資料，年鑑などを参照したが，なかでもシエラレオネ紛争に関するきわめて有用なインターネットサイトであるSierra Leone Web (http://www.sierra-leone.org/) に負うところが少なくない。

　なお，本資料は，落合雄彦 (2002)「シエラレオネ紛争関連年表」武内進一編『アジア・アフリカの武力紛争――共同研究会中間成果報告――』アジア経済研究所，pp.179-233，から一部を抜粋し，加筆修正をしたものである。

1 紛争前史 (1961～1990年)

年	月日	
1961	4.27	シエラレオネがイギリスから独立
1962	5.25	議会選挙でシエラレオネ人民党 (Sierra Leone People's Party: SLPP) が勝利したものの，全人民会議 (All People's Congress: APC) が野党第一党として議席拡大
1964		フリータウン (Freetown) 市長選挙でシアカ・スティーブンス (Siaka Probyn Stevens) が当選。シエラレオネ銀行創設。新通貨レオン (Leone) 導入
	4.28	ミルトン・マルガイ (Milton Augustus Margai) 首相死去。異母弟のアルバート・マルガイ (Albert Michael Margai) が首相に就任
1967	2.	クーデタ計画発覚。のちにアルバート・マルガイ首相はギニアと防衛協定を締結

1967	3.17	選挙でAPC勝利
	3.21	デイビッド・ランサナ (David Lansana) 准将による軍事クーデタ
	3.23	軍・警察幹部が支配権を握り，国家改革評議会 (National Reformation Council) を設置して，ジャクソン・スミス (Jackson Smith) 准将が議長就任
1968	4.	軍事クーデタ。のちに，スティーブンスを首相とするAPC-SLPP連合政権が樹立される
1970	9.	統一民主党創設
	9.11	ダイヤモンド産業国有化
	10.8	統一民主党非合法化
1971	3.23	ジョン・バングラ (John Bangura) 准将を中心とするクーデタ未遂事件。のちに，ギニア部隊が治安維持のために派遣される
	4.19	共和制に移行，スティーブンスが大統領に就任
1973	5.	総選挙でAPCが圧勝
	10.	シエラレオネとリベリアがマノ川同盟 (Mano River Union: MRU) 創設で合意
1975	5.28	西アフリカ諸国経済共同体 (Economic Community of West African States: ECOWAS) 設立条約調印
1976	3.26	スティーブンスが大統領に再選
1977	2.	学生らによる反政府デモ。総選挙。APCが勝利。選出議席87議席中，APC72議席，SLPP15議席
1978	5.	一党制を規定した憲法が議会を通過。APCのみの一党制国家となる
1980年代		緑の書研究クラブ (Green Book Study Club) やパン・アフリカンクラブ (Pan-African Club: PANAFU) といった政治的な志向性が強い学生諸組織が各地の高等教育機関に現れる
1980	7.	アフリカ統一機構 (Organization of African Unity: OAU) サミットがフリータウンで開催される。同サミット開催のための経費支出で国家財政が悪化
	10.25	ギニアがMRU加盟
1982	5.1	総選挙。一党体制下の選挙のため，APCが選出議席85議席すべてを占める
1984	1.12	フーラベイコレッジ (Fourah Bay College: FBC) で学生デモ
1985		FBCがリビアと関係をもつ過激な学生として41名を退学処分
	8.	軍司令官であるジョゼフ・サイドゥ・モモ (Joseph Saidu Momoh) 少

		将がスティーブンスの後継者に指名される
1985	10. 1	大統領選挙。モモが得票率99.9％で大統領に選出される
	11. 19	シエラレオネ大学がモモ大統領に名誉博士号を授与
	11. 28	モモ大統領就任
1986	3.	クーデタ計画が発覚。60名以上が逮捕される
	4.	第一副大統領フランシス・ミナ（Francis Minah）らが逮捕され，反逆罪で起訴される
	5. 30	議会選挙。APCが選出議席105議席すべてを占める
	10.	ミナを含む16名に死刑判決
1987		シエラレオネ人の反政府活動家がリビアのベンガジで軍事訓練を受ける（〜1988年）。そこで訓練を受けた者の一部がのちに反政府勢力シエラレオネ革命統一戦線（Revolutionary United Front of Sierra Leone: RUF）の核となる
	3.	クーデタ未遂
	11.	給料不払いなどに抗議するデモが発生するなか，モモ大統領が非常事態宣言を出す。内閣改造
1988		シエラレオネ国軍の元伍長フォデイ・サンコー（Foday Sankoh）がのちにリベリア国民愛国戦線（National Patriotic Front of Liberia: NPFL）の指導者となるチャールズ・テイラー（Charles Ghankay Taylor）と会う
1989	8.	モモ大統領が憲法改正を示唆
	10.	ミナら6名が処刑される
1989	11. 28	内閣改造
1990	8. 24	シエラレオネ部隊を含むECOWAS停戦監視団（ECOWAS Cease-fire Monitoring Group: ECOMOG）がモンロビアに到着
	11.	モモ大統領が国家憲法改正検討委員会の30名の委員を指名

2 紛争史（1991〜2002年）

年	月日	
1991	3.	国家憲法改正検討委員会が複数政党制の導入を謳った憲法草案を提出
	3. 23	100〜150名ほどのRUF部隊が2グループに分かれてリベリアからシエラレオネ領内に侵攻し，カイラフン（Kailahun）県とプジュフン（Pujehun）県で戦闘展開。紛争勃発

1991	3.27	RUFがコインドゥ (Koindu) 攻撃
	4.7	モモ大統領がナイジェリアを訪問して支援を要請
	4.9	1日で110名のゲリラ兵士死亡と報じられる
	4.12	ナイジェリア軍 (約500名) とギニア軍 (約300名) がシエラレオネに派遣される
	4.	モモ大統領がNPFLの関与を非難。リベリア独立国民愛国戦線 (Independent National Patriotic Front of Liberia: INPFL) 指導者プリンス・ジョンソン (Prince Johnson) がシエラレオネ政府を支援すると表明。国家憲法改正検討委員会の議長を務めるピーター・タッカー (Peter Tucker) が複数政党制の導入は不可避と表明
	5.初旬	シエラレオネ軍とギニア軍がコインドゥ，カイラフン，ペンデンブー (Pendembu) をRUFから奪回
	5.23	モモ大統領が複数政党制への移行を提案したタッカー委員会報告書を評価し，憲法改正のためのスケジュールを発表
	6.	駐英シエラレオネ高等弁務官カレブ・アウビー (Caleb B. Aubee) がリビア，ブルキナファソ，コートジボワールを名指しで非難。シエラレオネ政府がシエラレオネ難民のための食糧や医薬品をギニアに輸送。政府が憲法改正案を議会に提出
	6.21	シエラレオネ軍，ギニア軍，ナイジェリア軍がプジュフンをRUFから奪回
	7.	ムサ・カビア (Musa Kabia) が憲法改正をめぐる対立などから社会問題地域開発青年大臣を辞任。APCはカビアらの党員資格を一時停止
	8.	モモ大統領は戦闘が同国の政治改革プログラムに影響する可能性があると発言
	8.3	議会が憲法改正案を可決
	8.11	東部州の7つの都市と南部州の5つの都市をRUFから奪回した，と国防省がラジオで発表
	8.17	シエラレオネ国軍の元大佐アンブローズ・ジェンダ (Ambrose Genda) がロンドンで進歩人民党 (Progressive People's Party) を創設し，APC政権は正統性をもたないと批判
	8.23〜30	憲法改正を問う国民投票。投票率は約75％。憲法改正への賛成票が過半数
	8.	国民行動党 (National Action Party)，SLPP，民主人民党 (Democratic People's Party)，国民民主連合 (National Democratic Alliance)，市民

		発展教育運動(Civil Development Education Movement)の6政党が，政治運動統一戦線(United Front of Political Movements: UNIFOM)という統一戦線を結成し，タイム・バングラ(Thaimu Bangura)がその議長に就任
1991	9.3	複数政党制を規定した憲法が採択される
	9.4	リベリア民主統一解放運動(United Liberation Movement for Democracy in Liberia: ULIMO)がシエラレオネからリベリア領内に侵攻し，NPFLと交戦
	9.5	シエラレオネ外務大臣アブドゥル・カリム・コロマ(Abdul Karim Koroma)が，シエラレオネ軍側がNPFLに対して攻撃を加えたことを確認
	9.6	NPFLのテイラーがティエネ(Tieneh)を奪回したと発表
	9.7	リベリア暫定政府大統領エイモス・ソーヤー(Amos Sawyer)がフリータウンでモモ大統領と会見
	9.11	テイラーはアメリカがULIMOを軍事訓練しているとして非難
	9.23	モモ大統領が次回選挙(1992年初頭に実施予定)までの期間を担当する暫定内閣を発表。第一副大統領アブ・バカール・カマラ(Abu Bakar Kamara)と第二副大統領サリア・ジュス=シェリフ(Salia Jusu-Sheriff)が政府ポストとAPCをともに辞任。これに代わって，前法務大臣アブドゥライ・コンテ(Abdulai Conteh)と前通商大臣ジョン・ダウダ(John Dauda)がそれぞれ就任(コンテは地域開発内務大臣を兼務)。このほか，外務大臣A・R・ドゥンブヤ(A.R. Dumbuya)，財務大臣ジム・フナ(Jim Funa)，鉱物資源大臣A・コロマ(A. Koroma)，農業大臣ジョージ・カリュー(George Carew)，教育大臣ウィリー・コントン(Willie Conton)，保健大臣アグネス・テイラー=ルイス(Agnes Taylor-Lewis)，運輸通信大臣レイモンド・カマラ(Raymond Kamara)，国土住宅環境大臣ブブアカイ・ジャビー(Boubouakai Jabbie)，労働エネルギー電力大臣イブラヒム・バリー(Ibrahim Barrie)，公共事業大臣A・D・コロマ，情報大臣サム・クパクラ(Sam Kpakra)，貿易産業国営企業大臣トム・カーボ(Tom Kargbo)
	11.6	モモ大統領は，マシアカ(Masiaka)でギニア軍兵士に対して演説を行い，テイラー率いるNPFLとの戦いは勝利しつつあると語るとともに，シエラレオネ防衛へのギニア軍の貢献に対して感謝の意を表明
	11.7	一部のギニア軍部隊がシエラレオネを陸路で離れる

1991	11. 19	APC，SLPPなど6政党が正式に政党登録
	12. 11	モモ大統領は，ダカールで，イスラーム諸国会議機構(Organization of Islamic Conference: OIC)加盟諸国の一部がシエラレオネ領内への侵略者を支援していると語り，暗にブルキナファソを非難
1992	1. 4	シエラレオネ政府とNFPLの代表団がECOWASの仲介でモンロビアにおいて会談。シエラレオネ側はNPFLが攻撃を継続していることを非難し，NPFL側はシエラレオネがECOMOGに参加していることを批判。シエラレオネ・リベリア両国の間に緩衝地帯を設定することで原則合意するが，NPFL側は緩衝地帯をリベリア領内にのみ設定することに反発。モンロビア会談後，モモ大統領はテイラーの脅迫に屈せず，ECOMOGへの参加を継続すると語る
	1. 13	RUFがコノ(Kono)県への侵攻を試みるが，反撃にあう
	2.	コンテ副大統領兼内務大臣が，もし，反政府ゲリラ兵士が投降すれば恩赦を与えると語る
	4. 29	クーデタが発生。クーデタを起こした部隊はラジオ局を占拠。1991年憲法を停止し，非常事態を宣言。クーデタは周到に計画されたものではなく，この日，軍人への給料支払いを要求するために大統領官邸をたまたま訪問していた軍関係者が，要求を拒否されたために共謀してクーデタによる権力掌握をめざしたといわれている
	4. 30	モモ大統領がヘリコプターで隣国ギニアに亡命
	5. 1	国家暫定統治評議会(National Provisional Ruling Council: NPRC)の議長に弱冠26歳のバレンタイン・ストラッサー(Valentine Strasser)大尉が就任。NPRCの構成は軍人18名と民間人4名の計22名
	5. 3	NPRCが18名から成る内閣を指名
	5. 6	ストラッサーが正式に国家元首に就任
	5. 8	ストラッサーNPRC議長が政策演説でAPC政権を批判
	5. 18	軍事政権はスウェーデン人の鉱山技術者4名を停職処分
	6. 20	軍事政権は政府転覆を計画していた疑いで3名のイギリス人を逮捕したと発表
	7. 7	小規模な内閣改造
	7. 14	軍事政権は，NPRCが国家最高評議会(Supreme Council of State: SCS)と位置づけられる旨発表。ストラッサー議長は，政府とのパイプ役となるリエゾン・オフィサーをSCSメンバーのなかから3名指名。指名されたのは，C・I・M・ムバヤ(C.I.M. Mbaya)，ジュリアス・マー

		ダ・ビオ (Julius Maada Bio), S・K・カンボ (S.K. Kambo) の3名
1992	8.	ストラッサー議長が1991年憲法の改正などについて検討する審議会の設置を発表
	9.	ストラッサーが治療のためにイギリス滞在を行う間, NPRC副議長ソロモン・ムーサ (Solomon Musa) が国家元首代行となることが決められる
	10.	民政移管プロセスを検討する15名から成る審議会を設置
	10.11	シエラレオネ国軍とギニア国軍がリベリア国境付近でRUFとNPFLを襲撃
	11.	モモ支持者とみられる30名が逮捕される。外務次官アハメド・ラマダン・ドゥンブヤ (Ahmed Ramadan Dumbuya) が解任される
	12.29	12月28日に反腐敗革命運動 (Anti-Corruption Revolutionary Movement) と名乗る現役軍人や文民のグループがクーデタ事件を起こしたが失敗に終わった, とストラッサーがラジオを通じて発表
1993	1.	イギリスはクーデタ計画関係者の処刑に抗議してシエラレオネへの経済援助凍結。海外からの人権尊重への圧力を受けて, 軍事政権は1992年5月以来拘束していたモモ政権関係者を釈放
	2.	モモ政権関係者の汚職を指摘した報告書が提出される
	2.9	国軍がプジュフンを奪回
	3.	シエラレオネがイスラエルとの国交回復
	3.1	シエラレオネ政府は, 南部州のボー (Bo) にある橋を奪回したと発表
	3.29	国軍はRUFに数日前に奪われていたプジュフンを再度奪回。50名の反政府組織兵士がコーツマ (Kortuma) での国軍との戦闘で死亡
	4.	ナイジェリア陸軍は, シエラレオネとの二国間協定に基づいて平和維持のために部隊を同国に派遣すると発表
	4.29	ストラッサー議長は, クーデタ1周年を記念するラジオ演説で, 3年以内の民政移管, 政治犯の釈放を行うと発表
	7.	政治犯釈放
	7.5	ムーサ少尉に代わってビオがNPRC副議長就任。ムーサはナイジェリア高等弁務官事務所に庇護を求める
	7.23	イギリスがムーサとその妻はイギリスに渡ると発表
	8.11	アムネスティ・インターナショナル (Amnesty International) が, 報告書のなかで, 18歳未満の16名の少年が反政府勢力を支援したという容疑だけで裁判もなくフリータウンの刑務所に拘束されていると指摘

1993	8.14	国軍が東部州のギエフン (Giehun) とメンデ・ブエマ (Mende Buema) を反政府勢力から奪回
	8.28	国際赤十字委員会 (International Committee of the Red Cross: ICRC) の2名の看護婦と2名の運転手がシエラレオネ東部で襲撃され，殺害された模様
	9.15	国軍がカイラフンを反政府勢力から奪回。国軍はさらにブエドゥ (Buedu) に向けて進軍
	10.	スティーブンス政権下での閣僚経験者であるアバス・ブンドゥ (Abass Bundu) が外務国際協力担当次官に指名される
	10.13	イギリス旅券を保持したアジア系人4名がクーデタ計画の容疑でフリータウン市内のホテルにおいて逮捕される
	11.	シエラレオネ民主党 (Sierra Leone Democratic Party: SLDP) 指導者エディソン・ゴーヴィー (Edison Gorvie) が23年ぶりにシエラレオネに帰国
	11.9	政府はカイラフン県の9つの町を反政府勢力から奪回と発表
	11.12	政府はコインドゥを奪回したと発表。11日の攻撃によって66名の反政府ゲリラ兵が死亡し，大量の武器・弾薬が押収されたと発表
	11.26	ストラッサーが12月中に2年間の民政移管プログラムを開始すると発表。その主な内容とスケジュールは，国家諮問会議による憲法草案策定，暫定国家選挙委員会の発足，有権者登録 (1994年3～6月)，政党制にもとづかない地方議会選挙の実施 (1994年11月)，憲法採択のための国民投票 (1995年5月)，政党登録開始 (1995年6月)，大統領選挙 (1995年11月，議会選挙 (1995年12月)，民政移管 (1996年1月)
	12.	民政移管に向けた有権者登録や選挙区割りの策定などを行う暫定国家選挙管理委員会 (Interim National Electoral Commission: INEC) のメンバー5名を指名。議長にはジェームス・ジョナ (James Jonah) が就く。国家諮問会議が憲法改正のための諸提案を行う。非常事態宣言を解除
1994	1.10	反政府勢力がケネマ (Kenema) 県の町バオマコヤ (Baoma-Koya) の政府軍を攻撃したが，反撃を受けて撤退
	1.11	ラジオ・フリータウンは，政府軍が数時間の銃撃戦ののちカッセ (Kasse) を反政府勢力から奪回と報じる
	3.	政府が新聞に対する規制強化。南部と東部で戦闘激化。政府はリベリアとの国境付近に緩衝地帯を設ける必要性を強調
	3.30	RUFがボーにある水力発電所を攻撃

1994	4.1	RUFがジェンベ (Jembeh) を襲撃
	4.13	幹部将校らが反政府勢力との共謀などを理由に解任される
	4.29	シエラレオネ人権民主主義復興国民戦線 (National Front for the Restoration of Human Rights and Democracy in Sierra Leone) がロンドンで発足し，全勢力が参加する和平会議の開催を呼びかける
	5.	ナイジェリアの32名の軍事顧問団がフリータウンに到着。シエラレオネ側の依頼に基づいて国軍の訓練などにあたる。在留ナイジェリア人約200名がナイジェリア軍機でシエラレオネ脱出
	5.9	RUFがバンダジュマ (Bandajuma) を攻撃し，一般市民に55名の死者
	5.20	政府にもたらした損害を弁償することができなかったため，モモ政権関係者が逮捕される
	6.30	RUFが南部のテル (Telu) を襲撃し，市民58名と国軍兵士2名を殺害
	7.	ストラッサー議長が伝統的なパラマウント・チーフと会談し，戦闘状況について議論。ストラッサーは，パラマウント・チーフが紛争解決で大きな役割を果たすように期待すると表明。コモンウェルス事務局長エメカ・アニャオク (Emeka Anyaoku) がシエラレオネを訪問し，ストラッサーと会見
	7.15	イスラエルによる訓練を受けたシエラレオネ国軍特殊部隊がモンゲリ (Mongeri) とマトトカ (Matotoka) の奪回に投入される
	7.18	RUFがケネマとセグウェマ (Segbwema) を結ぶ道路を襲撃し，6名の市民を殺害
	7.19	RUFによる襲撃続く
	8.15	ダイヤモンド産地のケネマ県における戦闘で政府軍1名と反政府ゲリラ23名の死者
	9.	司法長官フランクリン・カーボ (Franklyn Kargbo) が，軍事法廷において出されたある将校に対する死刑判決に抗議して辞任。イギリスに亡命
	10.	憲法草案がNPRCに提出される。大統領の資格者は39歳以上とされ，29歳のストラッサーには立候補の権利がなくなる
	10.16	在リベリア・シエラレオネ大使ウィルフレド・カヌ (Wilfred Kanu) が，シエラレオネ平和イニシアティブ (Sierra Leonian Initiative for Peace: SLIP) という，リベリアで結成された親RUF組織を批判。レバノン人ビジネスマンがSLIPを支援していると非難するとともに，元ULIMO支援者であったアブドゥライ・スワレイ (Abdulai Swaray)

		がSLIPの指導者であると指摘。SLIPの活動目的はRUFゲリラのリクルートにあると述べる
1994	10.17	国軍がカダミナフン (Kadaminahun) でRUF兵士24名を殺害。シエラレオネの在リベリア大使がリベリアにいるシエラレオネ人亡命者が軍事政権打倒のために密かに人材確保を始めていると語る。ストラッサーが中国訪問から帰国
	10.18	モモらがギニアで200名の難民に軍事訓練を施し，NPRC政権の打倒を目指していると報じる
	10.19	SLIPは，ストラッサー軍事政権打倒のためにリベリアで密かに人材確保をしているというシエラレオネの在リベリア大使の指摘を否定
	10.20	モモは，彼が軍事政権打倒のためにギニアでシエラレオネ人難民に軍事訓練を施しているという報道を否定
	10.26	賃金引上げなどを求めて教員がストライキに入る
	11.7	300名のリベリア人傭兵がシエラレオネに向かう船のなかで逮捕されたと報じられる。RUFがカバラ (Kabala) を襲撃。イギリスのボランタリー・サーヴィス・オーバーシーズ (Voluntary Service Overseas: VSO) のメンバー2名が人質としてRUFに拘束される。政権転覆の容疑で逮捕されていたイギリスの4名のアジア系人が保釈される
	11.9	選挙管理委員会のジョナ委員長が，政府は翌年に民政移管できるよう準備を進めていると語る
	11.12	1992年12月に殺人や強盗の罪で死刑判決を受けていた12名の軍人が処刑される。1名は銃殺，他の11名は絞首刑
	11.15	在シエラレオネ英国高等弁務官事務所は，11月7日の誘拐事件を受けて，内陸で活動するVSOに避難を命じる
	11.17	教員ストライキが終わる。警察当局は，反政府勢力に雇われた91名のULIMO兵士の身柄を拘束していると発表
	11.24	シエラレオネ政府から国連事務総長にRUFとの交渉の周旋 (good offices) を依頼
	12.2	VSOシエラレオネ事務所長が2名のVSOの釈放を求める。イギリスの警察当局者も2名の捜索を続ける
	12.4	RUFとNPRCの代表団がマノ川橋で初会談を開く
	12.12	軍事政権は，駐イギリス・シエラレオネ高等弁務官を解任したと発表
	12.23	軍事政権が，約200名の反政府兵士を釈放すると発表
1995	1.1	RUFがフェロドゥグ (Ferodugu) を襲撃

1995	1.3	難民や国内避難民などに対応する政府機関である国家復興委員会（National Rehabilitation Committee: NARECOM）が紛争被災民を移送する方法を模索していると語る
	1.6	ストラッサーが，RUFに対して6項目の和平提案を行う
	1.10	シエラレオネ代表団がRUFとの会談のためにリベリアに向かう
	1.11	アメリカとシエラレオネは170万ドルの二国間債務を繰り延べすることに合意
	1.12	サンコー代表は，軍事政権の和平提案を拒否。また，拘束中の2名のVSOの健康状態は良好だが，場合によっては処刑することもありうると警告
	1.16	RUFがンジャラ・ユニバーシティ・コレッジを襲撃
	1.19	スイス系のシエラレオネ鉱石金属会社（Sierra Leone Ore and Metal Co.: SIEROMCO）の採掘施設がRUFによって襲撃され，8名の外国人技術者を含む多数が人質となる。ローマ・カトリック修道女7名（イタリア人6名とブラジル人1名）がRUFに拘束される
	1.21	サンコーがイギリスの外交官と電話で会談し，拘束中のVSOを解放すると語る。アメリカ系のシエラ・ルチル社（Sierra Rutile Ltd.）の施設が襲撃され，外国人が拘束される
	1.22	シエラ・ルチル社の外国人スタッフが国外避難を開始
	1.24	RUFはロシア人1名とシエラレオネ人1名の人質をギニア国境付近でICRCに引き渡す
	1.25	SIEROMCOとシエラ・ルチル社のスタッフがフリータウンに船で到着
	1.30	RUFがカバラからのバスを襲撃し，1名が殺害され，14名が負傷
	2.	サンコーは政府と交渉する用意がある旨表明し，ICRCに仲介を呼びかける。シエラレオネ国軍がフリータウン東部のカンガリ（Kangari）地域にあるRUF基地を攻撃。この頃までに約90万人が難民・国内避難民となる。そのうち，18万5000名がギニア，9万名がリベリアに流出
	2.1	ローマ法王がRUFに拘束されている修道女の解放を訴える。政府はシエラ・ルチル社の採掘施設を奪還し，その際の戦闘で多数のRUF兵士が死亡したと発表。ICRC関係者は，シエラレオネ政府がRUFとの仲介をICRCに依頼してきたと語る。国連は，エチオピア人外交官のバーハヌ・ディンカ（Berhanu Dinka）をシエラレオネ和平交渉のための特別代表に指名
	2.2	世界食糧計画（World Food Programme: WFP）が南東部で緊急食糧援

		助を開始。ギニア政府は，5名のシエラレオネ難民がコレラのために死亡したと発表。アメリカ国務省は国民にシエラレオネへの渡航自粛を呼びかける
1995	2.3	国連難民高等弁務官事務所 (United Nations High Commissioner for Refugees: UNHCR) スポークスマンは，RUFによる前月の鉱山施設襲撃事件以来，約3万5000名のシエラレオネ難民がギニアに流出していると発表
	2.5	マケニ (Makeni) の司教が電話でRUFと接触するとともに，拘束されている7名の修道女と話して彼女らの安全を確認する
	2.7	イタリア外相が，ICRCに対して，RUFに拘束されている7名の修道女の解放への協力を要請
	2.8	OAU特使アブドゥラ・サイード・オスマン (Abdullar Sahid Osman) がシエラレオネを訪問。ナイジェリアの代表団がシエラレオネを訪問し，駐留ナイジェリア軍部隊の情況について調査
	2.9	ストラッサー議長がオスマンOAU特使と会談し，OAUとの協力関係を確認
	2.10	ディンカ国連特使とストラッサー議長が会談
	2.16	RUFは国連，OAU，コモンウェルスの和平呼びかけを拒否
	2.20	ストラッサー議長はナイジェリア国軍参謀総長アルワリ・カジール (Alwali Kazir) 将軍と会見。ナイジェリアはすでにシエラレオネ政府に対して軍事支援をしており，軍事顧問，1500名規模の部隊を派遣して対ゲリラ戦を支援
	3.	ムーサが退役を強いられる。国軍がSIEROMCOの採掘施設とモヤンバ (Moyamba) をウクライナ人ヘリコプター操縦士などの協力をえながら奪回。1月に拘束された修道女7名が解放される
	3.31	参謀総長に就任したビオに代わって，アキム・ギブリル (Akim Gibril) 中佐が官房長官に就任
	4.	クーデタ3周年にあたって，ストラッサーは，民政移管プログラムにのっとり，政治活動禁止の解除，年内の選挙実施，1996年1月の文民大統領就任を行う旨発表
	4.3	ストラッサーを除き，軍事政権に参画している主要な軍人がすべて昇任
	4.6	ウクライナ人が操縦するシエラレオネ国軍ヘリコプターが衝突し，操縦士が死亡。のちに自殺と判明
	4.7	RUFがフリータウンの東方35キロにあるソンゴ (Songo) を襲撃

1995	4.8	フリータウンの東方で散発的に戦闘が続く
	4.10	アイルランド人司祭がフリータウンから東方100キロ付近でRUFの襲撃を受け，殺害される
	4.11	約300名のギニア部隊が治安維持のためにフリータウンに到着。これでシエラレオネに展開するギニア部隊は800名規模となる。ビオ准将が，RUFにはフリータウンを制圧する軍事力はないと語る
	4.12	軍事政権ナンバー2であるビオが外交団の安全は保証すると発言。RUFが声明を発表し，アイルランド司祭の殺害に対するRUFの関与を否定
	4.13	在シエラレオネ・アメリカ大使館は，紛争当事者双方が戦闘を停止し，国連事務総長特別代表の和平イニシアティブに協力するように呼びかけるコミュニケを発表
	4.15	ニュートン (Newton) 郊外にあるクウェート系のイスラームラジオ局を警備するために国軍が増派される。RUF側も，同ラジオ局を標的としていると明かす。ラジオ局は，1980年代中葉にクウェート資本がシエラレオネ政府から購入し，ヨルダン人が運営の責任を負っていた
	4.18	600名のリベリア人難民が国連借上げのボートでフリータウンを出港し，モンロビアに向かう
	4.19	RUFスポークスマンは，捕らえた外国人兵士を裁く軍事法廷を開いた上で，銃殺刑を行うと発表。RUFが捕捉した兵士はナイジェリア人，ギニア人，ガーナ人など
	4.20	RUFが16名の人質（ヨーロッパ人10名とシエラレオネ人6名）をICRCに引き渡す。コモンウェルス事務総長が人質解放を歓迎
	4.21	解放された元人質がコナクリに到着し，各国の外交官に引き渡される
	4.22	亡命中のモモが紛争の早期終結を呼びかける
	4.23	RUFスポークスマンは，35名のナイジェリア人とギニア人の兵士を軍事裁判にかけたと発表
	4.24	RUFがボー県の11の村を襲撃。ウォータールー (Waterloo) にある難民キャンプはRUFの襲撃を受けて閉鎖
	4.27	ストラッサー議長が独立記念日の演説のなかで政党活動解禁を発表
	5.	ストラッサー政権が国軍訓練，情報収集，治安維持などを南アフリカの民間軍事企業エグゼクティブ・アウトカムズ社 (Executive Outcomes: EO) に委託。これ以降，EOは通信傍受によるRUF拠点の位置の特定や武装ヘリコプターによる攻撃などによってRUF側に大きな

		被害を与える（〜1997年2月）。約200名のギニア部隊がフリータウンに到着。これでギニア部隊は1000名規模となる
1995	5.17	ストラッサー国家元首が，アブジャでの記者会見の席上，ECOWASに対して紛争の仲介を求める
	6.20	政党活動解禁
	7.	ガーナとシエラレオネの間で軍事協力協定調印。ガーナ軍によるシエラレオネ軍の教育訓練や両国の共同軍事演習などについて定める。外務次官ブンドゥら2名の文民次官が更迭される
	7.15〜17	選挙の実施に関する大規模な会議がフリータウンで開催される
	7.18	シエラレオネ国軍は各地の戦闘が有利に展開していると発表。EOと契約した効果との評価も出る
	8.18	軍事政権は，12月に予定されていた総選挙を早くとも1996年2月まで延期すべきとする国家諮問会議の提案を歓迎する
	9.	RUFによる襲撃続く
	9.12	国連児童基金（United Nations Children's Fund: UNICEF）のスポークスマンが，東部の町で毎日30〜40名の餓死者が出ていると発表
	9.13	サンコーRUF代表が援助物資を運ぶトラックや飛行機をも襲撃対象とする旨警告してきた，とICRCが発表
	10.3	ストラッサーがニューヨークの国連会議出席のために外遊中にクーデタ未遂事件発生。7名逮捕
	10.6	EOの支援を受けたシエラレオネ国軍がボー付近の3つの町をRUFから奪回
	11.	8月に仮承認を受けていた11政党が正式に承認される
	11.18	シエラレオネ軍事筋が，東部のカイラフンがRUFに奪回されたと発表
	11.20	シエラレオネ軍事筋が，南部の10の町をRUFから奪回したと発表
	12.	1996年2月26日に大統領・国会議員選挙を実施する旨発表
1996	1.16	**ビオ准将を中心とした無血クーデタが発生し，ストラッサーはギニアに追放される。夜間外出禁止令が出される**
	1.17	ビオ准将がNPRC議長に就任。ビオは，2月26日に予定されている民政移管のための選挙は予定どおり行うと発表。また，RUFのサンコー議長に対して対話を呼びかける。有権者登録期間が1月31日まで延長される
	1.19	ビオ准将が内閣指名。ギニアのコゾ・ズーマニグイ（Cozo Zoumanigui）外相がフリータウンを訪問し，新政権と会談

1996	1.20	ビオ准将がコナクリを訪問し，ギニア政府に対して政変についての説明を行う
	1.24	各政党を集めた会議で，軍事政権とINECは2月26日の選挙を予定どおり実施することを確認
	1.30	ビオ准将は，2月26日に予定されている選挙が延期されることもありうると発言
	2.3	ビオ准将は，サンコーとの直接会談を無線交信を通じて行う意思があることを明らかにする
	2.6	現地の新聞が，3名のEOメンバーがRUFに拘束されたと報じる
	2.7	ビオ准将とサンコー代表が無線による初めての会談を行う
	2.10	銃で武装した一団が未明にINEC本部と同議長宅を襲撃。ビオ准将とサンコー代表は，コートジボワールに代表団を派遣し，2月28日から和平会談を開催することで合意
	2.14	RUFが北部の町ベンデンブー(Gbendembu)を攻撃。ビオ准将が選挙は予定どおり実施すると発言
	2.15	国連安全保障理事会が予定どおり選挙を実施するとの軍事政権の決定を歓迎
	2.21	RUFが，選挙妨害のために，モヤンバ県の村で22名の農民を処刑し，5名の手を切断
	2.25	軍事政権とRUFの間の初会合がアビジャンで開催される。RUFは選挙の延期を要請したが，政府は拒否。RUFがボーなどで襲撃を続ける
	2.26～27	大統領・国会議員選挙実施。13政党が参加。大統領は直接選挙，国会議員選挙は比例代表制。大統領選挙では，SLPPのアフマド・テジャン・カバー(Ahmad Tejan Kabbah)が35.8％，統一国家人民党(United National People's Party: UNPP)のジョン・カレファ＝スマート(John Albert Musselman Karefa-Smart)が22.6％をそれぞれ得票するが，55％以上の得票率をえられず，2名の候補者の決戦投票へ。国会議員選挙では，SLPPが第一党となるが，やはり過半数は獲得できず
	2.27	投票を継続するために休日となる
	2.28	RUFとNPRCの代表団がアビジャン到着
	3.1	RUFが北部州の村々を襲撃
	3.2	RUFとNPRCの会談は物別れ
	3.7	RUFが，投票に行った市民の手や足の切断を各地で続ける
	3.8	国軍がカンガリにあるRUF拠点を攻撃

【資料】紛争関連年表　*219*

1996	3.10	大統領決戦投票を回避するための交渉が破綻
	3.15	**大統領選挙決戦投票。カバーが大統領当選**
	3.18	政府はRUF側がサンコー代表とビオ元首の会談開催に同意したと発表。カバーは軍事政権が2週間以内に民政移管を行うという見通しを語る。NPRCは2週間以内に新しい大統領が就任し，民政移管を完了させるとする軍令を発表。RUFスポークスマンが，RUFはSLPP党首としてのカバーと交渉することは歓迎するが，大統領としてのカバーと交渉する余地はないと語る
	3.23	ビオ准将がナイジェリアのサニ・アバチャ (Sani Abacha) 元首と会談
	3.24	サンコーとRUF幹部が東部の拠点からICRCのヘリコプターでギニアに向かい，そこで飛行機に乗り換えてコートジボワールへ向かう
	3.25	ビオ准将とサンコー代表の会談がアンリ・コナン・ベディエ (Henri Konan Bedie) 大統領の仲介のもとヤムスクロで始まる
	3.26	ビオ准将とサンコー代表の会談終了。和平合意はないものの，サンコーがカバー次期大統領と和平交渉を続けることを確認
	3.29	カバー大統領就任。サンコー代表は，カバー新大統領と会談するためにフリータウンに赴く用意があると発言
	4.	カバー大統領が内閣指名
	4.2	カバー大統領が66名の反政府勢力関係者を釈放。モモ政権時代の閣僚3名の自宅軟禁を解く。サンコー代表が3日から西アフリカ諸国訪問を開始するとRUFスポークスマンが発表
	4.9	アメリカがモンロビアからの自国民の避難に備えて軍事ヘリコプター5機をフリータウンに派遣
	4.12	150名のアメリカ軍部隊がフリータウンに到着
	4.22	カバー大統領とサンコー議長がヤムスクロで会談し，共同コミュニケ発表（〜23日）。RUFは約250名の市民の人質を釈放
	4.24	カバー大統領とアバチャ元首がアブジャで会談し，共同声明を発表
	4.26	政府とRUFが停戦合意違反で相互に批判し合う
	4.27	カバー大統領が独立記念日の演説のなかで和平実現を最優先課題にすると語る。独立35周年を記念して，50名の服役囚に特赦
	4.28	シエラレオネ国軍が，RUFによって戦闘員にされた児童56名をボーにあるカトリック施設に引き渡す
	4.29	欧州委員会がシエラレオネへの70万ECUの緊急援助を決定
	5.6	RUFがプジュフン県で100名以上を殺害

1996	5.12	リベリアからのシエラレオネ難民を乗せたナイジェリア船籍の漁船がフリータウンへの入港を拒否される
	5.14	沖合いに停泊させられていた漁船が入港を許可され，1000名近い乗客が上陸。ほとんどがシエラレオネ人難民で，なかにはリベリアのECOMOG活動に派遣されていたシエラレオネ人兵士も含まれていた。ストラッサーがコナクリを発ち，アムステルダム経由でロンドンに向かう
	5.19	サンコーはRUFが参加する選挙の実施を求める
		ナイジェリア船籍の漁船がモンロビアに向けてフリータウン出港
	5.29	政府とRUFの交渉が行き詰まり，中断される
	6.3	シエラレオネ国営ラジオが，ラッサ熱のために年初からすでに76名が死亡したと報じる
	6.5	国軍がケネマ県に部隊増派。戦闘が続く
	6.7	カバー大統領は，議会での演説のなかで，reconciliation（和解），rehabilitation（復興），reconstruction（再建）という3つのRを強調。リベリアからの難民を乗せたロシア船籍の貨物船が，6月4日にトーゴ領海を離れた後，消息を絶っていることが判明する
	6.14	75名の児童がモンロビアからボートでシエラレオネに到着
	6.18	行方不明になっていたロシア船籍の貨物船がモンロビアに到着
	6.27	運輸大臣が，安全性に問題があるとして，ルンギ（Lungi）とフリータウンの間をシャトル運行していたロシア製ヘリコプターの飛行を禁止する
	7.	議会が1991年憲法の回復を認める法案可決
	7.6	ヒンガ・ノーマン（Hinga Norman）国防副大臣が国内におけるICRCの活動を禁止すると発表
	7.19	ECOWASがRUFとの接触を深めることで合意。政府はICRCの配給活動に対する禁止を解除
	7.24	カバー大統領がコナクリを訪問するが，サンコーとは会談せず。サンコー代表は外国部隊が撤退しないかぎり武装解除には応じないと語る
	7.26～27	ECOWAS最高会議がアブジャで開催される
	7.30	バチカンがシエラレオネと国交関係を樹立したと発表
	8.	各地でRUFの襲撃と戦闘が続く
	8.17	シエラレオネ国営ラジオ放送は，政府が33名の政治犯を釈放したと報じる

1996	9. 初	カバー大統領がストラッサーやビオを含む26名の将校と155名の下士官の退役を命じる
	9. 5	国際通貨基金 (International Monetary Fund: IMF) が，カバー政権に対して，2億ドルの新規融資を受けるためにはEOへの支払報酬額を大幅に削減するように要請
	9. 8	クーデタ計画発覚。のちに，ナイジェリアの専門家チームがクーデタ計画の調査のためにシエラレオネ入りする
	9. 10	女性性器切除の支持者たちがフリータウンでデモ行進
	9. 11	4名の軍人がクーデタに関与した容疑で逮捕される。政府は，IMFからの圧力を受けて，支払報酬額の減額でEOと合意
	9. 22	ボーキサイトを採掘してきたSIEROMCOがシエラレオネから撤退する旨政府に伝える
	9. 29	カバー大統領がイラン訪問のためにフリータウンを発つ
	10. 4	警察が不法入国をしてダイヤモンド採掘をしていた外国人67名を逮捕。逮捕者の国籍はガンビア，レバノン，ギニア，マリ，ナイジェリア，ロシア，セネガル
	10. 10	カバー大統領が国連総会で演説を行い，国際社会がアフリカを見捨てないように訴える
	10. 18	反政府ゲリラと思われる集団が北部州のマサンガ (Masanga) を襲撃
	10. 22	ブンブナ (Bumbuna) にある建設中の水力発電所の警備が強化される
	10. 24	カバー大統領とサンコー代表がベディエ大統領の仲介のもとアビジャンで会談
	10. 30	カマジョー (Kamajor) とよばれる民兵と国軍兵士がボーで銃撃戦
	11.	省庁再編
	11. 17	約200名のRUF兵士がリベリア領内で拘束される
	11. 18	カバー大統領は，もしRUFが12月1日までに戦闘を止めなければ軍事的手段に訴えることもあると警告。サンコーはカバー大統領が最後通牒を出したことを非難
	11. 20	カバー大統領とサンコー代表は合同プレスリリースを発表し，両者が11月29日にアビジャンで会談することに合意したことを明らかにする
	11. 21	内閣改造
	11. 22	サンコーがシエラレオネに一時帰国し，RUF指導層に和平合意の内容を説明
	11. 30	カバー大統領とサンコー代表がコートジボワールの仲介のもとアビ

		ジャンで和平協定に調印
1996	12.2	和平協定調印を記念して国民の休日となる
	12.18	クーデタ計画が発覚し，11名がすでに逮捕されたと政府系新聞が報じる
	12.19	シエラレオネ政府とRUFの代表者各4名から構成され，アビジャン合意の履行について協議する平和定着委員会 (Commission for the Consolidation of Peace: CCP) の初回会合がフリータウンで開催される
	12.22	国連の調査チームがフリータウン到着
	12.27	カバー大統領が国連の事務総長特別代表や調査チームと会談する
1997	1.1	サンコーがカバー大統領との新年の挨拶のなかで和平プロセスへのコミットメントを約束
	1.2	国連事務総長が調査チームをフリータウンに派遣した旨をOAUとコモンウェルスの事務局長に対して書簡にて報告
	1.3	国連調査チームがサンコーと会談。しかし，サンコーはディンカ国連特使との会談を拒否し，「ディンカがシエラレオネ和平の障害である」と語る
	1.5	クーデタ未遂の罪で5名の軍人が逮捕される
	1.8	シエラレオネ国軍の軍事訓練にあたっているナイジェリア陸軍軍事訓練支援グループが，シエラレオネ政府の要請を受けて，警察やその他の治安部隊の訓練も行うことになった旨ナイジェリアの新聞が報じる
	1.9	フリータウン郊外の国内避難民キャンプで集団女性性器切除が行われる
	1.10	コモンウェルス事務局長のアニャオクがコフィ・アナン (Kofi Annan) 国連事務総長に書簡を送り，そのなかで，ハラレ宣言に関するコモンウェルス閣僚級行動グループ (Commonwealth Ministerial Action Group on Harare Declaration: CMAG) のメンバー8カ国に対して，国連主導のもとでアビジャン合意の履行を支援する人員派遣への関心の有無を書簡にて確認した旨報告する
	1.13	サンコー代表がアナン国連事務総長に書簡を送り，アビジャン合意の履行に関して国連と協議したい旨伝える
	1.15	カバー大統領は，軍，警察，刑務所向けの米配給を大幅に削減すると発表
	1.16	OAU事務局長のサリム・アハメド・サリム (Salim Ahmed Salim) がアナン国連事務総長に書簡を送り，そのなかで，国際社会がアビジャン合意の履行を支援し，国連が指導的役割を果たすべきであると語る。カバー大統領がアナン事務総長に書簡を送り，シエラレオネ政府がア

		ビジャン合意の履行に努力する旨伝える
1997	1.17	RUFは政府が前年11月の停戦合意違反を犯していると発表。OAUや国連に抗議の書簡を送ったと語る
	1.24	クーデタに関与した疑いのある9名の裁判が始まる
	1.25	カバー大統領は，RUFが合同監視グループや動員解除の委員会のための候補者推薦を遅滞させるなど，和平プロセスに協力的ではないと非難
	1.26	『シエラレオネに関する国連事務総長報告書』。シエラレオネ人難民の推定数は36万1000名（内訳は，ギニアに23万2000名，リベリアに12万3000名，その他6000名）
	1.29	WFPは，シエラレオネ国内避難民の再定住のために1940万ドルの食糧援助を開始すると発表
	1.30	EOが国連監視団の到着を前にコノから撤退。国連シエラレオネ監視団（United Nations Observer Mission in Sierra Leone: UNOMSIL）の先遣隊がフリータウンで活動を開始
	1.31	アメリカが500万ドルの対シエラレオネ食糧支援を発表
	2.1	政府はプジュフン県でのダイヤモンド原石の採掘を禁止
	2.3	UNHCRがリベリアからシエラレオネへの難民帰還計画を開始。EOが数名のスタッフのみを残してシエラレオネから撤退。EOはピーク時には300人規模の部隊をシエラレオネに展開していた
	2.12	アメリカのグリーンカード申請書が入った封筒が大量に破棄されていたことを契機に，フリータウンで若者が暴徒化し，警察が発砲
	2.14	カバー大統領は，警察が民衆に発表し，死傷者が出たことに遺憾の意を表明
	2.21	モモは亡命先のギニアからシエラレオネに帰国すると語る
	2.26～27	ボツワナでアフリカ・コモンウェルス諸国首脳会議が開催される
	3.6	ノーマン国防副大臣が，政府軍とカマジョーに対して，市民への襲撃を繰り返すRUFを掃討するように呼びかける
	3.7	シエラレオネはナイジェリアとの軍隊地位合意に調印し，1994年に調印されたナイジェリア陸軍軍事訓練合意の期間延長と軍事訓練対象の拡大を行う
	3.8	**ナイジェリア政府がサンコーの身柄をラゴスで拘束**
	3.11	ナイジェリア政府当局は，サンコーが同国内にいることを認めたが，拘束されているとの報道は否定

1997	3.12	サンコーが武器不法所持の容疑でナイジェリア政府によって拘束されている事実を駐シエラレオネ・ナイジェリア高等弁務官が認める
	3.14	警察がモモへの退職金支給に反対する学生集会を弾圧し，負傷者が出る
	3.15	RUFの幹部フィリップ・シルヴェスター・パーマー（Philip Sylvester Palmer）が，和平プロセスを妨害しているとしてサンコーを代表から解任した旨発表
	3.16	カバー大統領が，サンコーを解任して成立した新しいRUF指導部と協力していくと発表
	3.19	ナイジェリア政府がサンコーの逮捕について声明文を発表。3名のジャーナリストがスパイ罪で逮捕される
	3.23	ダイヤモンド産地であるトンゴ（Tongo）で政府軍とカマジョーの戦闘が始まる。ダイヤモンドの利権が絡む
	4.1	国連が，シエラレオネに対する6820万ドルの人道支援をアピール
	4.2	RUF指導部のモリス・カロン（Morris Kallon）が声明文を発表し，そのなかで，RUFはサンコーを指導者として支持していると語る。アルバート・デンビー（Albert Demby）副大統領などがナイジェリアを訪問し，アバチャ元首と会談する
	4.7	シエラレオネ政府は，ロンドンに本部を置くインターナショナル・アラート（International Alert）との関係を断絶し，フリータウン事務所代表を国外退去処分とする
	4.8	インターナショナル・アラートは，シエラレオネ政府の関係断絶の決定を批判
	4.9	ナミビアの国防相は，EOがナミビア人をリクルートして南アフリカで軍事訓練を施し，ナミビアの不安定化を図ろうとしているとして非難
	4.11	リベリアの治安当局がモンロビアに入港したシエラレオネ海軍艦艇からマリファナを押収
	4.14	シエラレオネ・ジャーナリスト協会（Sierra Leone Association of Journalists: SLAJ）が報道機関への規制強化を定めた法案に反対の意向を示す。マグブラカ（Magburaka）で数百名のRUF兵士が政府軍に投降（～15日）
	4.17	シエラレオネとイギリスが軍事訓練のための取り決めに調印
	4.20	RUF内のサンコー支持派が，1週間以内にサンコーが解放されて帰国しなければ，フリータウンへの攻撃を開始すると警告
	4.21	情報大臣は，サンコーが政府ゲストとしてナイジェリアに滞在してい

		ると語る
1997	4.22	マケニで生徒の暴動発生
	4.23	中国がラッサ熱対策用の医薬品をシエラレオネに供与
	4.26	ナイジェリアの軍事訓練教官21名がフリータウンに到着し，軍事訓練チームの総数は37名となる
	4.29	サンコー代表は，RUFの兵士が依然として彼に忠誠を誓っていると発言
	5.3	カマジョーと政府軍の衝突がケネマで発生
	5.4	伝統的なハンターであるカプラ(Kapra)と政府軍の衝突が北部州で発生
	5.5	アフリカのファースト・レディによる平和サミットがアブジャで開催され，カバー大統領夫人も出席
	5.6	UNHCRが，東部州での戦闘激化のなかで，リベリアからのシエラレオネ難民の帰還活動を一時中止すると発表。北部州で国連の車両が襲撃され，国連スタッフが負傷
	5.7	民兵と政府軍の戦闘が東部州で続く
	5.14	議会が報道機関に対する規制強化の法案を可決。ジャーナリストには毎年の登録が義務づけられる
	5.15	ナイジェリアで拘束中のサンコーが，シエラレオネに帰国して和平プロセスの進展に協力したいと語る
	5.21	国軍が北部州の治安をほぼ回復
	5.22	1995年以来閉鎖されていたSIEROMCOの株式の一部がアメリカ資本の会社に売却されることが明らかになる
	5.25	**早朝，クーデタが発生。先のクーデタ未遂事件で逮捕され拘束中であったジョニー・ポール・コロマ (Johnny Paul Koroma) 少佐がパデンバロード刑務所から解放される。一部の兵士がラジオ局を占拠し，カバー政権の崩壊を発表。カバーはギニアに亡命。クーデタでナイジェリア部隊に死傷者が出る。国境が閉鎖され，ルンギ国際空港や港の使用が禁止される。軍事政権がカマジョーの解散を命じる**
	5.26	**軍事政権の反対にもかかわらず，ECOMOGが，ナイジェリアとギニアの部隊が制圧するヘイスティングス (Hastings) とルンギ空港に到着し始める。兵士による商店の略奪がみられる。国軍革命評議会 (Armed Forces Revolutionary Council: AFRC) の設置が発表される。非常事態宣言発令**
	5.27	**AFRCが憲法を停止し，政党活動を禁止する。ナイジェリア海軍の艦艇がフリータウンの埠頭に接岸。国連の借上げ船がフリータウンに入**

		港し，国連スタッフや家族の国外避難が始まる。クーデタに抗議するデモがボーで発生
1997	5.28	ナイジェリア軍がフリータウンの駐屯兵力増強。ミドル・イースト航空の旅客機が国外避難する178名のレバノン人乗客を乗せて離陸。11名の韓国人が船でギニアに避難。AFRCはすべてのデモと大衆集会を禁止。RUF指導部は兵士に対して戦闘活動を停止し，AFRCに協力するように呼びかける
	5.29	コモンウェルス諸国とイギリスの市民が旅客機で国外脱出。AFRCはダイヤモンド産地に部隊を派遣。AFRCが略奪行為への監視強化の姿勢を示す
	5.30	米軍によってアメリカ人を含む900名以上の外国人が海外脱出。軍事政権が，外国軍によって侵略されつつあると警告。コロマは国連事務総長宛てに書簡を送り，ECOWASの介入を批判
	5.31	仏軍によって約250名の外国人が国外避難。ギニアとガーナから軍用機がフリータウンに到着
	6.1	ナイジェリア海軍の2隻の艦艇がフリータウンに派遣される。AFRCのメンバーが発表され，コロマが議長，RUFのサンコーが副議長に就任。AFRC側兵士がECOMOGを攻撃。AFRC，ナイジェリア，イギリスなどの交渉が決裂
	6.2〜4	ハラレで開催されたOAU国家元首政府首脳会議がAFRCを批判
	6.2	国軍がECOMOGとナイジェリア部隊が宿泊するホテルを攻撃。国軍とナイジェリア部隊はルンギ空港でも銃撃戦展開。ナイジェリア海軍の艦艇が軍事政権に対して攻撃開始。ナイジェリア軍はモンロビアから自国部隊の輸送を続ける。米軍によって1261名が国外脱出
	6.3	約1000名のガーナ人が国外脱出
	6.4	フランス海軍によって734名の外国人が国外脱出。ガーナ代表団がAFRCと交渉を開始
	6.6	シエラレオネに派遣されたナイジェリア部隊の規模は4000名にまで拡大されているとナイジェリアの新聞が報じる。コロマは，より包括的な基盤をもつ政府をつくり，それにはRUFが参画するであろうと語る
	6.7	約100名のレバノン人がホーバークラフトでギニアに避難
	6.8	AFRC代表団がコートジボワールのベディエ大統領と会談
	6.8	フリータウンは平穏だが，外国人の国外避難は続く。ナイジェリア海軍のフリゲート艦がフリータウンに向けて出航

1997	6.9	AFRCの呼びかけにもかかわらず，公務員の多くが職場に復帰せず。ナイジェリア海軍の警備艇がフリータウンに向けて出航。すでにシエラレオネ領海にはナイジェリア海軍艦艇2隻が展開
	6.10	ナイジェリア軍とクーデタ支持の政府軍がルンギ空港周辺で衝突。ロシア外務省スポークスマンは，34名のロシア人がすでにシエラレオネから避難したと発表
	6.11	AFRC代表団がアクラに到着し，ガーナが介入しないように要請。これに対してガーナ政府はクーデタを容認しないと表明。シエラレオネとナイジェリアの軍関係者がフリータウンで会合をもち，ルンギで発生した衝突事件などへの対応を協議する
	6.12	ナイジェリアのトム・イキミ（Tom Ikimi）外務大臣は，ECOMOGの名のもとで，ナイジェリアがカバー政権を復帰させる用意があると表明。アナン国連事務総長は，国連がシエラレオネにおけるクーデタの平和的な解決に対して関与する用意があると表明。欧州議会は，クーデタを非難する一方で，ナイジェリアがECOMOGの名称を乱用して軍事介入することも批判。ギニア政府が自国民避難のために借上げた船にシエラレオネ人が殺到。RUF兵士が，ECOMOGによる攻撃に備えてフリータウンに向かう
	6.14	AFRC側兵士とカマジョーが東部州で衝突。ICRCが救援物資の配給作業を再開
	6.15	シエラレオネ宗教間評議会（Inter-Religious Council of Sierra Leone: IRC）がクーデタを非難。ローマ法王がシエラレオネにおける暴力を非難
	6.16	クーデタ計画発覚。南部のジミ（Zimmi）でカマジョーがAFRC支持派の兵士を襲撃。カマジョー指導者は，AFRCによる統一政府参加の呼びかけを拒否。軍事政権関係者が，AFRCは国連部隊とECOMOGを受け入れる用意があると発言
	6.17	コロマが国家元首就任。就任演説のなかで，コロマは民主化に努めると語る。RUFが，ラジオで声明を発表し，武装解除に応じる用意があると語る
	6.18	コロマが海外にいる亡命者や難民などに帰国を呼びかける。RUFが国営放送を通じて「国民への謝罪」声明を発表
	6.19	コロマが労働組合代表と会談。ガーナ代表団がAFRCとナイジェリアの仲介のためにフリータウンに到着

1997	6.20	ケネマでの戦闘激化。コロマ元首は，2万1000名の公務員に対して数日以内に5月分の給料を支給すると発表。コロマ元首がガーナ代表団と会談。欧州連合 (European Union: EU) がシエラレオネへの開発援助を正式に停止
	6.21	ナイジェリアがシエラレオネの領海から自国軍艦艇を一時引き上げる。ガーナ代表団が軍事クーデタを非難するが，その排除のために軍事力を使用することには反対する意向を示す。コロマはガーナの仲介活動に感謝の意を表す
	6.22	軍事政権は，6月25日をシエラレオネ紛争の犠牲者追悼の日とすると発表。西アフリカ経済通貨同盟 (Union Economique et Monétaire Ouest-Africaine: UEMOA) 加盟諸国の首脳がロメで会合をもち，シエラレオネのクーデタを非難
	6.24	AFRCはフリータウン市内で略奪が続いていることを認めた上で対策を強化すると発表
	6.25	ナイジェリアはシエラレオネから軍事撤退しないという方針を発表。コロマは，カバーが国際社会を誤った方向に導かないならば帰国を許可する用意があると語る
	6.26	ECOWAS外相会議がコナクリで開催される。政府軍が，バオマ・チーフダム (Baoma Chiefdom) のパラマウント・チーフであり，カバー政権下で副大統領を務めたデンビィの父アルバート・サニ・デンビィ (Albert Sani Demby) を含む少なくとも25名の市民をボーで殺害
	6.27	ECOWAS外相会議は14項目からなるコミュニケを発表し，そのなかで，軍事政権に対する経済制裁を検討することで合意
	6.28	AFRCは声明を発表し，ECOWAS諸国がシエラレオネ軍事政権を孤立化させないように求める。ECOMOGの攻撃に備え，RUF兵士のフリータウンへの流入が続く
	6.29	フリータウンにあるガンビア大使館が閉鎖される
	7.1	ECOMOG総司令官ヴィクター・マル (Victor Malu) 少将は，もし交渉が決裂すれば，ECOMOGは武力で軍事政権を打倒する用意があると語る。コロマは，女性結社に対して，女性性器切除の伝統を支持すると語る
	7.2	シエラレオネ教員労働組合がAFRCに文書を提出し，そのなかで，クーデタが脆弱な教育システムをさらに不安定化させ，発展を妨げることになると警告。シエラレオネの商業銀行が営業を再開。ECOMOGの

		攻撃に備えて，西アフリカ諸国の大使館閉鎖がフリータウンで続く
1997	7.4	AFRCはラジオ放送を通じて声明を発表し，そのなかで，前年の大統領選挙には不正があったと指摘
	7.6	1993年のクーデタ未遂事件以来亡命生活を送っていたソロモン・アントニー・ジェームス・SAJ・ムーサ(Solomon Anthony James "SAJ" Musa) 大尉がAFRCの呼びかけに応じて帰国
	7.8	内閣人事発表
	7.9	ナイジェリア軍が駐留するルンギ空港周辺でRUF/AFRC部隊と銃撃戦。ECOWASの4カ国委員会外相が国連本部でシエラレオネ問題について協議するために出発
	7.11	コモンウェルスがシエラレオネの会議出席資格を停止すると発表
	7.12	ECOMOGのナイジェリア部隊がRUF/AFRC兵士とヘイスティングス空港付近で銃撃戦を展開
	7.15	ヴィクター・キング(Victor King) 少佐が，カバー政権の腐敗や失政を批判するとともに，ナイジェリア駐留部隊が2000米ドルの給料を支給されていたとき，シエラレオネ国軍兵士はわずか15ドルの月給と米1袋しか与えられていなかったとしてカバー政権打倒を正当化。内閣発足。SLAJがクーデタ発生以来のジャーナリストに対する抑圧を非難。AFRC，ナイジェリア，ギニア，ガーナの司令官が戦闘停止に合意
	7.17	反ナイジェリア集会がフリータウンのナショナル・スタジアムで開催される。ECOWASのシエラレオネ問題4カ国委員会(ナイジェリア，コートジボワール，ガーナ，ギニア) 外相とAFRC代表団がアビジャンで会談
	7.18	AFRC代表団とECOWAS4カ国外相が合同コミュニケを発表し，いったんは即時停戦に合意
	7.22	解散された議会の元議員80名がカバーとコロマのトップ会談を提案
	7.24	ナイジェリアは，停戦合意に違反しているとしてAFRCを非難
	7.25	アバチャ元首はシエラレオネへのECOMOGの介入を正当化。駐シエラレオネ米大使が米国はAFRCを承認しないと発言。AFRCは，停戦合意違反をしているというナイジェリアの指摘を否定
	7.26	ジャーナリストへの弾圧が強まるなか，SLAJ会長が軍部による身柄拘束を恐れて身を隠す
	7.29	AFRCがナイジェリアの停戦合意違反を非難。AFRCがクーデタ未遂

		事件で逮捕・拘留されていた6名を釈放。ECOWASのシエラレオネ問題4カ国委員会外相とAFRC代表団の会議がアビジャンで開催される。AFRC側は，カバーの政権復帰を拒否するとともに，交渉へのサンコーの参加を求める
1997	7.30	コロマが，ラジオ演説のなかで，少なくとも4年間は政権を担当し，2001年11月に民政移管のための大統領選挙を実施すると表明。ECOWASとAFRCの会談決裂
	7.31	AFRCスポークマンは，コロマのラジオ演説が誤った印象を与えたために，ECOWASとのアビジャン会談が失敗に終わったと語る
	8.1	OAUスポークスマンは，文民政権を復帰させようとするECOWAS諸国の努力を支援すると語る。カバーは，ラジオを通じて，2001年まで政権の座に留まるというAFRCの決定を非難するとともに，AFRCと共謀する政治家を批判
	8.6	ECOMOGが，経済制裁を強化するためにすべての船と航空機に対してシエラレオネの領海と領空から離れるよう警告
	8.8	AFRCは，ラジオで声明を発表し，ECOWASによる制裁措置は非合法であると非難。コロマが北部のカンビアを訪問
	8.9	モモがギニアのランサナ・コンテ（Lansana Conté）大統領と会談
	8.10	ECOMOGのマル司令官は，リベリアに駐留するECOMOGのシエラレオネ部隊の一部が給料不払いに抗議して暴徒化していると指摘
	8.11	香港の石油タンカー1隻が封鎖措置に反してフリータウンに入港
	8.13	ナイジェリア政府は，リベリアにいるECOMOGのシエラレオネ部隊の給料不払い分をシエラレオネ政府に代わって支給すると発表。ECOMOGのナイジェリア部隊とAFRC/RUFがルンギ空港で銃撃戦
	8.14〜15	ECOWASのシエラレオネ問題4カ国委員会外相会議がアクラで開催される
	8.15	4カ国委員会が，シエラレオネにおける正当的な政権の即時復帰を求めるとともに，経済制裁の詳細を検討
	8.18	3週間ぶりにフリータウンに電力が供給される。RUFと一般市民の間での衝突がフリータウンで発生
	8.19	夜間外出禁止令がフリータウンを含む西部地域に出される
	8.22	カバーが8月末にアブジャで開催されるECOWAS最高会議に出席する見込みであるとECOWAS事務局関係者が語る
	8.25	ECOWASの4カ国委員会が最高会議を前にアブジャで会合をもつ

1997	8.26	ガーナのジェリー・ローリングス(Jerry Rawlings)大統領がリベリアを訪問し，テイラー大統領とシエラレオネ問題などで意見交換
	8.27	AFRCはトーゴのニヤシンベ・エヤデマ(Gnassingbé Eyadéma)大統領に対してECOWASとの仲介を依頼。カバーがコンテ大統領とともにナイジェリアに到着
	8.28	カバーを支持する地下ラジオ局FM98.4がルンギにあるカフブロン・チーフダム(Kafubullom Chiefdom)のパラマウント・チーフのゲストハウスから放送を行い，ナイジェリア兵がその警備にあたっている，とAFRCが発表
	8.29	アブジャで開催されていたECOWAS最高会議がAFRC軍事政権に対する経済制裁措置を決議。4カ国委員会は，リベリアを加えた5カ国委員会に改組される
	9.2	ECOMOGのナイジェリア部隊が封鎖措置に反してフリータウンに入港しようしたキプロス船籍の貨物船に対して威嚇のために発砲
	9.3	地雷によってECOMOG兵士11名が死亡
	9.4	ECOMOGのナイジェリア部隊とAFRC/RUFがルンギ空港で銃撃戦
	9.5	マルECOMOG総司令官がすべての外国人に速やかに国外避難するように勧告。ECOMOGによる威嚇にもかかわらず，貨物船がフリータウンの埠頭に接岸
	9.6	ナイジェリアのアルファジェット戦闘機がフリータウンの港に空爆
	9.7	ナイジェリア空軍が貨物船に空爆
	9.8	AFRC部隊がフリータウンの上空を飛ぶナイジェリア軍機に対して対空砲火。アナン国連事務総長がフランシス・オケロ(Francis Okelo)をシエラレオネへの特別代表に指名。マル司令官は，空爆した貨物船が武器を輸送していたと発表
	9.10	政府軍兵士がフリータウンのナイジェリア人商店経営者を報復として殺害
	9.11	ナイジェリア空軍のアルファジェット戦闘機が小型石油タンカーを爆撃
	9.12	CMAGがシエラレオネのコモンウェルス資格停止を提案
	9.16	コロマがオケロの国連事務総長特別代表就任を歓迎すると語る
	9.19	ECOWASの5カ国委員会外相がアナン国連事務総長とシエラレオネ問題について協議。ECOMOGのナイジェリア部隊がウクライナ船籍の貨物船を攻撃
	9.22	AFRC部隊とナイジェリア軍がフリータウン市内やルンギ空港で銃撃戦

1997	10.1	ナイジェリアのアバチャ元首がAFRCに対して交渉に復帰するように求める。カバーが国連総会で演説
	10.2～3	ニジェール，リベリア，ブルキナファソの首脳がワガドゥグで会談し，シエラレオネ問題の早期解決を求める
	10.6	小学校が全国で授業再開。しかし，過半数の教員はクーデタに抗議するストライキを継続。カバーがUNPP党首のカレファ＝スマートとニューヨークで会談
	10.8	**国連安保理がシエラレオネ軍事政権関係者の渡航規制，石油・石油製品の禁輸，武器・武器関連物資の禁輸といった経済制裁措置を決議（安保理決議1132）。ナイジェリア軍機がフリータウンの軍施設を空爆**
	10.9	AFRCスポークスマンは，カバー以外にならば政権を委譲する用意があると発言
	10.11	アブジャで開催されていたECOWASの5カ国委員会外相会議がコミュニケを発表し，国連の対シエラレオネ軍事政権経済制裁措置を歓迎
	10.17	ECOMOGと政府軍の戦闘が続く。ナイジェリア軍機がフリータウンやマケニで空爆。避難民が急増
	10.18	ナイジェリア軍の撤退を求めるデモ行進がフリータウンでみられる
	10.20	カバーがロンドンで開催されたイギリス政府主催の会議に出席
	10.21	アバチャ元首がガンビアのヤヤ・ジャメ（Yahya Jammeh）大統領とバンジュルで会談し，シエラレオネ軍事政権への制裁措置での協力関係を確認。リベリアの外相が，ナイジェリア軍によるシエラレオネでの空爆を批判
	10.23	**ECOWASシエラレオネ問題5カ国委員会とAFRC代表団が国連とOAUからの特使の立会いのもとコナクリで和平合意に調印。1998年4月22日までに民政移管を実現することで合意**
	10.24	カバーがECOWASとAFRCのコナクリ合意成立を歓迎
	10.27	『シエラレオネ情勢に関する国連事務総長報告書』
	10.30	AFRCスポークスマンがコナクリ合意違反でECOMOGを非難
	10.31	コロマ元首は，AFRCがコナクリ合意を遵守すると語る
	11.2	ECOMOGとAFRCがコナクリ合意を履行について協議
	11.7	ECOMOGが2隻の商業船に対してシエラレオネ領海から出るように警告。予定されていたマルECOMOG総司令官とコロマ議長の会談が延期される
	11.11～12	マルECOMOG総司令官とAFRC代表団の会議が開催される

【資料】紛争関連年表　233

1997	11.12	カバーは亡命先のコナクリで声明を発表し，軍事政権に対して妥協はしないと明言。コナクリ合意に基づいた武装解除が進展せず，戦闘も続く
	11.27	ECOWAS代表団とAFRCが会談するが成果なし
	12.1	テイラー大統領がコナクリでコンテ大統領と会談し，シエラレオネ問題を協議。紛争当事者の武装解除はコナクリ合意で定められたとおりには開始されず。しかし，カバーはコナクリ合意の履行に依然として期待していると発言
	12.2	AFRCは，ナイジェリア軍艦艇3隻がシエラレオネ領海に入り，停泊しているとして非難
	12.3	ナイジェリア軍はAFRCの非難を否定
	12.4	コロマ議長は，ナイジェリアのアバチャ元首に対して経済制裁の解除を要求
	12.5	『シエラレオネ情勢に関する国連事務総長第2回報告書』
	12.10	AFRC幹部が，ECOMOGはクリスマスにかけてシエラレオネを攻撃する準備を進めていると非難
	12.11	テヘランで開催されていたOIC首脳会議が閉幕
	12.14	内閣改造
	12.17	ECOWAS最高会議がロメで開催され，紛争対応メカニズムの創設で合意
	12.18	コロマは，インタビューのなかで，コナクリ和平合意で合意した翌年4月の権力委譲には応じない可能性があると語る
	12.19～20	ECOWASのシエラレオネ5カ国委員会外相会合がアブジャで開催され，コナクリ合意履行をめぐる問題を協議する。AFRCに対して，権力委譲の期限を遵守するように求める
	12.21	カバーが，平和的手段によって政権移譲を実現することは不可能になったとして武力行使を求める
	12.25	コロマAFRC議長がギニア，リベリア，コートジボワールにいるシエラレオネ人に帰国を呼びかける
	12.26	民主化支持派の地下ラジオ局がシエラレオネ国営ラジオ放送に対する電波妨害を開始する
	12.31	駐シエラレオネ・イラン大使館が襲撃され，略奪が行われる
1998	1.1	マルECOMOG総司令官は，ECOMOGが年内にシエラレオネ危機を解決すると語る

1998	1.3	イラン大使館の略奪事件をめぐって7名のAFRC幹部が解任される
	1.5	ティモシー・シェルピディ(Timothy Shelpidi)少将がECOMOGの第8代総司令官に指名される
	1.7	帰国するマル総司令官は，ECOMOGがシエラレオネ駐留部隊の規模を5000名から1万5000名に拡大するであろうと語る。政府軍がナイジェリア軍のアルファジェットに対して対空砲攻撃
	1.8	ECOWASの5カ国委員会を前に，カバーがアブジャを訪問してアバチャ元首と会談。国連安保理で安保理決議1132に基づく移動禁止者リスト(57名)を採択
	1.9	ECOWAS議長国であるナイジェリアの国家元首アバチャがアナン国連事務総長に書簡を送り，先に開催されたECOWASシエラレオネ問題5カ国委員会外相会合について報告。イギリスは定年退職をした元外交官ジョン・フライン(John Flynn)を対シエラレオネ特別代表に任命
	1.10～17	国連技術調査チームがコナクリ，モンロビア，フリータウンを訪問
	1.14	OAUがシエラレオネでの武装解除活動のために平和基金から50万ドルをECOMOGに供与
	1.15	フライン英特別代表が国連本部を訪問
	1.16	市民防衛軍(Civil Defence Forces: CDF)という武装勢力連合はギニアで創設されたものであるとの報道が流れる
	1.17	カマジョーがAFRC部隊からダイヤモンド産地にあるトンゴを奪回。国内避難民の多くがケネマに向かう。以後，カマジョーとAFRC部隊の戦闘が各地で続く
	1.20	武装解除のために1万5000名のECOMOGを展開することがECOWAS指導者のなかで議論されている，とランサナ・クーヤテ(Lansana Kouyaté)事務局長が語る
	1.20	国営放送は，カマジョーによる攻撃の背後にはナイジェリア軍があると非難
	1.22	AFRC部隊がトンゴ郊外でカマジョーを襲撃
	1.23	ギニアのラミヌ・カマラ(Lamine Kamara)外相は，CDFがギニア国内で創設されたとする報道を否定
	1.24	オケロ国連事務総長特別代表がデンビィと会談 オケロ特別代表がECOMOG展開に関する概要報告を受ける
	1.27	フリータウン郊外のジュイ(Jui)でナイジェリア軍とAFRCが衝突。前年10月の停戦合意以来初の武力衝突

1998	2.5	ECOMOGのナイジェリア軍とAFRC部隊がフリータウン東部で衝突。戦闘続く。『シエラレオネ情勢に関する国連事務総長第3回報告書』。ECOWASのシエラレオネに関する5カ国委員会代表団が国連本部を訪れ，安保理メンバーに対して最近のシエラレオネ情勢を報告。モモ元大統領が再婚
	2.6	カバー支持のラジオ局がフリータウン市民に対して自宅に避難するように警告。ECOMOGによるAFRCへの総攻撃があると伝える。コロマは，民政移管期限よりも前にカバーを政権復帰させようとするいかなる試みもシエラレオネをボスニア化するものであると非難。軍事政権が夜間外出禁止令を全国に出す
	2.8	カマジョーがケネマに向けて進軍を続ける。フリータウン近郊でAFRC部隊とECOMOGの戦闘が続く
	2.9	ECOMOGがフリータウンに向けて進軍し，戦闘激化。ECOMOGのシェルペディ総司令官は，フリータウン制圧の意志を明らかにする。ECOMOG部隊がフリータウン近郊に迫る
	2.11	ECOMOGがフリータウン空爆。避難民が大量に流出。ECOMOGがフリータウンのエリザベスⅡ世埠頭などを制圧
	2.12	1週間の戦闘ののち，ECOMOGがフリータウンをほぼ制圧。マックスウェル・コーベ (Maxwell Khobe) ECOMOGタスクフォース司令官は3日以内に軍事政権を打倒すると語る。シェルピディ総司令官は，ECOMOGが議会や大統領官邸を制圧したと発表
	2.13	南部でAFRC/RUFとカマジョーの戦闘続く。カバー大統領がドナーを招いてコナクリで会合をもつ。ECOMOGの戦闘機が，逃亡中の軍事政権幹部を載せたヘリコプター2機をモンロビアの空港へ強制着陸させ，軍事政権関係者を拘束
	2.14	カバーがECOWASとナイジェリアに感謝の意を表明。在ギニア・レバノン大使館は，同国がコロマの亡命受け入れを約束している事実はないと表明
	2.15	軍事政権の指導部や兵士がECOMOGに対して投降。コーベECOMOGタスクフォース司令官は，ECOMOGの任務の主眼は法と秩序の回復に移りつつあると語る
	2.16	ECOMOGはフリータウン市民に対して日常生活に復帰するよう呼びかける。また，家宅捜査が行われる22日までに所持している武器を提出するよう警告。テイラー大統領が臨時のECOWAS最高会議開催

		を呼びかける
1998	2.17	OAUはECOWASとECOMOGを支持することを確認。ECOMOGが暫定統治機関を設置
	2.18	AFRC/RUFによる襲撃や略奪が各地で続く。ナイジェリアのイキミ外相が，ECOWAS事務局長であるクーヤテを伴ってシエラレオネ訪問し，軍事政権関係者にインタビューなどを行う。1200名のECOMOG部隊がルンギに到着。オケロ国連事務総長特別代表がフリータウンに到着し，カバーは2週間以内に帰国可能であると発言
	2.19	AFRCの3名の幹部がギニアとの国境付近で身柄を拘束される
	2.22	ECOMOGがカマジョー支援のためにボー付近に到着
	2.23	カバーがアブジャに到着
	2.24	ナイジェリアのイキミ外相が，ECOWAS諸国に対して，逃亡中の軍事政権関係者を支援しないように求める。カバーがアブジャに到着し，アバチャと会談
	2.25	ECOMOGとカマジョーがボーを制圧し，人質を解放。ECOWASのシエラレオネ問題5カ国委員会がアジスアベバで会合をもつ
	2.26	国連安保理が軍事政権の崩壊を歓迎する
	3.1	イギリスとナイジェリアの軍艦がフリータウン入港。マシアカで400名を超えるAFRC/RUF兵士がECOMOGギニア部隊に投降
	3.2	CMAGは，カバーがシエラレオネ帰国後速やかに調査団を派遣すると発表
	3.4	ECOWASのシエラレオネ5カ国委員会代表団が国連を訪れ，安保理や事務総長とシエラレオネ問題について協議。駐シエラレオネ英高等弁務官のピーター・ペンフォード(Peter Penford)がフリータウンに帰着
	3.7	フリータウンの国連事務所再開
	3.10	**カバーが帰国し，政権の座に復帰。式典には，ナイジェリア，ニジェール，ギニア，マリの国家元首のほか，OAUのサリム事務局長，ECOWASのクーヤテ事務局長，オケロ国連事務総長特別代表などが出席**
	3.16	国連安保理がシエラレオネ軍事政権に対する石油・石油製品の禁輸措置解除のための決議を採択(安保理決議1156)。カバー大統領が非常事態宣言を発令
	3.17	『シエラレオネ情勢に関する国連事務総長第4回報告書』
	3.19	イギリス海軍艦艇が人道支援活動を終えてフリータウンを出港

1998	3.20	閣僚名簿公表
	3.26	議会が再開
	3.30	ECOMOGがコノ県に進軍。コモンウェルスの閣僚チームがカバー大統領と会談
	4.2	カバー政権は軍事政権と関わりがあったレバノン人などの外国人22名を国外追放する
	4.11	ナイジェリア軍主体のECOMOGが東部にいる反政府勢力制圧のために進軍を開始した，とシエラレオネに展開するECOMOGタスクフォースのコーベ司令官が国営テレビ放送において語る
	4.16	カバー大統領がコーベ司令官を国家安全保障委員長に任命
	4.17	コーベECOMOGタスクフォース司令官はラジオのインタビューのなかでNPFLによるシエラレオネ紛争への関与を非難。3名のイギリス警察専門家がシエラレオネを訪問し，警察組織の整備について助言
	4.18	RUFのボッカリー司令官は，AFRC/RUFがコインドゥから撤退したという報道を否定
	4.27	ECOMOG司令部は，リベリア人兵士がシエラレオネの反政府勢力とともに戦闘に参加しており，ECOWAS首脳がこの点に関してリベリアのテイラー大統領に圧力をかけるよう求めるコミュニケを発表
	5.1	国連軍事監視員代表がフリータウン到着
	5.2	**ペンフォード英高等弁務官がサンドライン社（Sandline International）のティム・スパイサー（Tim Spicer）に対してカバーを政権復帰させるためのクーデタ計画を依頼し，また，カバー亡命政権がCDFの軍事訓練などの費用として1000万ドルを同社に支払った，とイギリスの新聞が報じる**
	5.3	カバー大統領スポークスマンは，カバー政権が国連制裁決議に違反したとする報道を否定
	5.4	カバー大統領夫人がロンドンの病院で死去。在シエラレオネのイギリス高等弁務官ペンフォードが，いわゆる「アフリカへの武器」(Arms to Africa) スキャンダル（サンドライン事件）で一時召還される。世界銀行や国連開発計画(United Nations Development Programme: UNDP) などの合同ミッションがフリータウンを訪問し，シエラレオネ政府と協議（～8日）。ECOWASの参謀総長会合が開催され，オケロ国連事務総長特別代表が出席（～5日）
	5.5	テイラー大統領がアナン国連事務総長に書簡を送り，そのなかで，リベリアがシエラレオネ紛争に関与しているという嫌疑を否定。イギリ

238

		ス議会で，シエラレオネへの武器供与に対する英政府の関与が議論される
1998	5.7	リベリア政府が，近隣諸国の不安定化のために領土を使用させることを許可しない旨の政策声明を発表
	5.8	サンドライン社は，カバー支持派民兵に軍事訓練を施し，また2月に武器を供与するにあたって，イギリス政府の承認を受けていたと発表
	5.10	ペンフォードを支援するデモがフリータウンでみられる
	5.14	カバー大統領夫人の遺体がフリータウンで埋葬される
	5.15	ペンフォードを支援するデモがフリータウンでみられる
	5.16	ペンフォードを支援するデモがボー，マケニ，ケネマでみられる
	5.18	英外相は，イギリスが密かに民主化支援の地下ラジオ放送局FM98.1を支援してきたと明かす。リベリアのテイラー大統領は，リベリア人がAFRC/RUFとともに戦闘に参加していることを正式に認めたが，リベリア政府の関与は否定
	5.20	国連安保理が議長声明を発表し，シエラレオネにおける市民への暴力行為の即時停止を求める
	5.22	アメリカが390万ドルの軍事支援をECOMOGに対して行うことが明らかになる
	5.25	カバー大統領が，旧戦闘員7000名の2カ月間の食糧を支援してくれるように国際社会に要請
	5.27～29	武力紛争における児童に関する国連事務総長特別代表であるオララ・オツンヌ（Olara A. Otunnu）がフリータウン訪問
	5.27	軍事政権時代の人権侵害を調査しているアムネスティ調査団がオケロ国連事務総長特別代表と会談
	5.30～31	内務大臣のチャールズ・マルガイ（Charles Margai）と国防副大臣のノーマンがマケニとケネマを訪問し，反政府勢力が2週間以内に投降するように求める
	6.2	UNHCRが，反政府勢力支配地域からの難民支援のために730万ドルの支援を求める緊急アピールを発表
	6.4	MRU首脳会議がコナクリで開催される。ただし，リベリアからはエノック・ドゴリー（Enoch Dogolea）副大統領が出席。元AFRC幹部は，国連制裁決議に反して，AFRCがリベリア経由でブルキナファソから武器の提供を受けていたと語る
	6.5	オケロ国連事務総長特別代表が国連機関，NGO，ドナー代表を集め

		た会合を開催。ICRCがAFRC/RUFの残虐行為を非難。安保理決議1132から政府に対する制裁を除外し，非政府軍のみを対象にした安保理決議1172が採択
1998	6.8	ナイジェリアのアバチャ元首が死去
	6.9	『シエラレオネ情勢に関する国連事務総長第5回報告書』
	6.14	ペンフォード英高等弁務官がシエラレオネに帰国し，歓迎を受ける
	6.15	モモ元大統領は，1997年5月のクーデタへの関与を否定
	7.2	アナン国連事務総長，シエラレオネのカバー大統領，リベリアのテイラー大統領，ナイジェリアのアブドゥルサラミ・アブバカール(Abdulsalami A. Abubakar)がアブジャで会談
	7.6	カバー大統領がリビアに到着
	7.8	デンビィ副大統領が，すべての子ども兵に恩赦を与えると発表
	7.13	国連安保理がUNOMSIL派遣を決議（安保理決議1181）
	7.14	リベリアからシエラレオネへのECOMOGの移動が続く
	7.16	ECOMOG部隊を載せたナイジェリア海軍艦艇がフリータウン入港
	7.20	カバー大統領がモンロビアを訪問し，テイラー大統領と会談
	7.21	ECOMOGは，AFRC/RUFがダイヤモンドと交換にリベリアから武器を入手していると発表
	7.25	サンコー代表がナイジェリアからシエラレオネに移送される
	7.30	国連でシエラレオネに関する特別会議が開かれる
	7.31	アナン国連事務総長がシエラレオネに関する特別会議を国連本部で開催
	8.3	アナン国連事務総長がナイジェリアの国家元首アブバカールに書簡を送り，ECOMOGが国連要員の安全に対する責任をもつように提案
	8.5	ギニア当局が軍事政権協力者77名の身柄を国境付近でECOMOGに引き渡す
	8.12	『国連シエラレオネ監視団に関する国連事務総長第1回報告書』
	8.17	RUFが市民に対する恐怖キャンペーンを宣言
	8.18	シエラレオネ政府は，サンコーの釈放を訴えるRUFの要請を改めて拒否
	8.22	デンビィ副大統領がルンギで武装解除プログラムの開始を正式に宣言
	8.24	1997年5月のクーデタに関与し，AFRCを支援した罪で16名（ジャーナリストを含む）に死刑判決
	8.26	イギリス政府は，カバー政権に対して，16名への死刑判決を減刑するように求める

1998	8.28	シエラレオネに関する国連作業グループが初回会合をもつ。シエラレオネの法相が，16名への死刑判決はシエラレオネ国内では支持をえていると語る
	9.1	UNOMSILの要員数は56名。ナイジェリア国防省関係者は，ECOMOGの本部が間もなくモンロビアからフリータウンに移動する見込みであると語る
	9.2	シエラレオネ政府が新しい国家安全保障システムの概要を策定
	9.3	ノーマン国防相大臣は，約800名の反政府ゲリラ兵がリベリアでシエラレオネへの帰国と武装解除を望んでいると語り，UNHCRに協力を求める
	9.4	EUが16名への死刑判決に憂慮の念を示す
	9.8	AFRC/RUFがカマル (Kamalu) を攻撃。少なくとも50名が死亡
	9.10	AFRC政権の情報観光次官であったモハマッド・バングラ (Hohammed Bangura) がイギリスに亡命受け入れを申し入れてきた旨イギリス政府が明かす
	9.11	シエラレオネ政府は，死刑判決が16名に下されたことへの国際社会からの非難に対して，行政が司法判断に介入することはできないと表明
	9.24	軍事政権に協力していた容疑で逮捕されていた23名の文民が釈放される。サンコーに対する本格的な裁判が開始される
	9.28	ナイジェリアのアブバカール国家元首がアナン国連事務総長に書簡を送り，ECOMOGが国連要員と人道支援団体人員の安全を保障することを確認
	10.1	CDFがECOMOGの支援を受けながらカイラフンを攻撃
	10.2	UNICEFが，シエラレオネでは依然として子ども兵のリクルートが行われていると指摘
	10.5	サンコーが法廷で無罪を主張。サンコーの弁護士はみつからず
	10.12	34名の軍人に死刑判決が出されたことに対する国際社会の批判が高まるなかで，司法大臣ソロモン・ベレワ (Solomon Berewa) が，極刑は植民地遺制であると発言
	10.13	カバー大統領がアナン国連事務総長に書簡を送り，リベリアがシエラレオネ領内に戦闘員を派遣する計画があると指摘
	10.16	『国連シエラレオネ監視団に関する国連事務総長第2回報告書』。シエラレオネ人難民の推定数は45万7000名（内訳は，ギニアに35万7000名，リベリアに9万名，コートジボワールなどに1万名）。サンコーは法廷

		で依然として無罪を主張
1998	10.19	24名の軍人が処刑される。イギリスが処刑を批判。カバー大統領は10名の軍人は減刑をすることはできたが，処刑された24名については減刑にすることはできなかったと国営ラジオ放送で発表
	10.21	11名の文民に死刑判決。カバー大統領はアブジャでアブバカールECOWAS議長と会談
	10.22	EUが24名の処刑を批判
	10.23	サンコーに国家反逆罪と殺人罪で死刑判決。以後，サンコーへの死刑判決に反発して各地でRUFが襲撃活動を活発化
	11.4	軍事政権の元幹部などに国家反逆罪で死刑判決
	11.5	モモ元大統領に軍事政権と共謀した罪で10年の判決
	11.9	AFRC/RUFがスマヤ(Sumaya)を襲撃。96名が死亡
	11.12	MRUの加盟国であるシエラレオネ，リベリア，ギニアがコナクリで不可侵条約に調印
	11.15	イタリア人神父がAFRCによって拘束される
	11.18	RUFの幹部で「モスキート」の呼称で知られるサム・ボッカリー(Sam Bockarie)が，もしサンコーの身に危険が生じれば，「皆殺し」(Killing Every Living Thing)を開始すると警告
	11.24	政府は3名のイギリス人弁護士がサンコーの弁護を担当することを正式に許可する
	11.25	イタリア政府代表団がAFRCに拘束されたイタリア人神父の解放交渉のためにフリータウンに到着
	12.5	カバー大統領がガンビアを公式訪問。ECOMOGのアルファジェット戦闘機がルンギ空港で着陸に失敗
	12.9	EOが翌年1月1日をもって解散すると発表
	12.16	『国連シエラレオネ監視団関する国連事務総長第3回報告書』
	12.17	ECOMOGがカイラフンの反政府勢力拠点を攻撃。治安状況が悪化
	12.20	リベリアがシエラレオネとの国境閉鎖
	12.21	RUFによってダイヤモンド産地の拠点都市コインドゥが制圧されたことをECOMOGが確認
	12.22	AFRC/RUFが西部地区のウォータールーを攻撃
	12.23	AFRC/RUFがギニア南部を襲撃し，16名の死者 UNOMSILがマケニの軍事監視要員をルンギへと引き上げる
	12.24	UNOMSILがボーとケネマの軍事監視要員をルンギへと引き上げる。

		国連やINGOの職員が国外に避難を始める
1998	12.27	アナン国連事務総長が反政府ゲリラによる戦闘激化を非難
		マケニがRUFによって制圧される
	12.28	アビジャンでECOWASシエラレオネ5カ国委員会閣僚級特別会合が開催される
	12.29	ナイジェリアは1000名の部隊を増強し，ECOMOG兵力は約1万4000名規模となる
1999	1.4	カバー大統領がバマコを訪問し，マリ政府に対してECOMOGへの早期の部隊派遣を要請
	1.6	**AFRC/RUFがフリータウン侵攻。市街戦が激化。RUFはパデンバロード刑務所を襲撃して服役囚を解放。RUFは，もしサンコーが解放されれば戦闘を停止すると発表。UNOMSILがフリータウンから撤収**
	1.7	ECOMOGが「不名誉よりも死を」(Death before Dishonour)という作戦名の反撃を開始。『国連シエラレオネ監視団に関する国連事務総長特別報告書』。ECOWAS議長国であるトーゴのエヤデマ大統領が，RUF指導部に対して戦闘の即時停止を求める。カバー大統領がサンコーと面会
	1.10	RUFがフリータウン市内の東部と南部をほぼ制圧。UNOMSILの要員数は56名
	1.13	国連事務総長特別代表であるオケロは，拘束中のサンコーが自らの身柄の釈放と引き換えに停戦を提案している旨明らかにする
	1.15	ECOMOGは，シエラレオネで活動するすべてのNGOに対して通信機器を提出するように求める
	1.16	カバー大統領が，政治対話の余地があるとする声明を発表
	1.18	イギリス海軍艦艇がフリータウンに到着。ガーナが500名の部隊をアメリカの輸送機でフリータウンに派遣
	1.19	ECOMOGがフリータウン市内をほぼ制圧したと発表
	1.21	カバー大統領が，国民向けのラジオ演説のなかで，国連安保理，とくに常任理事国がシエラレオネ紛争で使用される武器を提供している国や個人に対して圧力をかけるように求める
	1.23	この日までに少なくとも2768名の遺体がフリータウン市内で回収される
	1.25	情報通信観光文化大臣がRUFとの政治対話への姿勢を再確認する
	1.27	リベリア政府は，同国の孤立と破壊を目論んでいるとしてイギリスとアメリカを非難

【資料】紛争関連年表　243

1999	1.29	ECOMOGに部隊を提供しているナイジェリア，ガーナ，ギニアの3カ国の首脳がコナクリで会談
	2.1	ウクライナ外務省は，同国がシエラレオネへの武器輸出を行っているという疑いを改めて否定。ECOMOGが反政府勢力の船を攻撃して沈没させる。カバー大統領は，ラジオ演説のなかで，RUFによるフリータウン攻撃の背後には外国勢力の関与があると語る
	2.4	武装解除・動員解除・社会復帰国家委員会 (National Committee on Disarmament, Demobilization and Reintegration: NCDDR) が緊急会合を開催。イギリス海軍艦艇が人道支援などのためにシエラレオネ沖に到着
	2.5	ECOMOGはフリータウン市内の家宅捜索を行う
	2.7	カバー大統領がサンコー代表をはじめとするAFRC/RUF指導部と会談する用意があると発言
	2.10	トーゴの外相は，同国がシエラレオネ政府とRUFを仲介して和平交渉を開催する用意があると語る
	2.13	ECOMOGが指揮系統を変更
	2.19～20	ECOMOGに参加するマリ部隊428名の移送が始まる
	2.21	国連事務総長特別代表とRUF指導部がアビジャンで会談
	2.23	ECOMOGとイギリス共同緊急展開部隊が会合
	2.24	ECOMOGがAFRC/RUFからウォータールー奪回
	2.28	カバー大統領は，国民向けのラジオ演説のなかで，サンコーとRUF指導部が協議する機会をロメあるいはバマコで与えることに同意すると語る
	3.1	UNOMSILの要員数は9名
	3.3	国連関係者をシエラレオネ国内に速やかに戻らせることが決まる
	3.4	『国連シエラレオネ監視団に関する国連事務総長第5回報告書』
	3.12	RUF代表団がエヤデマ大統領と会談
	3.13	カバー大統領は，もし和平のためになるならば，サンコー議長に恩赦を与える用意があると改めて発言
	3.15	サンコーは自らを「平和の囚人」(a prisoner of peace) と呼ぶ
	3.15	離任を控えたシェルペディECOMOG総司令官は，シエラレオネの反政府勢力を支援しているとしてリベリア，ブルキナファソ，リビアを非難し，テイラーが権力の座にいるかぎりシエラレオネの危機は終わらないと語る

1999	3.24	ECOWAS外相会議が小型武器に関するモラトリアム宣言を採択
	4.7～9	国家諮問会議が開催される
	4.8	ECOMOG総司令官であるフェリックス・ムジャクペルオ（Felix Mujakperuo）は，3月14～15日にリベリアとブルキナファソの政府がシエラレオネの反政府勢力への武器提供に関与したと発表
	4.12	NCDDRがフリータウンにいる元戦闘員の集団をルンギに移動させることを決定
	4.15	ECOMOG参加国の参謀総長がアブジャで会議
	4.18	サンコーがRUF幹部との打ち合わせのためにトーゴに到着。UNOMSILがサンコーを移送
	4.20	RUFのスポークスマンであるオムリー・ゴレー（Omrie Golley）がロメ到着
	4.26	RUF内部での協議が始まる（～5月10日）
	5.7	反政府勢力がポートロコ（Port Loko）を襲撃。マンガルマ（Mangarma）村付近で20名以上の市民が虐殺される
	5.10	ギニアの反政府勢力の指導者ジョゼフ・バゴ＝ズマニンギ（Joseph Gbago-Zoumaningi）がRUFと協定を結び，ギニアでの反政府闘争のためにRUFの支援を受けることで合意
	5.10	シエラレオネ国軍の562名の兵士が3カ月間の基礎訓練を修了する
	5.18	カバー大統領とサンコー代表がトーゴの仲介で停戦合意に調印
	5.24	停戦開始
	5.25	政府とRUFの各代表団がロメで協議を開始
	5.27	マノ川議会同盟（Mano River Parliamentary Union）の会合がモンロビアで開催され，テイラー大統領が，リベリア，ギニア，そしてマリの代表団に対して，シエラレオネとギニアの平和と安定に努力すると語る。シエラレオネの代表団は欠席
	6.2	政府とRUFの代表団がロメで会談し，UNOMSILに対して戦争犯などの即時釈放のための委員会設置を依頼することなどで合意
	6.4	『国連シエラレオネ監視団に関する国連事務総長第6回報告書』
	6.6	カバー大統領が中国訪問を終えて帰国の途につく
	6.8	UNOMSILの要員数は24名。オケロ国連事務総長特別代表がトーゴのエヤデマ大統領にシエラレオネ和平の進捗情況を報告
	6.9	エヤデマ大統領は，RUFとシエラレオネ政府の双方に和平実現のためのパワーシェアリングを訴える。シエラレオネ政府とRUFの代表

		団の和平交渉が続く
1999	7.7	ロメ和平合意調印。即時停戦，全戦闘員に対する無条件恩赦，武装解除・動員解除・社会再統合（Disarmament, Demobilization and Reintegration: DDR），サンコーの副大統領就任，RUFの政党化などが定められる
	7.18	軍事政権への関与で逮捕されていた8名の軍人が釈放される
	7.23	有罪判決を受けていたモモ元大統領を含む19名の文民が釈放される。さらに98名が釈放される
	7.30	『国連シエラレオネ監視団に関する国連事務総長第7回報告書』
	8.4	AFRC支持派がECOMOGやUNOMSILの兵士など34名を拘束
	8.7	国連がAFRCのコロマをモンロビアに移送
	8.10	人質解放
	8.31	シエラレオネから撤退するECOMOGナイジェリア部隊の第一陣が出発
	9.2	サンコー代表とブルキナファソのブレーズ・コンパオレ（Blaise Compaore）大統領が会談
	9.3	カバー大統領がアブジャを訪問し，オルシェグン・オバサンジョ（Olusegun Obasanjo）大統領と会談。ナイジェリア部隊の撤退を一時停止
	9.5	オバサンジョ大統領は，ナイジェリアがECOMOGとしてシエラレオネに駐留し続けることはできないが，撤退によってシエラレオネ和平を危機にさらすつもりはないと発言
	9.27	アナン国連事務総長がロメ合意履行のために6000名規模のPKOをシエラレオネに展開すべきと提案
	9.29	サンコー代表がテイラー大統領とモンロビアで会談
	9.30	サンコー代表とコロマ議長がテイラー大統領の仲介のもとモンロビアで会談
	10.3	サンコーとコロマがフリータウンに到着。サンコーが残虐行為に対する謝罪声明を発表
	10.8	サンコーとコロマがルンギを訪問
	10.13	サンコーとコロマがポートロコを訪問
	10.15	RUFがAFRCを排除してマケニを制圧。以後，RUFとAFRCの間の戦闘がルンサ（Lunsar）などでみられる
	10.20	カバー大統領が，RUF/AFRCのメンバーを含む国家統一政権の閣僚構成を発表。同大統領は，サンコーを戦略資源管理国家再建開発委員

会 (Commission for the Management of Strategic Resources, National Reconstruction and Development: CMRRD) の議長に，また，コロマをCCPの議長にそれぞれ指名。カバー大統領がDDRの実施を正式に宣言

1999	10. 22	国連安保理が6000名（軍事監視要員260名を含む）を定員規模とする国連シエラレオネ派遣団（United Nations Mission to Sierra Leone: UNAMSIL）の派遣を決議（安保理決議1270）
	11. 1	NCDDRが緊急会合をもち，4つのDDRキャンプ開設を決める
	11. 2	RUFやAFRCのメンバーを加えた内閣が成立。CCP議長であるコロマが，AFRCはRUFによって攻撃されていると指摘
	11. 3	ラジオ放送の声明のなかで，CMRRD議長であるサンコーが，すべての戦闘員は武装解除に応じるようにと語る
	11. 4	DDRの第1段階が始まる
	11. 17	ナイジェリア人のオルイェミ・アデニジ（Oluyemi Adeniji）が国連事務総長特別代表に任命される
	11. 22	RUFがINECに革命統一戦線党（Revolutionary United Front Party: RUFP）として暫定的に登録される
	11. 28～29	ECOMOGと旧国軍兵士がルンギの東方20キロのペペル（Pepel）で戦闘
	11. 29	130名のUNAMSILケニア部隊がフリータウン到着
	11. 30	AFRC/旧政府軍658名，RUF1469名，CDF518名がDDRセンターに登録を済ませる
	12. 6	『国連シエラレオネ派遣団に関する国連事務総長第1回報告書』。RUFのボッカリーが，国境なき医師団（Médecins sans frontières: MSF）の2名のスタッフをブエドゥ（Buedu）で拘束
	12. 7	UNAMSILのインド部隊144名がルンギ空港に到着。インドのヴィジャイ・クマール・ジェットレー（Vijay Kumar Jetley）少将がUNAMSIL司令官に就任
	12. 8	350名のUNAMSILケニア部隊がルンギ空港到着
	12. 11	アデニジが国連事務総長特別代表としての職務を開始
	12. 14	対立していたRUFのサンコー代表とボッカリー司令官がモンロビアで会談
	12. 16	NCDDRの責任者が，DDR終了予定の15日までに，当初想定していた対象者4万5000名の23%にあたる1万557名のDDRしか終了できな

		かったと語り，手続きの遅れを認める
1999	12.16	拘束されていたMSFスタッフ2名が解放される
	12.18	ボッカリーがシエラレオネ出国
	12.20	オバサンジョ大統領は，関係が悪化しているリベリアとギニアを訪問し，両国の和解を図る。テイラー大統領は，シエラレオネを出国したRUF司令官ボッカリーがリベリア国内にいることを確認
	12.22	世界銀行がシエラレオネにおけるコミュニティ再統合・リハビリテーションプログラムのために2500万ドルの融資を行うと発表
	12.23	アナン国連事務総長が，安保理宛ての書簡のなかで，UNAMSILの任務拡大を提案
	12.29	サンコーが，フリータウンでの記者会見のなかで声明を出し，そのなかでRUFPを停戦監視メカニズムに参加させるのに必要な資金を提供していないとして政府と国際社会を非難するとともに，UNAMSILの任務と規模に憂慮の念を示す
	12.31	カバー大統領が議長を務めるNCDDRは，UNAMSILに対して早急に展開するように求める
2000	1.3	約100名の戦闘員がポートロコにあるDDRキャンプを襲撃しようとしたが，ECOMOGが阻止
	1.4	サンコーがカバー大統領宛てに書簡を送り，そのなかで政府を批判。政府はすべてのAFRC戦闘員をマイル91（Mile 91）にある旧ECOMOG兵舎に移動させることを決定
	1.6	カバー大統領が，同日付の声明のなかで，軍事要員は4万5000名程度必要といわれているが，その推定は過大かもしれないと語る
	1.9	数名の戦闘員がUNAMSIL所属のナイジェリア人将校をルンギで襲撃する
	1.10	UNAMSILに加わる途上にあったギニア軍がRUFに襲撃され，装甲車やライフル銃を含む大量の武器を略奪される。UNAMSILの要員数は4189名
	1.11	『国連シエラレオネ派遣団に関する国連事務総長第2回報告書』
	1.13	ナイジェリア外相が国連事務総長に書簡を送り，そのなかで，シエラレオネの治安維持のために同国からのナイジェリア軍の撤退を90日間延期すると伝える
	1.14	UNAMSILのケニア部隊がオクラ・ヒルズ（Okra Hills）で襲撃され，旧国軍兵士に武器を奪われる

2000	1.24	ECOMOG議長国であるマリのアルファ・ウマール・コナレ（Alpha Oumar Konaré）大統領の主宰のもとで合同履行委員会が開催される
	1.28	AFRC代表であるコロマが国軍からの辞表をカバー大統領に提出
	1.31	UNAMSILのケニア部隊が北部州マケニ周辺でRUFに襲撃され，武器を奪われる
	2.7	国連安保理がUNAMSILの定員規模を1万1100名まで拡大する決議を採択（安保理決議1289）
	2.14	サンコーが，国連安保理決議1171（1998年）の渡航規制に反して，南アフリカとコートジボワール訪問のためにシエラレオネ出国
	2.18	サンコーが南アフリカに到着。国連の制裁委員会が会合をもち，サンコーに対して速やかに帰国するように要請。RUFのマイク・ラミン（Mike Lamin）とCDFのノーマンがケネマやカイラフンなどを訪れ，DDR促進を訴える（～19日）
	2.22	議会が真実和解委員会（Truth and Reconciliation Commission: TRC）法案を可決
	2.23	UNAMSILのインド部隊が東部州でRUFに移動を阻止される。
	2.28	サンコーが帰国
	2.29	RUFがマグブラカで国連ヘリコプターの着陸を妨害
	3.1	武装解除が完了したのは1万7191名。内訳は，AFRCなどの旧国軍兵士が8851名，カマジョーを中心とする民兵組織連合であるCDFが4289名，RUFが4051名。コナレ大統領の主宰のもとで，シエラレオネ問題に関する特別会合がバマコで開催される。シエラレオネ政府，ECOWAS事務局，OAU代表，コロマなどは出席したが，サンコーは欠席（～2日）。UNAMSILの要員数は7391名
	3.2	MRU首脳会議がバマコで開催され，テイラー大統領がシエラレオネの和平プロセスに個人的に関与するように要請を受ける
	3.7	『国連シエラレオネ派遣団に関する国連事務総長第3回報告書』。アリカリア（Alikalia）で援助団体スタッフがRUF兵士によって拘束される
	3.9	カバー大統領がNCDDR特別会合を招集し，サンコーRUF代表，コロマAFRC代表，ノーマン国防副大臣，ECOMOG，UNAMSILなどが出席
	3.15	サンコー代表が和平プロセスの妨害行為について議会で証言
	3.18	MRU閣僚会議がモンロビアで開催される
	3.19～21	国連の平和維持活動担当事務次長がフリータウン訪問

2000	3.20	ECOWAS主催のもとで，ロメ和平合意の主要当事者特別委員会の会合がフリータウンで開催され，サンコーはUNAMSILを中立的な平和維持軍として受け入れると表明。国家選挙管理委員会 (National Electoral Commission: NEC) が発足
	3.21	RUFとAFRCがバフォディア＝カバラ (Bafodia-Kabala) 地区で戦闘
	3.22	政府が，リベリアへの侵入を企てていた容疑で16名を逮捕
	3.27	シエラレオネ支援国のハイレベル会合がロンドンで開催される
	3.30	バフォディア＝カバラに派遣されたUNAMSIL部隊が292名のAFRC兵士を武装解除し，ルンギに移送
	4.17	マケニに設置されたキャンプで武装解除活動が開始。しかし，武装解除に応じる者なし。このほか，ボー，モヤンバ，マグブラカでも武装解除活動が始まる。MRU閣僚会合で合同安全保障委員会を設置することが決まる
	4.18	コーベ元司令官がラゴスで病死。シエラレオネ政府が7日間の喪に服すことを発表
	4.18	CCPがボーで各派の司令官和平会議を開催
	4.22	RUFがマケニでのDDRプログラムに反対してデモ行進をし，道路にチェックポイントを設置。UNAMSILがチェックポイントを撤去。UNAMSIL部隊がマグブラカのDDRキャンプに入ろうとしたところ，約20名のRUF兵士によって妨害される
	4.30	オクラ・ヒルズでUNAMSILのナイジェリア人兵士が武器の引渡しを拒んだために，旧国軍兵士と思われる一団に銃撃され，重傷を負う
	5.1	**10名のRUF元兵士がマケニのキャンプで武装解除に応じる。これに反発したRUFがキャンプを訪れ，武装解除に応じた者の身柄とその携帯していた武器，そして武装解除を行った国連要員の身柄引渡しを要求。国連側がこの要求に応じなかったために，RUFはUNAMSILの3名の軍事監視要員と4名の兵士を拘束。北部州のマグブラカでもUNAMSILのケニア部隊がRUFに包囲される**
	5.2	マグブラカにおいてUNAMSILとRUFが銃撃戦。ECOMOGがシエラレオネから完全撤退
	5.4	北部州のカンビア (Kambia) で短時間拘束されていたUNAMSILのナイジェリア部隊が解放される
	5.5～6	国連事務総長特別代表がサンコーと会談
	5.7	イギリスの軍事顧問団がフリータウンに到着。コロマは，国軍が

		RUFからフリータウンを防衛するように呼びかける
2000	5.8	群集が抗議のためにサンコーの自宅に押しかけ，一部が投石など始めたために，RUFの警備兵士が発表し，死傷者が出る。サンコーは失踪。イギリスが空挺部隊800名をシエラレオネに派遣。MRU首脳会議がコナクリで開催される
	5.9	マグブラカでRUFに包囲されていたUNAMSILのケニア部隊とインド部隊が自力で脱出。イギリス空挺部隊がルンギ空港を制圧。国連の平和維持活動担当事務次長がフリータウンに到着。ECOWASのシエラレオネ問題担当委員会の首脳会議がアブジャで開かれる
	5.10	**RUFに拘束されていたと推定されるUNAMSIL要員は491名。内訳は，ザンビア部隊436名，ケニア部隊29名，インド部隊23名，マレーシアなどの軍事監視要員が3名**
	5.15	英紙は，フォイル・エアー社（Foyle Air）が1999年3月にウクライナからブルキナファソに67トンの武器弾薬を輸送したと報じる。その一部はのちにシエラレオネに流通したともいわれる。リベリアのテイラー大統領の仲介で139名のUNAMSILザンビア部隊が解放される。武装解除を終えた戦闘員数は累計で2万4042名。その内訳は，RUFが4949名，AFRC/旧国軍兵士が1万55名，CDFが9038名。UNAMSIL人権担当官が子ども兵問題を調査するためにマシアカを訪れる
	5.17	サンコーの身柄を自宅近くで拘束
	5.19	**アナン事務総長は，同日付の『国連シエラレオネ派遣団に関する国連事務総長第4回報告書』のなかで，UNAMSILの規模をまず1万3000名（軍事監視要員260名を含む）に拡大し，さらにそれを1万6500名にまで拡大するように提案。国連安保理がUNAMSILの定員規模を1万3000名にまで拡大する決議を採択（安保理決議1299）。UNAMSILの要員数は9495名**
	5.19	イギリス政府はさらに約90名の軍事顧問団の派遣を承認
	5.24	29名のUNAMSILザンビア部隊兵士が解放される
	5.28	月初からRUFに拘束されていた約500名のUNAMSIL要員がこのときまでにほぼ全員解放される
	6.12	シエラレオネ大統領が国連事務総長に対して特別裁判所の設置について依頼
	6.21	国連安保理はECOWAS諸国外相と会合をもち，ECOWAS諸国が3500名程度の部隊をUNAMSILに派遣する可能性について議論
	6.29	東部州でRUFに包囲されていたUNAMSIL兵士のうち21名のインド

		人兵士が解放される
2000	7.5	国連安保理は，政府発行の原産地証明がないシエラレオネ産ダイヤモンド原石の輸入を18カ月間禁止する決議を採択（安保理決議1306）
	7.15	UNAMSILの武力行使によって東部州で包囲されていた国連部隊が解放される
	7.17	カバー大統領がリベリアに亡命中のRUF元指導者のボッカリーと電話で会談
	7.18	カバー大統領が，ボッカリーはシエラレオネへの帰国を望んでいると語る
	7.31	『国連シエラレオネ派遣団に関する国連事務総長第5回報告書』
	8.14	**シエラレオネ特別裁判所設置に関する国連安保理決議1315が採択される**
	8.21	イッサ・セセイ（Issa Hassan Sesay）が拘束中のサンコーに代わってRUF暫定代表となる
	8.24	『国連シエラレオネ派遣団に関する国連事務総長第6回報告書』
	8.25	コロマを支持するウェスト・サイド・ボーイズ（West Side Boys: WSB）と呼ばれる集団がシエラレオネ人1名とイギリス人11名の計12名の軍人を拘束し，指導者数名の釈放を求める
	8.30	WSBに拘束されたイギリス人兵士のうち5名のみが解放される
	9.1	イギリスがシエラレオネに部隊増派
	9.10	イギリスの空挺部隊と特殊部隊が6名のイギリス人兵士と1名のシエラレオネ人兵士の人質を解放（作戦名：バラス作戦）。イギリス側の死者1名，負傷者12名，WSB側の死者25名，捕虜187名
	9.12	ロビン・クック（Robin Cook）英外相が，イギリス軍はシエラレオネの安定が確保されるまで同国に駐留すると表明。シエラレオネ特別裁判所に関する国連とシエラレオネ政府の間の協議がニューヨークでもたれる（〜14日）
	9.18〜20	国連チームがフリータウンを訪れ，特別裁判所設置問題について政府と協議
	9.20	インド政府が国連事務総長に対してUNAMSILからの自国軍撤退を決定した旨報告
	10.4	『シエラレオネ特別裁判所設置に関する国連事務総長報告書』
	10.9〜14	国連安保理調査団がフリータウン，アブジャ，バマコ，コナクリ，モンロビアを訪問し，シエラレオネとその周辺地域の情勢について意見交換

2000	10.10	イギリスがシエラレオネ駐留部隊の増強とシエラレオネへの軍事支援を表明
	10.16	国連安保理調査団が報告書を提出
	10.19	ヨルダン政府が国連事務総長に対してUNAMSILからの自国軍撤退の意向を伝える
	10.23	新たに1000名のシエラレオネ国軍兵士がイギリスによる軍事訓練を受け始める（〜12月中旬）。これでイギリスの軍事訓練を受けた国軍部隊規模は3000名となる
	10.30	UNAMSILの要員数は1万2150名
	10.31	『国連シエラレオネ派遣団に関する国連事務総長第7回報告書』
	11.	ギニア領内とリベリア領内で反政府勢力と政府軍の戦闘が散発的に続く
	11.8	国連，ECOWAS，シエラレオネ政府調整メカニズムの第2回会合がアブジャで開催される
	11.10	アブジャ和平合意が調印される
	11.12	イギリス海軍のヘリコプター空母がフリータウンに到着
	11.16〜17	TRCの設置を促進するためのワークショップがフリータウンで開催される
	11.18	UNAMSIL司令官に任命されたケニアのダニエル・オパンデ（Daniel Opande）中将がシエラレオネに到着
	11.21	テイラー大統領が声明を発表し，そのなかで，もしイギリス軍がUNAMSIL傘下に入らないのならば，シエラレオネから撤退すべきであると語る
	12.1	ECOWAS最高会議がリベリア・ギニア国境付近に平和維持部隊の派遣を決議。フリータウンの刑務所の収容人数は568名
	12.2〜3	アナン国連事務総長がシエラレオネを訪問
	12.6	UNHCRが，ギニア領内にいるシエラレオネとリベリアの難民の状況に憂慮を表明
	12.7	財務大臣が議会に2001年度国家予算案と経済金融政策書を提出
	12.8	オパンデUNAMSIL司令官がRUF代表セセイと会談。アナン国連事務総長が声明を発表し，ギニア国境付近での攻撃を批判
	12.13	ECOWASの仲介安全保障理事会（Mediation and Security Council: MSC）の閣僚会合が開催され，ギニア国境付近での情況に関する議論が始まる。アデニジ国連事務総長特別代表がギニアのコンテ大統領と

		会談し，バマコで開催されるECOWAS最高会議の場を利用してテイラー大統領と協議を行うように提案
2000	12.15	『国連シエラレオネ派遣団に関する国連事務総長第8回報告書』。ECOWAS最高会議がバマコで開催される(〜16日)。リベリア，シエラレオネ，ギニアの国境付近に1796名の部隊を派遣することが決まる。アデニジ国連事務総長特別代表がテイラー大統領と会談し，戦闘拡大を阻止するために適切な措置を講じるように要請
	12.16	UNAMSILの要員数は1万2455名。UNAMSILが人権委員会の設置を支援するためのワークショップを開催(〜17日)
	12.27	ECOWAS防衛安全保障委員会がアブジャで会合をもつ
	12.28	ECOWAS防衛安全保障委員会がリベリア・ギニア国境地帯に兵力引き離しなどのために1676名の部隊を派遣することを提案
2001	1.3	オパンデUNAMSIL司令官がRUF暫定代表のセセイとマグブラカで会談
	1.5	コンテ大統領が，ギニアの反政府勢力を支援しているとしてリベリアのテイラー大統領とブルキナファソのコンパオレ大統領を非難
	1.6	OAUのサリム事務総長がギニア訪問。ボッカリーはリベリアを離れる用意があると語る。ギニア空軍がシエラレオネ領内のカンビアの村を空爆
	1.12	ナイジェリア，マリ，セネガル，ニジェールの軍幹部がギニア国境付近へのECOMOGの展開について協議するためにアブジャで会合をもつ。国際社会の圧力を受けて，リベリアはシエラレオネ紛争に関与しないと方針を繰り返し表明するようになる
	1.14	ギニアのコンテ大統領が野党指導者と会談
	1.26	大統領の任期が3月28日，国会議員の任期が4月1日に切れることを受けて，カバー大統領は，議会にそれぞれの任期を半年間延長するように提案
	1.31	クーヤテECOWAS事務局長がギニアを訪問し，ECOMOGの派遣に関してコンテ大統領と協議
	2.7	リベリア政府は，元RUF司令官の「モスキート」ボッカリーが同国をすでに出国したと発表
	2.9	ギニア軍によるシエラレオネ領内の反政府勢力への攻撃が続く
	2.12	ECOWASの閣僚級代表団が，国連安保理に対して，リベリアへの経済制裁措置の発動を2カ月間延期するように要請

2001	2.13	議会が行政府と立法府のそれぞれの任期を延長することを決議
	2.中旬	UNAMSILのインド部隊が撤退を完了
	3.3	UNHCRは，ギニア領内にいる約1500名の難民がコニン (Konin) のキャンプを脱出し，他のキャンプに避難していると発表。ギニア領内の「オウムのくちばし」地帯にいるシエラレオネやリベリアからの難民が戦禍に巻き込まれる。内閣改造。RUFが閣僚ポストから排除されていることに反発し，国家統一政権が誕生するまで武装解除に応じないと語る
	3.7	国連安保理は，リベリアからのダイヤモンド原石の輸入と一部政府関係者の海外渡航禁止を定めた決議を採択(安保理決議1343)。ただし，ECOWASの要請を受け，2カ月間の猶予期間を設ける
	3.8	議会は非常事態宣言を延長
	3.13	新内閣発足。カバー大統領は，新閣僚にはSLPPのメンバーではない者も含まれており，広く政治勢力を結集した連合政権を樹立する方針であると語る
	3.14	『国連シエラレオネ派遣団に関する国連事務総長第9回報告書』。UNAMSILの要員数は1万356名
	3.20	リベリア外務省は，モンロビアにいるギニア大使とシエラレオネ大使を国外退去処分にするとともに，シエラレオネとの国境を閉鎖した旨発表。のちに，シエラレオネは報復措置としてフリータウンのリベリア臨時代理大使を国外退去処分とする。500名のシエラレオネ難民を乗せた船がコナクリからフリータウンに到着
	3.29	RUF指導部がマケニで会合をもち，政治平和評議会の設置を承認
	3.30	国連安保理がUNAMSILの任期を延長するとともに定員規模を1万7500名に拡大する決議を採択(安保理決議1346)。コンテ大統領はテイラー大統領との会談を拒否する姿勢を示す
	4.2	ギニア国境付近での前年9月の戦闘激化以来，援助機関が登録したギニアからのシエラレオネ帰還民総数は4万2689名
	4.10	トーゴのコフィ・パヌ (Koffi Panou) 外相が，シエラレオネ情勢は悪化しており，新たな和平合意が必要であると語る。ECOWAS，国連，シエラレオネ政府の会合がアブジャで開催され，2000年11月のアブジャ停戦合意の履行に関してRUFと協議を行うことで合意
	4.11	ECOWAS最高会議臨時会合がアブジャで開催され，国連安保理に対して，リベリア，シエラレオネ，ギニアの国境地帯へのECOWAS部

		隊の展開を承認するように求めることを決議
2001	4.17	UNAMSILのバングラデシュとナイジェリアの部隊がRUFの支配地域であるマケニとマグブラカに到着
	4.18	ECOWASが国連の対リベリア制裁措置に関して使節団をリベリアに派遣
	5.2	アブジャ停戦合意を再検討するための会議がアブジャで開催される
	5.4	国連安保理はリベリアからのダイヤモンド原石輸入などを禁止する制裁措置を7日より発動することを確認。期間は1年間
	5.7	ギニア領内の「オウムのくちばし」で戦禍に巻き込まれていた難民の移動作戦が始まる。対リベリア経済制裁措置発動
	5.15	シエラレオネ政府とRUFがフリータウンで新たな停戦合意に調印。武装解除プログラムの即時再開，UNAMSILへの子ども兵の引渡しなどが規定される。アブジャ会議を受けて，政府，RUF，UNAMSILがフリータウンのUNAMSIL本部で会合をもつ
	5.18	DDR活動が再開。ギニア軍がシエラレオネのカンビア地区に向けて砲撃。カンビアとポートロコで合わせて3502名(RUFが1096名，CDFが2406名)が武装解除(～31日)
	5.19	アデニジ国連事務総長特別代表とカバー大統領がコナクリを訪問し，ギニア政府が砲撃を謝罪
	5.25	591名の子ども兵がマケニでRUFからUNAMSILに引き渡される
	5.29～31	シエラレオネ国軍がカンビア地区に展開
	6.2	政府，RUF，UNAMSILがマグブラカで第2回会合をもつ
	6.3	コンテ大統領とカバー大統領がギニア国境で会談し，コナクリとフリータウンを結び，カンビア地区を通る幹線道路を再開することで合意
	6.4	RUFが178名の子ども兵をUNAMSILに引き渡す
	6.8	シエラレオネ警察が，UNAMSILの支援を受けながら，フリータウンのジュバ・ヒル(Juba Hill)地区を捜索
	6.10	NECが国連事務総長に書簡を送り，そのなかで，選挙に対する国連の支援を要請
	6.11～12	世銀がパリでシエラレオネ援助国会合開催
	6.17	CDFがヤライヤ(Yaraiya)村を襲撃
	6.21	UNAMSILの要員数は1万2718名
	6.25	『国連シエラレオネ派遣団に関する国連事務総長第10回報告書』

2001	7.1	コノとボンスでのDDR開始
	7.2	UNAMSILがダイヤモンド産地であるコノ県に展開
	7.17	DDR合同委員会がボーで会合をもつ。カンビアとポートロコでの武装解除終了後，7月中にコノとボンスで武装解除を開始することを確認
	7.19	RUFがヘネクマ（Henekuma）村を襲撃
	8.2	アデニジ国連事務総長特別代表が，TRCの役割をコミュニティレベルに浸透させる活動のために北部州を訪問
	8.4	UNAMSILのパキスタン部隊がコノに派遣される
	8.7	国連のアデニジ特別代表，シエラレオネのカバー大統領，ナイジェリアのオバサンジョ大統領，マリのコナレ大統領，ECOWASのクーヤテ事務局長がアブジャで会談
	8.10	DDR合同委員会がケネマで会合をもつ。モヤンバやコイナドゥグ（Koinadugu）における武装解除を8月中に開始することで合意
	8.13～15	ギニア，リベリア，シエラレオネの外相がモンロビアで会談
	8.17	コノとボンスでの武装解除終了
	8.18～28	国連の選挙ニーズ調査チームがシエラレオネを訪問し，関係機関と協議
	8.22～23	MRUの外相・国防相会議がフリータウンで開催される
	8.26	シエラレオネ政府，RUF，国連の三者は，完全に武装解除が終了するまで選挙は実施しないことで合意している，とカバー大統領が語る
	8.29	イギリス政府はシエラレオネ駐留軍事訓練部隊の規模を9月には大幅に削減する意向を表明
	9.3	オバサンジョ大統領とコナレ大統領がカバー大統領の招きでシエラレオネ訪問
	9.4	コナレ大統領とオバサンジョ大統領は，ダイヤモンド産地のコノ県で政府やRUF関係者と会談
	9.5	UNAMSILの要員数は1万6664名。政府は年内に予定されていた選挙を2002年5月14日に延長する旨発表
	9.6	RUFが，マケニで開催が予定されていた政府，RUF，UNAMSILの三者会合（DDR合同委員会）をボイコット
	9.7	『国連シエラレオネ派遣団に関する国連事務総長第11回報告書』。議会が，1998年3月以来続く非常事態宣言をさらに半年間延長することを決議

2001	9.8	MRU合同安全保障委員会の会合がコナクリで始まる
	9.12	議会が選挙実施時期の延期を決議
	9.14	UNAMSILのザンビア部隊がダイヤモンド産地のトンゴ・フィールドに展開
	9.18	政府，RUF，UNAMSILの三者がDDR合同委員会会合をマケニでもつ
	9.25〜28	MRU合同安全保障委員会がモンロビアで会合をもつ。テイラー大統領は，シエラレオネ・ギニアと接するリベリア国境を再開すると発表
	10.4	元CDF民兵がNCDDRの自動車を奪い，給付金が支給されなければ放火すると訴える
	10.8	元兵士がフリータウンでデモ行進し，NCDDRに対して社会復帰のための給付金の支給を求める
	10.10	NCDDRが社会復帰のための給付金の支給を開始
	10.11	DDR合同委員会がフリータウンで会合をもつ
	10.16	185名のネパール部隊がフリータウンに到着し，UNAMSILに合流
	10.19	シエラレオネ国軍のヘリコプターが東部州で墜落し，国際軍事支援訓練チーム（International Military Assistance and Training Team: IMATT）のイギリス人少佐が死亡
	10.23	2001年初めから2万4127名の戦闘員の武装解除が完了
	11.7	UNAMSILのヘリコプター（ウクライナ部隊所属）がフリータウン近郊の海上に墜落し，7名が死亡。政府が，拘束していたRUF関係者の一部を釈放
	11.8	DDR合同委員会がフリータウンで会合をもつ
	11.13〜15	国家諮問会議が開催される
	11.15	カバー大統領がトリポリに向けて出発。カイラフン県でDDR開始
	11.16	アナン国連事務総長がギニア，リベリア，シエラレオネの外相と会談し，3カ国の安全保障に関する合意内容について説明を受ける。国連，ECOWAS，シエラレオネ政府の三者による調整メカニズムの会合がニューヨークで開催される
	11.17	ケネマ県でDDR開始
	11.18	800名のネパール部隊がフリータウンに到着し，UNAMSILに合流
	11.27	RUF幹部などを対象とした民主的ガヴァナンス研修プログラムがナイジェリア政府主催のもとアブジャで始まる
	12.3	5月にDDRが再開されて以来3万7000名の戦闘員が武装解除に応じた，

		とアデニジ国連事務総長特別代表が語る
2001	12.5	アデニジ国連事務総長特別代表は，武装解除の完了に対して楽観的な見通しを語る
	12.6	RUF兵士がカイラフン県で武装解除に応じ始める
	12.7	アデニジ国連事務総長特別代表とセセイRUF代表が会談。アデニジは，RUFがカイラフン県とケネマ県での武装解除に協力するように要請。セセイは，サンコーの釈放，CMRRDの復活などを要求
	12.10	セセイRUF代表がカイラフンとトンゴ・フィールドを訪れ，武装解除に応じるように呼びかける
	12.13	『国連シエラレオネ派遣団に関する国連事務総長第12回報告書』。UNAMSILの要員数は1万7354名。国連安保理が，シエラレオネのダイヤモンド原石禁輸措置決議の延長について議論
	12.14	UNAMSILスポークスマンが，12月30日までに戦闘員の武装解除を完了できるとの見通しを明らかにする
	12.17	リベリア国軍が殺害した反政府勢力兵士のなかにカマジョー数名が含まれていた，とテイラー大統領が明かす。のちに，ノーマン国防副大臣はこれを否定
	12.19	国連安保理は原産地証明書がないシエラレオネ産ダイヤモンド原石禁輸措置を2002年1月から11カ月間延長する旨決議
	12.20～21	ECOWAS最高会議がダカールで開催され，次期議長としてセネガル大統領のアブドゥライ・ワッド (Abdoulaye Wade) が選出される。事務局長としてガーナの元閣僚モハメド・イブン・チャンバス (Mohamed Ibn Chambas) が指名される。また，シエラレオネ，ガンビア，ガーナ，ギニア，ナイジェリアで使用される共通通貨の単位をEcoとする旨決議される。シエラレオネ議会は，2002年5月に予定されている国政選挙のための制度として「選挙区ブロック」投票システムを導入する旨決議
	12.26	コノのパラマウント・チーフ，RUF代表団，民兵代表，UNAMSIL関係者などが，前週に東部で発生した衝突事件についてコインドゥで会談をもつ
	12.28	インド・パキスタン間の緊張の高まりを受けて，パキスタン部隊がUNAMSILから撤退することになるかもしれないと報じられる
	12.31	パキスタン部隊がシエラレオネから撤退することになれば，UNAMSILにとって大きな打撃になる，とUNAMSIL副司令官が語る

2002	1.2	2001年5月の武装解除再開以来，4万名以上の戦闘員の武装解除を終えた，と国連スポークスマンが語る
	1.5	公式的な武装解除終了日。ケネマとカイラフンで多くの戦闘員が武装解除に応じる。UNAMSILのザンビア部隊兵士5名が砲弾破裂事故のために死亡
	1.7	砲弾破裂事故で新たにUNAMSILザンビア部隊兵士1名が死亡し，死者の合計が6名となった，と報じられる
	1.8	治安対策・安全保障大臣のマルガイが辞任
	1.10	マルガイに代わって，プリンス・ハーディング（Prince A. Harding）が治安対策・安全保障大臣に指名される
	1.11	カイラフンでの武装解除が正式に終了
	1.16	国連とシエラレオネ政府がシエラレオネ特別裁判所設置合意文書に調印。同裁判所は，1996年11月30日以降の戦争犯罪を裁くためのもので，判事についてはシエラレオネ国内外から広く人材が集められるが，裁判所自体はシエラレオネ国内に設置される
	1.17	シエラレオネ政府，RUF，UNAMSILの三者から成るDDR合同委員会が最後の会合をもつ。しかし，コミュニティ武器回収破壊プログラムは継続される
	1.18	**武装解除によって回収された武器を燃やす式典がルンギで開催され，その席上，カバー大統領が戦闘状態の終了と非常事態宣言の解除を正式に発表。紛争終結**

●──謝辞

本資料の加筆修正にあたっては，澤良世氏（東京大学）から大変貴重な助言を数多く頂いた。ここに記して謝意を表したい。

索引

●あ●

アバチャ，サニ ……………………………… *12*
アビジャン和平協定 ………………………… *24, 25*
アフリカ統一機構（Organization of African Unity: OAU） ……………………………… *6, 25*
アフリカ連合（African Union: AU） ……… *34*
アミン，イディ ……………………………… *16*
アンドリュース，ティム …………………… *67, 68*
安保理決議1132 ……………………………… *26*
安保理決議1156 ……………………………… *27*
安保理決議1162 ……………………………… *27, 34*
安保理決議1171 ……………………………… *27*
安保理決議1181 ……………………………… *27, 28*
安保理決議1260 ……………………………… *29*
安保理決議1270 ……………………………… *29, 33*
安保理決議1299 ……………………………… *31*
安保理決議1346 ……………………………… *31, 37*
安保理決議1389 ……………………………… *32*
安保理決議1620 ……………………………… *32*
安保理決議1829 ……………………………… *32*
安保理決議1886 ……………………………… *32*
安保理決議1940 ……………………………… *32*
イヴラード，ジョン ………………………… *67, 68*
イギリス ………………………… *56, 58〜62, 64〜66*
移行期正義 ……………………… *119, 120, 132〜134, 137*
ウェスト・サイド・ボーイズ（West Side Boys: WSB） ……………………………… *178*

ウォーターメロン政治 ……………………… *191〜194*
ウォレス＝ジョンソン，I. T. A. …………… *174*
「失せものみつかる」（Atunda Ayenda） …… *110*
英連邦警察開発タスクフォース（Commonwealth Police Development Task Force: CPDTF） ……… *159*
英連邦地域安全・治安プロジェクト（Commonwealth Community Safety and Security Project: CCSSP） ……………………………… *161*
エグゼクティブ・アウトカムズ社（Executive Outcomes: EO） ……………………………… *56*
ECOWAS待機部隊（ECOWAS Standby Force: ESF） ……………………………… *19*
ECOWAS停戦監視団（ECOWAS Ceasefire Monitoring Group: ECOMOG） …… *4, 24, 104, 159*
オカダ ……………………………………… *104*
オデレイ …………………………………… *176*
オバサンジョ，オルシェグン …………… *12, 127*
恩赦 ………………………………………… *130*

●か●

ガーナ ……………………………… *7, 9, 11, 15*
カバー，アフマド・テジャン … *8〜13, 15, 18, 25〜 27, 32, 57〜59, 61〜67, 69, 124, 146, 150, 182*
カマジョー ………………………… *10, 62, 63*
カマラ，イドリス ………………………… *186*
カール，ジョン …………………………… *68*
カールソン，クリストファー …………… *103*
ギニア ……………………… *4, 7〜10, 15, 16, 18*

261

ギニア・ビサウ ………………………… *131*
キャップストーン・ドクトリン ………… *38*
旧ユーゴスラビア国際刑事裁判所 (International Criminal Tribunal for the former Yugoslavia: ICTY) ………………………… *124*
「強化された」PKO ……………………… *37*
共同体連合軍 (Allied Armed Forces of the Community: AAFC) ………………… *6, 14*
協力枠組 → シエラレオネ平和構築協力枠組
クアイヌー，アーノルド ………………… *7*
クック，ロビン ………………………… *68*
『クライ・フリータウン』 ……………… *11*
グラント，アン ………………………… *67*
ゲットー ………………………… *184, 192*
ケレク，マティウ ……………………… *16*
憲法再検討委員会 ……………………… *135*
交通問題に関するタスクフォース ……… *110*
コートジボワール ……………………… *8, 57*
国軍革命評議会 (Armed Forces Revolutionary Council: AFRC) ……………… *121*
国際社会ドクトリン ………………… *47, 51*
国際人道法 ………………… *126, 127, 136*
国連 ……………… *23, 25, 26, 28, 29, 33〜36*
国連開発計画 (United Nations Development Programme: UNDP) ……………… *13*
国連機構改革 (国連改革) ………… *142, 153*
国連憲章第7章 ………… *30, 31, 36, 38, 124*
国連シエラレオネ監視団 (United Nations Observer Mission in Sierra Leone: UNOMSIL) … *13, 24, 132*
国連シエラレオネ統合事務所 (United Nations Integrated Office in Sierra Leone: UNIOSIL) … *32, 132*
国連シエラレオネ統合平和構築事務所 (United Nations Integrated Peacebuilding Office in Sierra Leone: UNIPSIL) ……………… *32, 133*
国連シエラレオネ派遣団 (United Nations Mission in Sierra Leone: UNAMSIL) … *13, 24, 78, 124, 157*
国連事務総長 ……………………… *27, 36*
国連中米監視団 (United Nations Observer Group in Central America: UNOGCA/ONUCA) … *76*
国連の平和維持活動改革 (PKO改革) ……… *142*
国連平和活動に関する委員会報告書 (ブラヒミ・レポート) ………………………… *86*
国連平和構築委員会 (United Nations Peacebuilding Commission: PBC) ……… *32, 130〜133, 137, 141*
国連平和構築基金 (United Nations Peacebuilding Fund: PBF) ……………… *114, 133, 144*
国家暫定統治評議会 (National Provisional Ruling Council: NPRC) ……………… *188*
国家選挙管理委員会 (National Electoral Commission: NEC) ……………………… *177*
コナクリ和平計画 ………………………… *26*
コミュニティの武器回収・破壊プログラム (Community Arms Collection and Destruction Programme: CACD I) ……………… *95*
コロマ，アーネスト・バイ … *142, 177, 178, 180, 182, 186, 189〜192, 194, 199*
コロマ，S. I. ……………………… *176*
コロマ，ジョニー・ポール ………… *57, 146*

●さ●

サーチ・フォー・コモン・グランド (Search for Common Ground: SfCG) ……………… *108*
最終報告書『真実の証人──シエラレオネ真実和解委員会報告書──』 ……………… *122*
サクセナ，ラケシュ ………… *62, 63, 66*
サミット成果文書 ……………………… *131*

サムラ，ソリアス ………………………………… 11
サンコー，フォデイ ………………… 8, 10, 12, 57, 88
三者会議 ………………………………………… 88
サンドライン・インターナショナル社 …42, 62〜64, 66〜68
サンドライン事件 ………… 55, 56, 59, 62, 64, 67, 69
ジェノサイド …………………………………… 136
シエラレオネ革命統一戦線（Revolutionary United Front of Sierra Leone: RUF） …3, 24, 56, 113, 121, 178
シエラレオネ商業モーター・バイク・ライダー組合（Sierra Leone Commercial Motor Bike Riders Union: SLCMBRU） ……………………… 112
シエラレオネ人権委員会（Human Rights Commission of Sierra Leone: HRCSL） ………… 132
シエラレオネ人民党（Sierra Leone People's Party: SLPP） ……………………………… 57, 146, 174
シエラレオネ特別裁判所（Special Court for Sierra Leone: SCSL） ……………… 24, 32, 123, 124, 135
シエラレオネ平和構築協力枠組 ………… 132, 146
死刑 ……………………………………………… 137
死刑廃止 …………………………………… 134〜136
シティズンシップ …………………… 195〜197, 200
司法部門開発プログラム（Justice Sector Development Program: JSDP） ……………… 163, 169
市民的及び政治的権利に関する国際規約 ……… 135
市民防衛軍（Civil Defense Forces: CDF） ……… 121
社会再統合 ………………………… 102, 104, 115
社会再統合機会プログラム ……………… 80, 91
ジャワラ，ダウダ ……………………………… 7
集団武装解除 …………………………………… 89
ジュネーブ諸条約共通第3条 …………… 126, 136
常任仲介委員会 ………………………………… 7
女性戦闘員 ……………………………………… 90

ジョンソン＝サーリーフ，エレン ……………… 127
真実和解委員会（Truth and Reconciliation Commission: TRC） …113, 120, 122, 123, 128, 129, 132〜137
人道に対する罪 …………………………… 126, 136
新労働党政権（イギリス）…41〜43, 45〜47, 51, 52
水平的関係 ………………………………… 114, 115
スティーブンス，シアカ ………………… 16, 176
ストックホルム・イニシアティブ（Stockholm Initiative on Disarmament, Demobilisation, Reintegration: SIDDR） ………………………… 87
ストップギャップ・プログラム ……………… 83
ストラッサー，バレンタイン ……… 8, 56, 57
スパイサー，ティム ………………… 62, 66〜68
西部地域モーター・バイク・ライダー協会（Western Area Motor Bike Riders Association: WAMBRA） ……………………………… 106
世界サミット …………………………………… 131
セセイ，イッサ ………………………………… 88
全人民会議（All People's Congress: APC）… 56, 146, 176
戦争犯罪 ………………………………………… 136
戦略資源管理国家再建開発委員会（Commission for the Management of Strategic Resources, National Reconstruction and Development: CMRRD） ………………………………… 12

●た●

ダディ・サジ ………………………………… 191
治安部門改革（Security Sector Reformあるいは Security System Reform: SSR） ………… 77
地域的機関 ……………………… 26, 33〜35, 37
チーフダム警察 …………………………… 158, 167
中央アフリカ共和国 ………………………… 131

索　引 263

仲介安全保障理事会（Mediation and Security Council: MSC）……………………………… 19
テイラー，チャールズ ……… 6, 7, 31, 127, 136
デイルズ，リチャード ……………………… 68
デモクレイジー …………………………… 174
トーゴ ……………………………………… 12
トゥーレ，セク …………………………… 16
ドウ，サミュエル ………………………… 7
ドゴンニャロ，ジョシュア ……………… 7
特別裁判所 → シエラレオネ特別裁判所
特別裁判所協定2002（批准）法 ………… 126

● な ●

ナイジェリア … 4, 5, 7～9, 11～13, 15, 18, 57, 63, 127
ニエレレ，ジュリアス ………………… 16
西アフリカ諸国経済共同体（Economic Community of West African States: ECOWAS）… 3, 4, 23, 57
西アフリカ青年連盟（West African Youth League: WAYL）……………………………… 174
ニシキヘビ・プロジェクト ……………… 66
2004年国勢調査 ………………………… 103
ニュマ，トム ……………………… 188, 194
ノーマン，サミュエル・ヒンガ…62, 129, 130, 138

● は ●

ハーグ国際刑事裁判所 ………………… 127
バイク・タクシー … 101, 102, 104, 105, 109～112
バイク・タクシー事業 … 102, 104, 107, 108, 112, 114
バイク・ライダー ………… 101, 110, 112, 115
バイク・ライダー開発協会（Bike Riders Development Association: BRDA）……………… 109
ハイブリッド裁判所 ………………… 123, 125
パデンバロード刑務所 …………… 178, 186, 191

ババンギダ，イブラヒム ………………… 8
パリサー作戦 ……………… 46, 47, 49, 52
ハンフリーズ，マカータン ……………… 103
PKO改革 → 国連の平和維持活動改革
ビオ，ジュリアス ………………………… 8, 57
ビオ，マーダ ……………………………… 188
フーラベイコレッジ（Fourah Bay College: FBC） ………………………………… 166
フィッセン，カスパー ……………… 113, 115
不可侵に関する議定書（不可侵議定書）…… 5
武器と開発との交換（Arms for Development: AfD）…………………………………… 92
不処罰 ……………………… 128, 134, 136, 137
武装解除・動員解除・社会再統合（Disarmament, Demobilization and Reintegration: DDR）…12, 24, 76, 85, 103, 121
武装解除・動員解除・社会再統合国家委員会（National Committee for Disarmament, Demobilization and Reintegration: NCDDR）………… 78
ブトロス＝ガーリ，ブトロス ……… 130, 158
ブラックストーン社 ……………………… 62
ブラヒミ・レポート → 国連平和活動に関する委員会報告書
ブランチ・エネルギー社 ………………… 67
フリータウン ……………………………… 125
ブルンジ …………………………………… 131
紛争予防・管理・解決・平和維持・安全保障のためのメカニズムに関する議定書 ………… 19
ブンドゥ，アバス ………………………… 7, 15
平和維持活動（Peacekeeping Operations: PKO） ……24, 29, 30, 32, 33, 36, 38, 86, 124, 130, 142
平和強制 …………………………………… 36
平和構築委員会 → 国連平和構築委員会
平和構築（活動）… 24, 85, 120, 130, 131, 133, 134,

264

137, 138
平和構築基金 → 国連平和構築基金
平和構築支援事務局（Peacebuilding Support Office: PBSO） ……………………………… 144
平和創造 ……………………………………… 130
『平和への課題』 …………………………… 130
ベレワ，ソロモン …… 150, 177, 178, 181, 182, 186, 189〜191, 194
ペンフォールド，ピーター ………… 64〜66, 68
防衛における相互援助に関する議定書（防衛議定書） ………………………………………… 5
ボムブラスト ………………………………… 186
ポリトリックス ……………………… 174, 194, 200

●ま●

マズラナ，ダイアン ………………………… 103
マルガイ，チャールズ ……………………… 192
マレー，クレイグ ……………………… 67, 68
民主的変革のための人民運動（People's Movement for Democratic Change: PMDC） … 190
ムジャクペルオ，フェリックス ……………… 10
名誉チーフ・ライダー ……………………… 113
名誉ドライバー ……………………………… 113
モモ，ジョゼフ・サイドゥ ……………… 8, 18, 56

●や●

優先事項計画 ………………………………… 151
予防外交 ……………………………………… 130

●ら●

ラーライ・ボーイ …………… 176, 182, 185, 195
リチャーズ，ポール ………………… 102, 113, 115
リベリア ……………………………… 6, 7, 14, 127
リベリア国民愛国戦線（National Patriotic Front of Liberia: NPFL） ……………………………… 6
リベリア・モーターサイクル組合 ………… 114
ルワンダ国際刑事裁判所（International Criminal Tribunal for Rwanda: ICTR） ……………… 124
レザーブーツ ………………………… 186, 199
ロイド，トニー ………………………… 59, 60
ローカル・ニーズ・ポリシング …… 159, 161, 168
ローカル・ポリシング連携委員会（Local Policing Partnership Board: LPPB） ………… 161, 164
ロメ（和平）合意 … 12, 13, 28, 29, 121〜123, 130, 136

●わ●

ワインスタイン，ジェレミー ……………… 103
若者 ……………… 173〜178, 183, 189, 191, 192, 199
若者の危機 …………………………………… 183

欧語

●A●

African Union（AU）→ アフリカ連合
Allied Armed Forces of the Community（AAFC）→ 共同体連合軍
All People's Congress（APC）→ 全人民会議
Armed Forces Revolutionary Council（AFRC）→ 国軍革命評議会
Arms for Development（AfD）→ 武器と開発との交換
Atunda Ayenda →「失せものみつかる」

●B●

Bike Riders Development Association（BRDA）→ バイク・ライダー開発協会

●C●

Civil Defense Forces (CDF) → 市民防衛軍
Commission for the Management of Strategic Resources, National Reconstruction and Development (CMRRD) → 戦略資源管理国家再建開発委員会
Commonwealth Community Safety and Security Project (CCSSP) → 英連邦地域安全・治安プロジェクト
Commonwealth Police Development Task Force (CPDTF) → 英連邦警察開発タスクフォース
Community Arms Collection and Destruction Programme (CACD I) → コミュニティの武器回収・破壊プログラム

●D●

Disarmament, Demobilization and Reintegration (DDR) → 武装解除・動員解除・社会再統合

●E●

Economic Community of West African States (ECOWAS) → 西アフリカ諸国経済共同体
ECOWAS Ceasefire Monitoring Group (ECOMOG) → ECOWAS停戦監視団
ECOWAS Standby Force (ESF) → ECOWAS待機部隊
Executive Outcomes (EO) → エグゼクティブ・アウトカムズ社

●H●

Human Rights Commission of Sierra Leone (HRCSL) → シエラレオネ人権委員会

●I●

International Criminal Tribunal for Rwanda (ICTR) → ルワンダ国際刑事裁判所
International Criminal Tribunal for the former Yugoslavia (ICTY) → 旧ユーゴスラビア国際刑事裁判所

●J●

Justice Sector Development Program (JSDP) → 司法部門開発プログラム

●L●

Local Policing Partnership Board (LPPB) → ローカル・ポリシング連携委員会

●M●

Mediation and Security Council (MSC) → 仲介安全保障理事会

●N●

National Committee for Disarmament, Demobilization and Reintegration (NCDDR) → 武装解除・動員解除・社会再統合国家委員会
National Electoral Commission (NEC) → 国家選挙管理委員会
National Patriotic Front of Liberia (NPFL) → リベリア国民愛国戦線
National Provisional Ruling Council (NPRC) → 国家暫定統治評議会

●O●

Organization of African Unity (OAU) → アフリカ統一機構

● P ●

Peacebuilding Commission (PBC) → 国連平和構築委員会

Peacebuilding Fund (PBF) → 国連平和構築基金

Peacebuilding Support Office (PBSO) → 平和構築支援事務局

Peacekeeping Operations (PKO) → 平和維持活動

People's Movement for Democratic Change (PMDC) → 民主的変革のための人民運動

● R ●

Revolutionary United Front of Sierra Leone (RUF) → シエラレオネ革命統一戦線

● S ●

Search for Common Ground (SfCG) → サーチ・フォー・コモン・グランド

Security Sector Reform/Security System Reform (SSR) → 治安部門改革

Sierra Leone Commercial Motor Bike Riders Union (SLCMBRU) → シエラレオネ商業モーター・バイク・ライダー組合

Sierra Leone People's Party (SLPP) → シエラレオネ人民党

Special Court for Sierra Leone (SCSL) → シエラレオネ特別裁判所

Stockholm Initiative on Disarmament, Demobilisation, Reintegration (SIDDR) → ストックホルム・イニシアティブ

● T ●

Truth and Reconciliation Commission (TRC) → 真実和解委員会

● U ●

United Nations Development Programme (UNDP) → 国連開発計画

United Nations Integrated Office in Sierra Leone (UNIOSIL) → 国連シエラレオネ統合事務所

United Nations Integrated Peacebuilding Office in Sierra Leone (UNIPSIL) → 国連シエラレオネ統合平和構築事務所

United Nations Mission in Sierra Leone (UNAMSIL) → 国連シエラレオネ派遣団

United Nations Observer Group in Central America (UNOGCA/ONUCA) → 国連中米監視団

United Nations Observer Mission in Sierra Leone (UNOMSIL) → 国連シエラレオネ監視団

● W ●

West African Youth League (WAYL) → 西アフリカ青年連盟

Western Area Motor Bike Riders Association (WAMBRA) → 西部地域モーター・バイク・ライダー協会

West Side Boys (WSB) → ウェスト・サイド・ボーイズ

■執筆者一覧（執筆順，＊は編者）

＊**落合雄彦**（おちあい・たけひこ）……………… まえがき，第1章，第4章，第10章訳，資料
龍谷大学法学部教授

オスマン・ブラ（Osman Gbla）………………………………………………………… 第1章
シエラレオネ大学フーラベイコレッジ社会科学・法学部長

酒井啓亘（さかい・ひろのぶ）………………………………………………………… 第2章
京都大学大学院法学研究科教授

マイケル・S・カーボ（Michael S. Kargbo）…………………………………………… 第3章
シエラレオネ大学行政管理学院行政学部講師

岡野英之（おかの・ひでゆき）……………………………………………………… 第3章訳
大阪大学大学院人間科学研究科博士後期課程，日本学術振興会特別研究員

デズモンド・モロイ（Desmond Molloy）……………………………………………… 第5章
東京外国語大学特別研究員

徳光祐二郎（とくみつ・ゆうじろう）………………………………………… 第5章訳・解説
広島大学大学院国際協力研究科博士課程後期

澤　良世（さわ・ながよ）……………………………………………………………… 第6章
東京大学大学院総合文化研究科博士課程，元国連児童基金（UNICEF）職員

望月康恵（もちづき・やすえ）………………………………………………………… 第7章
関西学院大学法学部教授

藤重博美（ふじしげ・ひろみ）………………………………………………………… 第8章
法政大学グローバル教養学部准教授

古澤嘉朗（ふるざわ・よしあき）……………………………………………………… 第9章
広島大学大学院国際協力研究科博士課程後期，日本学術振興会特別研究員

マヤ・M・クリステンセン（Maya M. Christensen）………………………………… 第10章
コペンハーゲン大学大学院博士課程

マッツ・ウタス（Mats Utas）………………………………………………………… 第10章
スウェーデン王立文学・歴史・考古学アカデミーおよび北欧アフリカ研究所上席研究員

■編者紹介

落合雄彦（おちあい・たけひこ）
1965年，神奈川県生まれ。慶應義塾大学大学院法学研究科後期博士課程単位取得満期退学。日本学術振興会特別研究員，敬愛大学国際学部専任講師，龍谷大学法学部助教授をへて，現在，龍谷大学法学部教授（アフリカ地域研究，国際関係論）。編著書として，『スピリチュアル・アフリカ――多様なる宗教的実践の世界――』（晃洋書房，2009年），『アフリカの医療・障害・ジェンダー――ナイジェリア社会への新たな複眼的アプローチ――』（晃洋書房，2007年）などがある。

［龍谷大学社会科学研究所叢書 第92巻］
アフリカの紛争解決と平和構築――シエラレオネの経験――

2011年3月20日　初版第1刷発行

編　者　落合雄彦
発行者　齊藤万壽子
〒606-8224　京都市左京区北白川京大農学部前
発行所　株式会社昭和堂
振込口座　01060-5-9347
TEL (075) 706-8818／FAX (075) 706-8878
ホームページ　http://www.kyoto-gakujutsu.co.jp/showado/

© 落合雄彦ほか　2011　　　　　　　　印刷　亜細亜印刷

ISBN 978-4-8122-1074-1

＊落丁本・乱丁本はお取り替え致します。
Printed in Japan

内海成治 編　**アフガニスタン戦後復興支援**　——日本人の新しい国際協力　定価二六二五円

栗田和明 著　**アジアで出会ったアフリカ人**　——タンザニア人交易人の移動とコミュニティ　定価二五二〇円

山本太郎 著　**ハイチ いのちとの闘い**　——日本人医師の三〇〇日　定価二五二〇円

荒木徹也・井上真 編　**フィールドワークからの国際協力**　定価二六二五円

地域研究 9巻1号　**アフリカ**　——〈希望の大陸〉のゆくえ　定価二五二〇円

大林稔 編　**アフリカの挑戦**　定価三一五〇円

——昭和堂——
（定価には消費税5%が含まれています）